课程与教学研究论丛

启发的艺术
基于认识论的启发教学研究

◎刘华 著

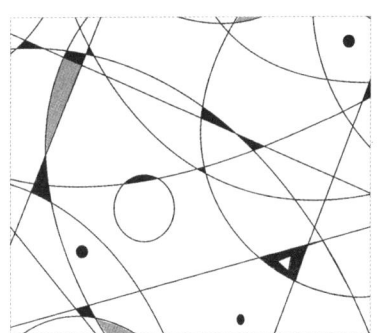

南京师范大学出版社

图书在版编目(CIP)数据

启发的艺术：基于认识论的启发教学研究 / 刘华著.
—南京：南京师范大学出版社，2014.8
（课程与教学研究论丛）
ISBN 978-7-5651-1735-0

Ⅰ.①启… Ⅱ.①刘… Ⅲ.①启发式教学－教学研究－中小学 Ⅳ.①G632.4

中国版本图书馆 CIP 数据核字（2014）第 091186 号

书　　名	启发的艺术——基于认识论的启发教学研究
著　　者	刘　华
责任编辑	崔　兰
出版发行	南京师范大学出版社
地　　址	江苏省南京市宁海路 122 号（邮编：210097）
电　　话	(025)83598919（总编办）　83598412（营销部）　83598297（邮购部）
网　　址	http://www.njnup.com
电子信箱	nspzbb@163.com
照　　排	南京理工大学印刷照排中心
印　　刷	镇江中山印务有限公司
开　　本	787 毫米×960 毫米　1/16
印　　张	17.5
字　　数	305 千
版　　次	2014 年 8 月第 1 版　2014 年 8 月第 1 次印刷
书　　号	ISBN 978-7-5651-1735-0
定　　价	40.00 元

出 版 人　彭志斌

南京师大版图书若有印装问题请与销售商调换
版权所有　侵权必究

序　言

我一向认为教学论要论教学，论教学要关注教学问题。如果教学论不论教学，只是热衷于论他人如何论教学，就会离教学越来越远，结果就不是教学论，而是教学论论了；如果论教学不关注教学问题，只是热衷于概念体系、理论建构，就会冷落教学活动的真实逻辑，结果就是教学理论与教学实践两张皮，也就是人们常说的理论脱离实际了。

这本《启发的艺术——基于认识论的启发教学研究》，的确是论教学的教学论著作，而且是缘于教学的实践困惑和实践问题写成的。作为本书较早的读者，还约略记得它尚有些书生气的最初构思和初稿，也能想见，它是经历了此后执着坚忍的探索历程了，在它即将出版的时候，应作者之邀写几句话，也可以说是一份责任。

从总体上看，本书在以下几个基本问题的研究中，获得了有意义的新进展。

基于认识论的启发教学。这称得上是个传统命题，但作者寻到了"启发"在东西方文化源头中的原型，提炼出它"助人求知"的独特意蕴，还以现代教学论、现代教学论研究的新路径，对启发的基本问题作了应答。本书所论的启发教学，不再是一种与注入、灌输相对应的教学模式或方法，启发也不再是"式"，而是"理想的教学形态"。作者认为，教学从根本上说应该就是启发的，启发是好教学的应然状态、理想状态，好教学不应该还是其他的什么"式"。唯此，我们才可能接续孔子"不愤不启，不悱不发"的传统，以"启发是一种艺术"也是一种艺术创造，来创造有中国气派的启发教学。本书基于认识论研究启发教学,从方法论的角度看,是超越了那种把教学认识弄得与心理学的认识、情感、意向含混不清的平庸,清楚地表达了其哲学指导论的学术秉持。

教师指导下的学生学习。这是人们普遍关注的问题,但作者把它作为"教学原点"来探索,赋予它"回到原点"的意义,和"活泼泼的、对外部世界充满疑惑"的独特品质。关注学生,既是本书一以贯之的旨趣,也是它的许多深刻见解得以创生的基础。作者认为,回到教学原点,意味着超越心理学对学生学习过程的预设和限定、超越教学论开出的"教学法"处方、超越传授知识的硬性教学任务,开放地关注学生如何看待、理解、体验、应对所面临的事物或事件。作者把回到原点的认识状态,解释为一种人类最本源的存在状态,而如阅读、记忆、练习等,则是以这种本源性存在状态为基础派生的非本源状态。作者还认为,每个敏感、有创造力的教师,都会自觉不自觉地回归到这个原点,在这个原点上提出、思考和解决问题,如"如何设置问题情境让学生发现知识、创造性地解决问题",就是这样的问题。

每个学生都是一个独特的精神世界,这让存在的事实变得扑朔迷离,也让回到原点的教学复杂起来,有意义的追寻由此而百倍艰难。为此,作者尝试着从变化中寻找常态,认为这个变化中的常态,就是人们认识活动过程的一般心理规律,也是启发教学的心理基础。作者认为,人们总要自觉不自觉地趋向真、善、美的认识或体验,人们认识外部世界,总要试图获得对事物或事件的"正确"认识、"正当"意见、"美好或震撼"的感受,这就是变化中的常态。本书"科学认识的心理过程""道德认识的心理过程""审美认识的心理机制"三个章节就这样创生了,它们一一对应地引领着科学、道德、审美的启发教学。显然,如此对变化中的常态的探索,负载了作者的良苦用心,它是要提供给教师三条认识基准线,借以帮助教师理解、应对学生丰富、复杂的认识过程。基准线是一种常态,不管学生以什么笔、在什么背景下画的线都可以被辨认,而画线过程中的凝滞、偏离也都可以得到诊断和纠正。

促进学生学习的教师指导。这是教学论普适的命题,但作者以触及教师的观念世界,也就是理解学生学习过程(实质是认识过程)的观念世界来解释它,赋予它新的意义。作者认为,只有基于对学生个性化、创造性的认识过程的深刻而敏感的洞识,教师才可能真正自主明智地教学,才可能采取独特而有创造性的教学行动。这正是人们耳熟能详却未必深知的启发教学,它是最能激发学生潜能的教学,也是对教师最具挑战性的教学。作者认为,启发教学之于学生,是学生被激发而自主求知的教学,而且是只有在学生达到愤与悱的心理激活状态时才能得到帮助的教学,其潜能当然会得到最大限度的挖掘。而启发教学之于教师,是要求他透过学生行为"看"思维、"看"情感体验、能预见,这需要教师具有极高的理解力和预见力;教师要"构成"学生的认识过程,以有限的教学材料和有效指导把学生的认识过程引向全新的道路,达到全新的境界,更需要极高的创造力和教学机智。

显然,有意义的启发教学,不只是需要教师具有教学哲学、教学心理学的深厚根底,更要他在教学实践中不断地自我磨炼、反思和提升。而这本缘于教学实践困惑、实践问题的研究启发教学的书,正可以帮助教师充实教学哲学、教学心理学理论素养,而书中的启发策略和精彩案例,则可以为教师的启发教学实践提供有益的启示,其独特的运思、精辟的案例分析,或可以让实践探索中的教师悟出些"运用之妙存乎一心"的奥妙。

值得赘述的,还有本书执着坚忍的探索历程。当作者还是一名高中教师的时候,她亲历着外在性学习的被动和教学实践的无助,就尝试过营造内在性学习的教学改造。努力后数不清的挫败和一样的无济于事,没有让她蛰伏于困境,反而激励了她继续追寻的愿望,在攻读硕士、博士学位的日子里,在古今中外学术智慧的滋养中,她既开始执着于启发教学的理论与实践探索,收获着理论欣慰,也收获着未尽如人意的实践困惑。在获博士学位后的近三年求索中,作者依然执着于启发教学研究,也继续回答着那些未尽如人意的问题……

应邀写下这些零散的文字,勉以为序。

杨启亮
于南京师范大学随园

目 录

序 言（杨启亮）……………………………………………………… 1

引 论 ………………………………………………………………… 1

第一章　从启发的原型到启发的基本意蕴 …………………… 5
　　第一节　中西文化源头中的启发原型 ………………………… 5
　　第二节　启发的基本意蕴：助人求知 ………………………… 10

第二章　"启发"研究的基本问题及其新路径 ………………… 14
　　第一节　现代教学论对"启发"基本问题的回答 …………… 14
　　第二节　深化"启发"研究的新路径 ………………………… 21

第三章　科学认识的心理过程 ………………………………… 28
　　第一节　科学探究的心理过程 ………………………………… 28
　　第二节　科学理解的心理过程 ………………………………… 41

第四章　科学教学：灌输 VS 启发 …………………………… 49
　　第一节　灌输的科学教学面面观 ……………………………… 49
　　第二节　科学教学的启发艺术 ………………………………… 64

第五章　道德认识的心理过程 ………………………………… 102
　　第一节　关于道德认识的理论解释 …………………………… 104
　　第二节　实践视域中道德认识的心理过程 …………………… 116

第六章　道德教学：灌输 VS 启发 …………………………… 133
　　第一节　灌输的道德教学面面观 ……………………………… 133

第二节　道德教学的启发艺术 …………………………………… 149

第七章　审美活动的心理机制 …………………………………… 175
　　第一节　美学理论中的美及审美 ………………………………… 175
　　第二节　综合视野下审美的心理机制 …………………………… 192

第八章　审美教学：空悬 VS 启发 ……………………………… 204
　　第一节　空悬的审美教学面面观 ………………………………… 204
　　第二节　审美教学的启发艺术 …………………………………… 224

第九章　启发的纲领及创造性展开 ……………………………… 249
　　第一节　启发的纲领 ……………………………………………… 249
　　第二节　启发的创造性展开 ……………………………………… 252

参考文献 ……………………………………………………………… 264

后　　记 ……………………………………………………………… 270

引　论

一、教学论意义上的启发

我们在不同语境中、不同意义上使用"启发"这个词。在日常生活中,当某个人不经意的一句话突然触动了"我",为"我"解决久思不得其解的问题带来某种启示的时候,"我"会兴奋地感谢对方:"你的话启发了我!"而对方可能还莫名其妙。显然,这里的"启发"仅仅就其客观效果而言,而不涉及行为发出者的主观意愿和努力情况。再比如,在社交场合,出于礼貌我们不便明说、直说某件事时,就会旁敲侧击地启发、暗示对方。这里的"启发"虽然是主观故意的,并要帮助对方自己想到某件先前没有意识到的事情,但并不是要借此促进对方素质发展、能力提高,而仅仅是基于社交礼仪的考虑。

在教学论的意义上,启发的含义则不尽相同。首先,它是教师目的明确、主动自觉的实践行为,是教师巧妙点拨、精心引导的主观有意行为与学生主动思考、豁然开朗的客观效果的统一;其次,教师对学生主动思考、自主探求效果的追求,不是为了表面上的活跃课堂气氛,尊重学生的主体地位,而是为了让学生素质在根本上得到发展——即让学生在主动思考、自主探求的过程中锻炼能力、增强兴趣。换句话说,启发的根本目的是将知识获得与能力提高、素质发展统一起来,是教师有意识地"引着""扶着"学生自己探索未知、解决问题、获取或者创造知识。本书就是在这一教学论意义上讨论研究"启发"这一概念的。当然,在我国的现代教学论语境中,学者们往往用的是"启发式教学"这个概念。通过辨析,我们不难发现两者的意指大致相同。如靳乃铮(1984:22)的定义,"启发式教学就是根据教学过程中学生认识活动的客观规律,采用启发诱导的办法来传授知识,训练思维能力。使学生能生动活泼地主动地学习,以达到融会贯通地掌握科学知识,又发展智力、才能,以及其他良好品质",即含有前面笔者谈到的几个基本特征。但笔者更愿意使用"启发"或者"启发教学",而不是"启发式教学"。这是因为:其一,这样可以更好地接续孔子"不愤不启,不悱不发"的传统;其二,笔者认为,教学从根本上说就应该是"启发的",而不应该是其他的"……式教学",启发是教学的应然状态、理想形态(换句话说,启发教学就是好的教学,非启发教学——我们通常所说的灌输式教学,就不是好的教学),而不仅仅是其中的一种模式或者方法。

二、启发是理想的教学形态

启发是理想的教学形态,这是因为师生双方的主动性和创造性都能得到充分发挥。第一,在启发教学中,教师是主动的:教师要为学生的学习负责,要精心组织材料、选择方法以激发、引导学生的学习;而教师的主动并不抑制学生的主动性,相反,它要调动、培养学生学习的主动性,使学生主动积极地思考,尽量凭借自身的力量获取知识、解决问题。从这一意义上说,启发实质上在教师主动性与学生主动性之间达成了一种平衡。因而,就教学是教与学的双边活动这一本质要求而言,启发确实是教学的应然形态。第二,在启发教学中,教师更是创造性的:教师不是知识的搬运工,要理解、预测特定学生学习特定内容的个性化心理过程,要针对这一过程创造性地给予有效刺激和辅助,这里,没有现成的、固定的路可走。当学生不再被动地接受现成结论,而是以主动积极地解决问题的方式学习时,学生就为自己打开了创造的无限可能。学生可能基于自身经验建构知识独特的个人意义,可能自主地发现一条解决问题的路径,甚至可能得出一种与众不同的见解或结论。创造性是人的自由本质的最高体现;从教学以人为本、以育人为终极目的的角度来看,发挥师生创造性的启发教学自然是教学的理想形态。有人由于"启发"来源于古代的教育传统,就误以为它仅仅是一种巧妙地传授知识的方法,误以为它"美则美矣",却已经远远跟不上现代教学发展的潮流,远远不及各种现代的教学模式、方式。而实际上,启发的教学思想、教学形态与现代先进的教育教学理念是内在一致的。它能够最大限度地调动师生双方的主动性和创造性,因而在拥有古老源头、漫长历史的同时,也拥有着在现在以及未来持续存在并发展的强大生命力。

启发是理想的教学形态,还因为它实现了知识获得与能力发展的统一。教学的一个基本矛盾是知识获得与能力发展的对立。即当教师着眼于教授知识时,学生很可能扎实、系统地掌握了知识,但其能力,包括运用知识解决问题的能力却没有得到切实提高。相反,如果以能力培养为本位,学生往往又不能获得扎实、系统的科学文化知识。教育史上贯穿的诸如实质教育与形式教育、赫尔巴特的"三中心"教学与杜威经验主义课程、行为主义教学与建构主义教学的冲突与对立，都可以看作这一矛盾的具体表现。而启发却可以在很大程度上化解这一教学的基本矛盾。这是因为，在启发教学中，教师引导学生围绕特定知识领域探究问题、解决问题，并且在其间给予适当**扶助**；这样，学生就可以主要依靠自身的力量来获得（或理解或发现或创生）结果性知识，同时获得问题探究、解决过程中的程序性、策略性、体验性知识。由于有教师的精心设计和引导，学生探究、解决的问题可以导向各种类型知识的获得，这就避免了重能力轻知识的片面性。而学生是在**努力**探究、解决问题的过程中获得各种类型知识的，其间，学生探究、解决问题的能力必然能够得到锻炼和提高，这又避免了重知识轻能力的片面性。

三、启发是一种艺术

对教师而言，启发学生，不啻于从事一种艺术创造。教师不是执行固定的程序，如提问—理答，或者抛出讨论主题—组织讨论—进行总结；也不仅仅是运用特定的方法或者技术，如提问的技术、暗示的方法或者合作学习的技术，等等。我们知道，没有支撑这些具体、表面的操作行为的深刻的教学理解和丰富的教学想象，就不可能有真正的启发教学——那种牵着学生走、不给学生自由思考空间的"满堂问"，那种闹哄哄、没有任何实质进展的小组讨论，都是没有灌注启发精髓所导致的。

启发要求教师深刻地理解、创造性地想象学生与问题情境相互作用的各种隐蔽或可能的心理过程及结果，进而创造性地予以引导、指导，以促使学生探索求知的心理过程顺利有效地进行。这期间，教师不是停留于学生表面的行为表现，而是构想其背后具体的、丰富的思维、体验活动。这些思维、体验活动当然是有一定规律性的，但绝不是直接推演特定心理规律就可以获知的，而是需要教师共情式的理解和或然性的想象。这期间，教师还要依据自己的构想，创造性地采取干预措施——提什么问题，怎么提问题；讲什么内容，讲到什么程度，以什么方式讲；在什么时间点提问或者讲解；是让学生独立思考、动手操作，还是组织小组讨论，等等。对这些问题，永远没有现成的标准答案，而只能是教师凭借自身的经验、直觉，尝试性、创造性地给出具体的回答。可以这样说，在启发教学中，教师是以**创造**的而不是操作的方式，**创造**着学生个体及群体的具体、丰富、动态的思维和体验之流。

启发是一种艺术创造，却不意味着它无迹可寻，完全依靠教师的天赋或灵感。实际上，文学、绘画、音乐这些一般意义上的艺术创造活动虽然不能由艺术创造规律直接推导出来，却是合乎这些规律的，因而是基于必然的自由创造;与此相同,启发教学虽然不能由学生自主探索的一般心理规律直接推演出来,但却必然合乎这些规律——教师对每一具体的探索过程的构想以及积极影响必然合乎上述一般性的心理规律。这就如同一位雕刻玉石的大师,依着玉石天然的大概的形貌特征——如像一棵树或像一匹马,精雕细刻,具体造型,加工而成枝繁叶茂的一棵树或者纤毫毕现的一匹马。其中,玉石天然的大概的形貌特征就相当于一般性的心理规律,雕刻大师依据它展开创造性想象和加工,就相当于教师依据一般性的探索的心理规律创造性地开展启发教学。因此,本书一方面想要揭示学生自主探索的一般心理规律,从而为教师开展启发教学提供一个基本依据或大致框架;另一方面又以案例的方式呈现并解释教师如何创造性地将之展开、使之实现,从而为每位教师在具体教学情境中实践启发创造提供某种**启发**。

第一章 从启发的原型到启发的基本意蕴

"启发",《辞海》解释为"开导其心,使之领悟"。显然,此定义说的是启发在效果上"使人领悟",而并没有对启发本身如何进行做出令人满意的描述或阐述。与之不同,《现代汉语词典》(第 6 版)(2013:1022)"启发"词条力图具体说明启发这一行为并阐释其背后的心理机制:"阐明事例,引起对方联想而有所领悟。"其中,"阐明事例"说的是如何启发,"引起对方联想而有所领悟"说的是启发的效果(包括之所以产生该效果的心理机制)。然而,这样的界定过于偏狭。启发可以是阐明事例,也可以是阐述义理、点拨思路、指导方法……启发会引起对方联想而有所领悟,也可以是直接切中对方思维的疑难处、纠结处而使之豁然开朗。词典解释的分歧和不足,说明我们远未能把握启发确切而丰富的内涵,而为了实现这一目的,从中西方文化的源头中探寻、再现、解释启发的原型应该是一条可行的路径。

第一节 中西文化源头中的启发原型

一、孔子与启发

在中国,"启""发"作为教学论的重要范畴,是由孔子最先在自身教学实践经验的基础上提出来的。他说:"不愤不启,不悱不发。举一隅不以三隅反,则不复也。"(《论语·述而》)按朱熹的解释:"愤者,心求通而未得之意;悱者,口欲言而未能之貌。启,谓开其意;发,谓达其辞。"(《四书章句集注》)这就是说,教师在教学中要善于察言观色,并由之洞察学生学习的心理状态;当学生处于欲知而又不知的"愤"的状态时,当学生处于想说又说不出的"悱"的状态时,教师略加点拨指引,学生就可以意开辞达,豁然开朗,收到举一反三、触类旁通的良好效果。

在孔子的描述中,启发必须以学生学而有疑为前提条件:学生先自己学习、自己探索和思考，遇到疑难后，教师予以点拨、指导，使之顺利突破思维障碍和语言表达障碍。《论语》中记载的孔子及其门人的对话，大多采用"学生问—教师答"的结构，正是这种"先学后教""先有疑后启发"教学思想的具体体现。

在孔子的描述中，启发还具有因学定教的意味。除了准确把握学生的"愤""悱"状态顺势而为以外，启发之所以能够使学生意开辞达，还在于教师针对学生的个性特征、学习水平而做出相应的指导和点拨。在《论语》记录的对话中，同样的问题，由不同的学生提出来，孔子的回答一定是不同的。问仁、问礼、问孝、问政，等等，无不如此。这里的原因是什么呢？在"闻斯行诸"的例子中，孔子曾经给过解释。子路问："闻斯行诸？"孔子答以"有父兄在，如之何其闻斯行之"。冉有问："闻斯行诸？"孔子则答以"闻斯行之"。公西华不解，问为什么"问同而答异"，孔子答道："求（冉有）也退，故进之；由（子路）也兼人，故退之。"（《论语·先进》）显然，孔子是自觉地根据学生的个性特点进行相应的指导和教育——这是依学定教原则的具体表现之一。此外，孔子往往针对学生所处的不同的学习阶段进行相应指导。他的学生子贡询问他：《诗经》中的"如切如磋，如琢如磨"，就是指君子的自我修养就像对骨、象牙、玉石的加工一样，要不断切、磋、琢、磨吧？孔子不仅肯定了子贡的理解，而且认为他"告诸往而知来者"，因而可以开始和他讨论《诗经》了。这就是说，孔子因学生的学习水平而决定他的教学内容——这是依学定教原则的另一个具体表现。

在孔子的描述中，启发是点到即止，以留给学生足够的举一反三的空间。"举一隅不以三隅反，则不复也"，这是对学生的要求，其实也是对"启发"的质的规定，即启发不是面面俱到，不是把问题的答案原原本本地和盘托出，而是要留有余地，为学生进一步思考、发挥留下空间。在《论语》记载的对话中，孔子往往不是滔滔不绝、不厌其详地回答学生的问题，而只是予以精要、简约的点拨。比如，孟懿子向孔子问孝，孔子只以"无违"二字应对之；直到给他驾车的樊迟追问"无违"是什么意思，孔子才予以具体解释："生，事之以礼；死，葬之以礼，祭之以礼。"（即父母活着，按规定的礼节侍奉他们；父母去世了，按礼节埋葬他们、祭祀他们——"无违"实质上是指不要违背相应的礼节。）从根本上说，点到即止是对学生作为独立的学习和思考主体的尊重，其结果必然是学生学习主动性的增强和思考能力的提高。《论语·子罕》上有一段颜渊对其师的评价："仰之弥高，钻之弥坚，瞻之在前，忽焉在后。夫子循循然善诱人，博我以文，约我以礼，欲罢不能，既竭吾才。"这里说出了孔子教学的独特魅力——循循善诱,使得学生竭力钻研,"欲罢不能"。"启发就是引导学生更好地求知",孔子以自身的教学实践很好地诠释了启发的这一深刻意蕴。

当然,在孔子对启发教学近乎完善的设计中,似乎还有一个漏洞。那就是:作为启发前提的学生积极的求知态度以及求知中的疑难,何以产生?现在的教师往往苦恼的是,学生缺少积极的求知态度,也缺少真正意义上求知中的疑难(通常情况是,学习知识时学生提不出问题,运用知识解题时困难重重)。可见,学生积极的求知态度以及求知中的疑难并不是无条件的、自然产生的。考察孔子的教学思想,尽管培养学生积极的求知态度、引导学生质疑问难并没有被纳入教师启发的范围,但这并不是说孔子没有考虑或涉及相关问题。第一,孔子特别重视好学精神。他高度赞赏颜回的好学,伤感其早逝,并感慨"今也则亡,未闻好学者也"(《论语·雍也》)。他把好学视为自己人格中最重要的优点之一,并颇为自得地说:"十室之邑,必有忠信如丘者焉,不如丘之好学。"(《论语·公冶长》)第二,孔子倾向于因"有志于道"而好学,反对单纯为做官而学习。颜回不仅是好学的典范,也是安贫乐道的典范。同样,孔子本人的好学也源于他对"道"的热切追求。他说自己"朝闻道,夕死可矣"(《论语·里仁》),其对"道"的热望可见一斑。在孔子看来,君子的生活应该是"志于道,据于德,依于仁,游于艺"(《论语·述而》)——向往真理,涵养仁德,同时优游于六艺的学习。"志于道""据于德""依于仁""游于艺"这四者是不可分割的:六艺的学习从根本上说是为了获得真理、涵养仁德;而获得真理、涵养仁德又以学习六艺为途径。用今天的语言来说,孔子把"有志于道"视作推动一个人学习的强大的内在动力;有了这样的动力,人们就会自觉地"学而不厌",进而遇到困惑而求教于师。第三,孔子所谓的"有志于道"中的"道",是事关日用人伦的人道,是修己安人、为人处世的根本规律或原则。学习与日常生活、政治生活密切联系,自然是引人入胜的事情了。孔子给儿子伯鱼的教诲无非两句。一是"不学诗,无以言",一是"不学礼,无以立"(《论语·季氏》)。学习涉及一个人能否安身立命,好学、乐学便是顺理成章的事。

二、《学记》中的启发教学思想

《学记》作为我国,也是世界上最古老的一部专门论述教育教学问题的著作,对教育功能、课程设置、教育教学的原则方法等都有相当精彩的论述。其中,有关教学的论述有不少体现了启发教学的思想。

《学记》指出：君子教学的目的在于使人明白、使人有所领悟（"君子之教，喻也"）。这是对当时盛行的只知大量灌输知识，令学生不明所以的教学实践的反拨。"今之教者，呻其占毕，多其讯言，及于数进而不顾其安，使人不由其诚，教人不尽其材。其施之也悖，其求之也佛。"意思是当时的教师只知诵读课文，大量灌输，一味赶进度，而不照顾学生的接受能力，结果不能使他们尽心竭力去求学，不能发挥各人的才能。这种教学违背了教学规律，也不可能达到预期的目的——使学生取得真正进步。从这些批判的言语中，我们还可以发现，《学记》的作者已经明确意识到在教学中让学生自奋其力获取知识的重要性，即"由其诚"，"尽其材"。这是非常难能可贵的。

为了使学生有所领悟，并在其间充分发挥自身主动性，教学应当做到："道而弗牵，强而弗抑，开而弗达。"即为学生指点思维的路径、方向、方法，而不是始终控制学生的思维，让学生跟着自己转；鼓励学生，使之保持学习的积极性，而不是过分要求，抑制其学习的积极性；解除学生思维中的障碍，打开其思路（帮助他们独立思考、寻找问题的答案），而不是把问题的答案直接告诉他们。只有这样，才能做到"和易以思"，即师生关系和谐融洽，学生感到学习轻松容易，并且能够进行深入思考，也才是所谓的"善喻"。从这些关于"善喻"的描述来看，《学记》的论者非常强调激励学生自主学习，非常强调教师的教授指导要留给学生足够的自主探索的空间。应该说，这与孔子倡导的教者"举一隅"而要求学生"以三隅反"的启发思想是内在一致的。

将以上的正面论述和反面批判联系起来，我们可以发现，《学记》的论者一方面继承了孔子"协助学生自主求知"这一启发教学的核心精神，另一方面又不局限于孔子以学生"愤""悱"为前提的被动的启发方式。《学记》既指出教师有鼓励学生积极学习的责任，又不给教师的"道""开"附加什么前提条件——所谓的"道""开"完全可以是学生尚未遇到疑难时的教学行为，它们只是在方式和结果上与"牵""达"相区别，而与学生有没有陷入困惑无关。此外，《学记》甚至直接指出，对于没有能力自己发现问题提出疑问的学生，教师可以直接讲解给他听（"力不能问，然后语之"）。《学记》还非常重视教师的提问，探讨提问的技巧——"善问者如攻坚木，先其易者，后其节目，及其久也，相说以解"，即善于提问，要像砍削坚硬的木头，先从容易砍的部位下手，然后着手于较难的结节部位，等到时间一长，木头自然脱落而被砍开。这里，教师的直接讲解、向学生提问，都充分体现了教学行为的主动性。因此，可以这样说，强调教师教的主动性，并努力将教师教的主动性和学生学的主动性辩证地统一起来，是《学记》论者的自觉追求，也是对孔子启发思想的一大发展。

我们可以看到,在《学记》总结的教育兴盛、教学成功的四大决定性原则中,包括适时而教("当其可之谓时")和循序而教("不凌节而施之谓序")这两条。实际上,不管是"时",还是"序",都是学生学习规律的反映。这两条教学原则是指教师在把握学生学习规律的基础上,主动地进行知识教授和学习指导,而不一定非要等学生学习遇到困难时才予以点拨。这就将教师教的主动性与学生学的主动性统一起来了。可以这样说,适时而教、循序而教、教学双方主动性的统一,虽然不等于启发教学,但却是启发教学必须遵循的基本原则,或者说是启发的必要而非充分条件。

三、苏格拉底的"诘问术"

一般认为,苏格拉底的"诘问术"(或称"产婆术""问答法")是古希腊启发教学的突出代表。黑格尔指出:"他强调教学要激发学生对知识的热爱,启发学生进行系统的思考,用问答的方法探求真理,而不仅仅是掌握知识。教师只是起到'产婆'的作用。"(贺麟,等,译,1960:53)然而,同样是协助他人获得知识,苏格拉底的"诘问术"在内容、方式上与孔子的启发教学有着很大的不同。可以说,苏格拉底的实践开拓出了"启发"的另一条可能路径。

首先,苏格拉底引导人们探求的是普遍、客观、永恒不变的道德知识。在苏格拉底的谈话中,核心问题是给抽象的道德概念下定义。譬如"什么是勇敢"(或者"勇敢的本质是什么","大家称为勇敢的共同品质是什么"),什么是公正,什么是虔敬,什么是美德,等等。当时的雅典,在社会生活领域中习俗性的道德规范逐渐丧失其约束力,人们往往仅凭感性经验就轻率地做出道德判断,因而陷入道德的主观主义和相对主义之中。正是为了克服这种困境,苏格拉底希望通过理性思考获得道德的客观真理。对此,黑格尔恰如其分地指出:"引导他们离开这种特殊事例去思索普遍的原则,引导他们思索、确信并认识什么是确定的正当的东西,什么是普遍的原则,什么是自在自为的真和美。"(贺麟,等,译,1960:53)

其次,苏格拉底采用诘问的方式引导人们探求道德的客观真理。一方面,诘问的实质是通过盘问来反驳,使对方意识到自己原先认识的不足或漏洞。我们可以看到在柏拉图的早期对话录中,与苏格拉底交谈的常常是一些公认的某领域内的专家——对谈话主题有相当的知识和智慧。比如在《拉克斯篇》中讨论"什么是勇敢"的是拉克斯和尼西亚斯这两位著名的勇士、将军,在《普罗塔哥拉篇》中讨论"美德是否可教"问题的是公认的"当代最有知识的人"、最著名的智术之士(即职业教师)普罗塔哥拉。这些人一开始总是满足于自己已有的知识,而苏格拉底却能通过诘问打破他们的认知平衡,使他们认识到自己认知结构中的矛盾、错漏,进而不断修正自己的见解,将认识推向深入,从而不断逼近真理。另一方面,与一般的反驳不同,诘问是启发对方运用自己的理性,自己暴露和发现错误、自己纠正错误的过程。仔细分析苏格拉底的谈话,其诘问无非是引导对方进行逻辑推理和价值辨析。比如先要求对方归纳勇敢的诸种表现或举出相关现象,给出"勇敢"的定义;然后引导对方对该定义进行演绎推理;最后引导对方检查推理的结果,发现推论与推论之间、推论与某些价值共识之间相互矛盾,从而不得不承认原先认识的不完善,为认识的进一步发展创造条件。

从根本上说,苏格拉底诘问是过程取向的:它直接引导并始终伴随学生的求知过程,而在学生探求的结果上没有任何预设,对学生探求的结果没有任何实质性干涉或影响。苏格拉底"自知其无知",他对要探讨的道德问题并没有现成答案。不仅如此,柏拉图记载的那些对话的结果往往是参与者陷入深深的困惑之中。柏拉图认为:"我觉得我确实了解勇敢的本质;可是不知道什么缘故,它从我这里滑走了,我总是抓不住它,不能把它的本质讲出来。"(戴子钦,译,1998:53)由于没有预设的结论,苏格拉底诘问就不可能指向、也不可能暗示或点拨任何预设的结论。苏格拉底诘问是纯粹的探求未知的过程,是苏格拉底和他的学生一起仅仅凭借普遍的逻辑理性和极少的形式上的价值共识探求未知的过程。这与孔子在学生困惑时略加点拨,使其理解并迁移(即举一反三)自己"一以贯之"的"道",是根本不同的。

第二节 启发的基本意蕴:助人求知

中西方文化源头中的启发尽管在具体形态上有着很大差异,但它们在"助人求知"这一点上是相同的。从这一意义上说,"启发"实际上就是一种有效地帮助别人探求知识的实践。这种实践包括两个要素:一是对方必须处于主动积极地探求知识的状态;二是实践者必须给予有效的帮助。

一、启发与探求知识

探求知识,或称探索求知活动,是指围绕困惑、问题等未明对象积极主动地思考、体验,以理解知识或发现知识。它的本质特征是由困惑、问题等推动,是对未明对象的主动探索。探索求知活动既包括知识没有预先呈现而需要学生自己发现、创造的发现学习、探究学习,也包括知识预先给出但学生探索式地加以理解和运用(即在知识理解和运用时产生困惑、问题并试图予以解决)的接受学习。在后面这种特殊的接受学习中,尽管知识直接呈现给了学习者,但学习者会积极主动地试图将新学习的知识点与整个知识体系,将呈现给他的抽象知识与直接经验、实际生活联系起来,加以理解和运用;在这个过程中,学习者会产生一系列困惑、问题,进而在其推动下积极主动地思考、体验,从而解除困惑、解决问题,同时获得真知。这当然也是探索求知的活动。

孔子和苏格拉底的教学实践早已提示了探求知识的这两种基本形式。《论语》中学生们给孔子提出的,实质上是如何理解,如何践行"仁""礼"等的问题。"仁""礼"等概念的含义是确定的——尽管可能非常丰富、复杂,因而难以穷尽或者清晰表达;对它们的探求,其实主要是求学者结合自身情况加以具体理解和运用。与之不同,苏格拉底激发学生探求"什么是勇敢""什么是虔敬""什么是勇敢""美德是否可教"等问题,都是没有确定答案的开放性问题。探求意味着从经验出发,遵循一般的理性规则去发现或创造知识。

探求知识对启发具有不可或缺性。或者说,学生处于主动探求知识的状态,是教学成其为启发的必要因素之一。在孔子眼中,对方是否处于探求知识的状态,决定了教者是否应该予以点拨指导,决定了教者给予的点拨指导是不是"启发"。这里,学生探求知识是教师启发的前提条件;启发无非是在学生探求知识遇到困难时给予一定的帮助,并且这种帮助还不能过度以致取代、终止学生的探求过程。在苏格拉底那里,启发既是使对方进入探求知识的状态,也是和对方一起探求知识。与苏格拉底谈话的对手一开始都处于"自以为知"的认知平衡状态,苏格拉底通过一连串诘问反驳了他们原先的观点,使他们进入自感矛盾、困惑的认知不平衡状态。这意味着对方将会进入更为积极主动的探求状态。再看苏格拉底诘问本身,它不是外在于探求过程的,而是苏格拉底带着他的谈话对象一起检验、批判原先持有的观点观念。这也是知识探求的过程。只不过这时的探求过程,苏格拉底主导的成分、谈话对象被动跟随的成分相对多一些。总而言之,苏格拉底启发的实质是带着对方探求知识进而使对方进入自主的探求知识的状态。

这就是说,启发与学生主动求知活动的发生,存在两种不同的联系方式。一种是以学生的主动求知为前提,同时予以保护,使之得以维持。这就需要教师适时适度的施教。即教师在学生探求知识感到困惑、疑难时,才给以讲解,且这种讲解应当适可而止;否则,讲解将会变成一种灌输,将会剥夺学生自主探索的机会。由此可见,这种适时适度施教意义上的启发,既以学生的主动求知为条件,又对学生求知的积极性、主动性予以保护。启发教学另一种更为积极的作用方式是刺激学生的思维、体验活动,使之由认知平衡状态进入认知不平衡状态,由消极感受、被动接受的状态进入积极主动的感知、置疑、思考、体验的状态。苏格拉底诘问显然就是这种更为积极的作用方式:教师通过反复盘问,引导学生反思、批判自己的知识,使之由"自以为知"变为"自感无知",从而进入积极探求的状态。在这里,启发是教师采取有效措施激发、引起学生的自主探索求知活动。这显然是一种更为积极主动的作用方式。

二、启发与有效帮助

只有对学生的知识探求过程产生有效的帮助,才能算是启发。那么有效的标准是什么呢?如何提供有效的帮助呢?

在孔子那里,有效帮助是指使学生顺利突破思维障碍和表达障碍。"启,谓开其意;发,谓达其辞。"即启发应当使学生意开辞达,豁然开朗。

要达到这一效果,其基本策略就是"因材施教"和"举一隅"。教师要根据学生各自的接受能力、性格特征等施以相应的教育。"中人以上,可以语上也;中人以下,不可以语上也。"(《论语·雍也》)即资质中等以上的人,可以告诉他高深的学问;中等水平以下的人,不可以告诉他高深的学问。这一说法的实质是:要根据学生的接受能力选择施教内容。而在"闻斯行诸"的例子中,孔子之所以给子路、冉有同一问题以不同回答,就在于"求(冉有)也退,故进之;由(子路)也兼人,故退之",即子路、冉有性格特征不同,孔子施教的内容也就不同。将这一案例略作分析,我们可以发现,子路、冉有提出的问题表面上是相同的,而由于他们两人性格上的差异,其实质是不同的——子路的问题是轻率冲动,行事莽撞;冉有的问题是瞻前顾后,迟疑不决。因此,孔子给他们的回答也就迥然不同。这一案例的实质是:要综合考虑学生的性格特征、生活经验等,找准其问题的症结然后选择施教内容。

除了因材施教,有效的帮助还应当是"举一隅",即适可而止,只点出问题答案的一个方面,而不是面面俱到,和盘托出。孔子特别强调事物之间的广泛联系。比喻、比较、类推,因此也就被看作获得知识的有效方法。孔子强调学习要"告诸往而知来者",这是比较、类推思维方法的运用。他提出"能近取譬,可谓仁之方也已",即能够推己及人,将心比心,就是施行仁道的方法。孝、友、信等道德原则无非是推己及人、将心比心的推理方法具体运用的结果。孔子认为将事物联系起来的是"道","多学而识之者"并不是有效的学习方法,相反,学习应当抓住"一以贯之"的"道",然后凭此举一反三,闻一知十。正因为以上的认识观和学习观,孔子将教师有效的帮助定位于:根据学生的接受水平和性格特征等,直接给以问题答案的关键点,既帮助学生顺利突破思维障碍或表达障碍,又留给学生将教师传授的观点加以类推、运用的广泛空间。

在苏格拉底那里,有效帮助是指推动学生的思维活动沿着理性的轨迹向前运动,至于运动的终点是否是令人满意的结论则不在考虑之列。这就是说,教师的有效帮助就是**迫使**学生遵循理性的普遍规则——让学生遵循这种规则去探求知识,而不是引导学生获得什么确凿的结论。

使人遵循理性的普遍规则探求知识的技术,就是"诘问术"。"诘问术"是一种反驳的技术。其流程往往是:先引出对方的观点,即通过归纳相关道德现象给出该道德概念的定义;然后引导对方对该定义进行演绎推理;最后引导对方检查推理的结果,发现推论与推论之间、推论与某些价值共识之间相互矛盾,从而不得不承认原先认识的不完善。反驳是概念辩证运动的关键环节。因为通过推演暴露原先观点的谬误和不足之后,才可能提出与之不同的观点,该观点一方面包含了原先观点的真理性成分,另一方面又摈弃了其中的谬误成分或对其中不完善的地方加以修正。这样,经过正—反—合的辩证过程,人们得以不断逼近概念的本质内涵。这就是说,"诘问术"实质上是带着学生按照理性路线寻求道德概念的本质,并帮助学生完成其中最困难的一项工作——自我反驳。

从提供有效帮助的角度,考察孔子和苏格拉底的启发思想和实践,我们可以抽象出启发的另外两点含义:

第一,启发可以是直接讲解和传授,它区别于灌输的关键在于——根据学生具体的心理状况适时适量地讲解和传授知识,使学生能够借此突破思维障碍,自主地理解知识和运用知识。正因为如此,这种意义上的启发常被称为点拨、指导等。

第二,启发也可以是诘问,它不是去直接讲解、传授或者点拨、指导,而是迫使、引导学生遵循知识发现的一般路线或普遍规则等去探索求知。

第二章 "启发"研究的基本问题及其新路径

前一章所述启发的基本意蕴，仅仅是对启发的表面化描述。要想真正揭示启发的内在机制，使之成为一种理性的、自由自觉的实践，必须回答以下基本问题：① 困惑、问题是怎么产生的，人们何以进入由困惑、问题推动的积极探求状态？教学怎样为之创造相应条件？② 人们如何探索性地理解知识和运用知识，需要哪些条件，过程怎样？据此做出的直接讲解应当是怎样的？除了直接讲解，还有哪些有效的帮助和干预策略？③ 发现知识的一般性的心理机制到底是什么？教学要怎样引导学生逐渐自主地发现知识？

现代教学理论对以上问题多少有所涉及，整理并研究这些成果，显然是揭开"启发"研究本质面纱的前提。

第一节 现代教学论对"启发"基本问题的回答

一、对因何探求及如何激发探求的回答

对于"困惑、问题是怎么产生的，人们何以进入由困惑、问题推动的积极探求状态，教学怎样为之创造相应条件"等问题，现代教学理论给出的回答主要有：

一是认知冲突理论认为，引入与原先认识不一致的现象、事例、观点等，可以引起学生的认知冲突，极大地激发学生主动探索的兴趣。

这一教学策略无疑是有效的——实践表明，引入不一致的现象、事例、观点等，通常能够调动学生求知的积极性。但是，实际上，认知冲突仅仅是驱使人们主动探求知识的可能因素之一，它既不是探求知识的充分条件——认知冲突并不一定引起人们探索的热情，也不是探求知识的必要条

件——人们求索知识并不一定因为前后观念或事实间的矛盾。

二是最近发展区理论认为,教师提出的问题或任务应当难易适度,落在学生的最近发展区之内,即这些问题或任务学生单凭自己的能力无法解决、完成,但是和老师、同伴一起,在老师、同伴的帮助和启发下,却可以成功地解决、完成。

这一建议当然是启发性的——太困难、太简单的问题和任务都不能引起学生探索的兴趣。不过,把难易适度仅仅看作依靠老师、同伴的帮助就可以成功解决问题、完成任务,恐怕并不确切。这一尺度排除了学生自奋其力以成功解决问题、完成任务的情况,因而是不完全的;而且这一尺度并没有指明老师、同伴提供帮助的性质、程度,因而显得模糊、笼统,指导性不强。

二、对如何辅助知识理解和运用活动的回答

对于"人们如何探索性地理解知识和运用知识,需要哪些条件,过程怎样,据此做出的直接讲解应当是怎样的,除了直接讲解,还有哪些有效的帮助和干预策略"等一系列问题,现代教学论给出的回答主要有:

(一) 建构主义教学理论及建构主义教学模式

建构主义认为,学习是学习者以自己的方式主动建构知识意义的过程;知识植根的真实情境、同伴之间的协作和会话,都会极大地促进这一意义建构过程。"情境"、"协作"、"会话"和"意义建构"被看作有效学习的四大要素。基于以上学习观,教学的主要任务是:提供知识生成和运用的问题情境,激发学生主动探索情境,建构知识的意义;提供多种认知工具及学习资源,帮助学生探索情境,建构知识的意义;提供学习者一起工作并相互支持的机会,促使学生更好地探索情境,建构知识的意义。

代表性的建构主义教学模式主要有抛锚式教学、支架式教学和随机访问教学等三种。抛锚式教学(Anchored Instruction)或称情境教学(Situated Instruction),其关键在于:提供学生植根于具体情境的问题或任务,这些问题或任务是真实、复杂、结构不良的;学生在探索情境,尝试解决问题和完成任务的过程中,不但获得了对作为问题解决工具的知识的深刻理解,而且获得了识别、定义和解决复杂问题的策略性知识或缄默知识。抛锚式教学一般包括以下环节:① 创设情境,即提供与真实情况基本一致或类似的情境;② 确定问题,即从情境中选择出与当前学习主题密切相关的真实问题,以备学生去解决,当然,最好由学生自己发现问题;③ 自主学习,即学生自

主学习相关知识工具，独立解决问题；④ 协作学习，即通过不同观点之间的讨论与交流，修正、加深每一个学生对当前问题的理解，达到对学习内容比较一致和具有相对确定性的认识；⑤ 效果评价，主要是过程性评价。

支架式教学(Scaffolding Instruction)是借教师提供一套恰当的概念框架来帮助学习者理解完整的知识单元，建构知识的意义。支架式教学包括以下步骤：① 搭脚手架，即确定要建构的知识单元，按"最近发展区"的要求建立概念框架；② 进入支架，即呈现一定的问题情境，由此将学生引入概念框架中的某个节点，为学生的建构活动提供基础；③ 独立探索，即让学生在支架的帮助下自主寻求问题的答案；④ 协作学习，即进行小组协商、讨论，尽量使学生的理解达成一致，以完成对概念比较全面和正确的建构；⑤ 效果评价，包括学生个人的自我评价和学习小组对个人的学习评价，评价内容包括自主学习能力、对小组协作学习所做出的贡献、是否完成对所学知识的意义建构三方面。

随机访问教学(Random Access Instruction)强调让学生自由、随机地从不同角度、基于不同目的访问、探索、建构同一学习内容。比如概念教学，要涵盖足够的实例或变式，要把概念与具体情境结合起来，以此帮助学生达到对概念的全方位理解。其基本环节如下：① 呈现情境，即向学习者呈现与当前学习内容相关联的情境；② 随机访问学习，即向学习者呈现与当前所学内容不同侧面的特性相关联的情境，引导学习者自主学习；③ 思维发展训练，即教师通过提问，如"你的意思是指……""你怎么知道这是正确的？""还有没有其他含义？""还有没有其他解决办法？"等，引导学生的意义建构过程，提高其反省认知能力，优化其思维品质；④ 协作学习，即围绕通过不同情境获得的认识、建构的意义展开小组讨论；⑤ 效果评价，包括自我评价和小组评价，内容与支架式教学相同。

（二）"自学—辅导"教学理论与教学模式

我国的教学论研究者受到孔子启发教学思想的启发，提出"自学—辅导"教学理论。该教学理论认为，传统课堂教学以教师讲授为主，既不容易调动学生学习的积极性、主动性，又不容易使讲授有的放矢、适应学生学习的需要；要改变这种状况，可以采用引导、指导、辅助学生自学的方式实施教学。这样既可以确立学生学习的主体地位，又有利于培养学生的自学能力，适应素质教育的要求。

研究者根据各学科教学的要求和特点，设计了多种"自学—辅导"教学模式。比如徐国敏、谢国生于20世纪80年代在化学和数学教改中探索出来的启发研究式，要求教师启发学生围绕问题，通过读、练、议、写进行"研究"，从而达到深刻理解知识、灵活应用知识的教学目标。再如，上海育才中学的"读议讲练"八字教学法，辽宁语文特级教师魏书生提出的中学语文教学"六步法"模式，中科院心理研究所卢仲衡倡导的"中学数学自学辅导教学"，等等。这类教学模式一般都包括以下环节：① 用启发性问题引导学生自学教材，这些启发性问题往往提示出自学的重点、难点、方法等；② 组织学生讨论自学中生成的问题，这些问题主要是理解的障碍、知识运用的困难；③ 对学生讨论仍然不能解决的问题加以点拨，使学生明白其中的关节，正确理解和运用知识；④ 提供练习，使学生自检知识理解和运用的情况。

"自学—辅导"教学理论与教学模式继承了孔子启发思想中的核心成分，强调教师讲授是对学生自学中困惑、疑难的指导、点拨，强调指导、点拨后提供学生举一反三的练习机会。不仅如此，该教学理论与教学模式还是班级授课制下对传统启发思想和实践的创造性改造。其一，传统启发是非计划性的——学生在什么时间学习什么、学到什么程度，是没有严格规定的。现代教学则与此不同。这就要求研究者将照顾学生自学的个别差异与达成教学的统一要求尽量结合起来。比如，由教师布置明确的自学任务；在布置自学任务时给以启发性问题；提供自检知识理解和运用情况的练习。其二，传统启发属于个别教学，只涉及教师个体与学生个体之间的互动。现代教学则可以包括个别教学、小组教学与集体教学等三种形式。"自学—辅导"教学的研究者很好地将这三者统一起来：自学前的集体指导、学生独立自学、自学后的小组讨论、小组讨论后的集体讲授、集体讲授后的独立练习。其中，特别有创意的是小组讨论。自学以后的小组讨论主要围绕学生自学中遇到的问题进行，能够最大限度地调动学生参与的热情。学生个体之间差异性的存在，使得学生可以在讨论中相互启发，将问题的理解、分析推向前进；同时，讨论也有利于学生澄清自己的思路，有利于教师更好地发现学生思维的障碍，进而给予相应点拨。不过，要想实现讨论的上述功能，教师需要具有极强的组织能力，通过分配话语权、维持或转换话题、调节气氛等方式，引导讨论顺利进行。

三、对如何辅助知识发现活动的回答

对于"发现知识的一般性的心理机制到底是什么，教学要怎样引导学生逐渐自主地发现知识"等一系列问题，现代教学论给出的回答主要有：

（一）强调信息重组的发现观及其教学模式

持信息重组发现观的代表是美国的心理学家、课程与教学论专家布鲁纳。基于结构主义的哲学观，布鲁纳把发现看作是对各种信息进行变换、组合，从中发现规律性联系（即结构）的过程。他说："不论是在校儿童凭自己的力量所作的发现，还是科学家努力于日趋尖端的研究领域所取得的发现，按其实质来说，都不过是把现象重新组织或转换，使人能超越现象再进行组合，从而获得新的领悟而已。"在他倡导的一则发现法教学案例中，教师要求学生自主尝试组合手中的正方形和长方形木块以组成正方形，从而发现其中的规律，得出平方和公式。案例中教师引导学生经历的发现过程，实质上就是信息的重组过程。布鲁纳认为通过信息重组发现规律，往往并不是纯粹的分析、概括的过程，而需要借助直觉思维，需要经过"尝试假设"的环节。

基于以上的发现观，布鲁纳提倡的发现法一般包括以下步骤：① 创设问题情境，发现或提出问题；② 针对问题提出解答的假设；③ 从理论上或实践上检验假设；④ 得出最后的结论。在此过程中，为了促进学生的发现，教师应当将原发现过程加以再编制，包括："缩短"——将原发现的冗长过程，加以剪辑，变成一条捷径；"平坡"——原发现过程的坡度（难度）大，要加以削平，使之变成对学生稍具难度但仍有学习的可能；"精简"——将原发现的途径削减成少量的岔道，使学生在"岔道"上运用选择性思维。因此，除了呈现适当的素材（包括信息、问题等）供学生探索发现以外，教师还应提示学生运用假设去设计各种发现的途径，指导学生运用对照的方法，提供学生各种可供选择的方法和不同的观点。

除了布鲁纳，课程论专家塔巴实质上也把知识的发现过程看成信息的重组过程。不过，与布鲁纳不同，她强调通过分析、概括等归纳思维过程来进行信息的重组。据此，她建构了归纳思维训练模式。

塔巴的归纳思维训练模式围绕概念形成、资料解释和原理运用等三项学习任务，一步一步地引导学生对信息加以概括和归纳，从中形成概念以及对事物因果联系的认识。为此，教师采取提出诱发性问题的教学策略，让学生发出特定的外显性的学习行为，而这些外显性的学习行为恰恰是内隐的归纳推理活动的外化。比如，丁证霖等（1991:56-60）编译的《当代西方教学模式》指出，在概念形成的学习中，教师提出"你看到了什么？听到了什么？记下了什么？"等问题，以引导学生列举或列表；提出"哪些属于同一类？根据什么标准？"等问题，以引导学生归类；提出"你怎样命名这些类别？它属于哪一范畴?"等问题,以引导学生做出标记和按范畴分类。列举、归类、标记、按范畴分类等外显性的行为需要学生进行区分、抽象、确定上下位关系等内隐的心智活动,因而对外显性学习行为的诱发实质上就是对学生内隐的归纳思维的引导和训练。

(二) 强调实证的发现观及科学探究教学模式

近代以来的发现观,其主流是强调科学实证,强调通过观察、实验、调查等手段获取事实证据对于发现或建构科学知识的至关重要性。当然,由于在具体的科学发现过程上人们的认识和理解不尽相同,他们所建构的科学探究教学模式也就存在一定的差异。

1. 萨奇曼的探究训练模式

萨奇曼把科学探究看成是一种用于调查并说明特殊现象的方法。他所建构的探究训练模式,就是要使学生学会用科学实证的方法探究令人困惑的现象,形成对该现象科学合理的因果解释。他规定:探究训练的第一步是向学生呈示一个令人困惑的事件,使之产生"为什么事情会如此这般地发生"的疑问,进而展开探究。由于探究训练的重点是使学生意识并掌握探究的过程,而不是探究的结果,因此教师的工作主要是事先解释探究的程序、引导学生收集资料、要求学生形成对现象的解释并分析探究的过程。其中,引导学生收集资料最为关键,它要求教师通过对学生提问的适当反馈,使学生意识到哪些探究行为或探究策略是可行的、是能够通向现象的合理解释的。通过这种模拟性的探究活动,学生能够学会证实事物和条件的实质、证实问题情境的发生、分离相关变量、假设并检验因果关系等科学探究的方法。总之,这一模式通过对学生问题探究的激发和引导,不但使学生获得对特定现象的合理解释,更使学生意识并掌握一种普遍有效的探究方法。

2. 施瓦布的探究教学模式

与萨奇曼片面强调事实和对事实的归纳不同,施瓦布认识到理论假设、理论建构以及直觉、想象等在科学发现中的不可或缺性:在发现问题、提出假设、通过实验收集数据、整理分析数据并做出解释、得出最后结论等科学探究环节中,发现问题、提出假设往往不单单是由现象或事实引起的,而往往得益于科学家先备的理论观点以及理论思维;对实验数据的解释也会由于科学家理论假设的差异而存在多种可能性。这种理解显然更加接近科学家真实的科学探究过程。

施瓦布提出,为了让学生经历真实的科学探究过程,教学应当呈现一个个真实的科学研究的案例(包括真实的科学问题、科学研究的方法和过程),并且在这些案例中留有省略、空白或未得到调查的存疑之处,而这正是要诱发学生来填补的。"这种省略可以是一个实验的计划,或是控制实验中某一因素的方法。省略可以是从已知资料中有待引出的结论,也可以是一种用于说明已知资料的假设。"(丁证霖,等,1991:165-166)总之,用以确保学生了解正在进行的科学探究并参与这种探究,因此,这种教学方式也被称作"探究的诱发"(invitation to enquiry)。比如,美国的《生物教师手册》一书中对"诱发探究"活动的典型设计是这样的:① 向学生呈现某个问题;② 问学生将如何解决这个问题;③ 向学生描述科学家实际采用的实验设计;④ 要求学生对实验结果作出假设;⑤ 向学生提供科学家所收集到的有关数据;⑥ 问学生能从这些数据中得出什么结论;⑦ 问学生"假定你就是个科学家,你下一步打算解决什么问题?为什么?"(勒玉乐,2001:240)该教学设计引导学生经历完整真实的科学探究过程;在探究的一些关键环节上,往往先让学生去尝试,然后提供科学家实际的做法,以引起学生的比较和反思。

3. 马夏拉斯和考克斯的社会问题探究模式

在社会科学的教学中,人们也尝试启发学生以科学探究的方式认识社会、解决社会问题。其中比较典型的是马夏拉斯和考克斯构建的社会常识课的探究模式,这一模式包括六个阶段:① 介绍和阐明疑难情境;② 提出假设以探索和解决问题;③ 确定和阐明假设;④ 根据假设的设想、含义和逻辑的有效性探索假设;⑤ 收集事实和证据以支持假设;⑥ 形成概括的表述或解决方法。(丁证霖,等,1991:388-390)在这一过程中,教师的任务是:① 设法帮助学生对真实的社会问题敏感起来,激发学生进行探究;② 帮助学生明确问题、阐明立场,使之更加客观地理解自己的设想和更加有效地进行相互交流;③ 帮助学生改进学习过程和制订计划,推动探究活动一步一步地合理、有序地进行。这种教学模式重在引导学生合理、科学地探索和解决社会问题,从而使学生获得对社会生活本质的探究和反思能力。

第二节 深化"启发"研究的新路径

以上现代教学论中有关"启发"基本问题的研究成果，含有很多真理性成分，对启发教学实践也颇有指导意义。然而，它们尚有以下不足：

首先，对于困惑、问题产生的心理机制以及由此推动的探求知识的心理机制，未能做出全面合理的解释，因而未能据此提出一套有效的引发学生积极探求心向的启发策略。换句话说，现有理论研究成果并不能很好地回答诸如"提供怎样的对象以引起学生的探索兴趣"，或者"如何提出启发性问题，使学生进入积极探求的状态"，"如何启发学生自己提出要探索的问题"等问题，并不能给教师如何激发学生主动求知以有效指导。

其次，对理解与运用知识的心理机制的解释，还不够彻底，也不够准确。建构主义教学理论强调个体凭借其独特的主体结构——先备的知识经验、认知方式等建构知识的意义，而没有深入挖掘主体经验的客观基础，没能区分偏差、片面的经验与真实、全面的经验，因而往往陷入认识相对主义的泥淖。其实，大部分有效的学习往往不是只发生在学习者与知识之间，而是发生在学习者、知识与客观世界三者之间。在探索性的接受学习中，学习者首先凭借以前与客观世界互动所获得的经验尝试建构知识的意义；当建构发生困难或错误时，学习者往往需要与客观世界进行新的互动，补充或更新原有经验，以此克服意义建构中的困难或修正其中的错误。这就是说，对理解与运用知识的心理机制的解释，必须补上"客观世界"这一极，必须区分偏差、片面的经验与真实、全面的经验，这样才能够既保持住知识意义建构的多元特性，又不至于陷入认识的相对主义之中。

此外，由于现有教学论对理解与运用知识的心理机制的认识大多是抽象、笼统、形式化的，所构建的各种教学模式也就主要停留在形式化阶段（即规定教学的程序、组织形式等），而不能对教师如何引导、指导学生理解和运用知识做出比较具体的、与内容相关的实质性说明或规定。

最后，对发现知识的解释也有形式化的弊病，缺乏对发现知识内在心理机制的深入阐释；且缺乏对各种解释的比较研究，未能揭示它们各自的优缺点、适用范围等。许多研究者都指出包括提出问题、做出假设、收集数据、解释数据、做出结论等一系列步骤的知识发现过程，但这其实只是表面化的程序，其背后的思维过程、条件等还都没有得到深入研究和阐释。因而，据此构建的教学模式往往指导性不强。再者,不同研究者理解的知识发现过程还是有所差别的——塔巴理解的是归纳推理的过程,布鲁纳理解的是信息的重新组织或转换,萨奇曼理解的是纯粹归纳性、实证性的实验探究,施瓦布理解的是理论建构与实验探究相交织的科学探究。这些理解各有其特定的知识发现的适用范围,需要进一步研究和说明。否则,容易导致教师实践上的无所适从。

笔者认为,要克服以上不足,关键是将上述问题置于全面科学的认识论的视点之下考察、研究。认识论是研究认识的学问(这里的"认识"不同于心理学中的"认知",它指人脑对客观世界的反映,包含了认知、情感、意志等心理过程),它研究包括人的认识的本质及其发展规律,包括认识的对象、来源、发展过程以及认识的真理性等一系列问题。具体而言,以认识论为视点来研究求知活动的合理性在于以下三个方面:

一、以认识论为视点,符合求知活动的本质

探索求知活动,不管是以接受的方式(把结论性知识直接给予学习者,学习者探索性地理解或运用这些知识),还是以发现的方式,都不仅是一种学习活动,更是一种认识活动,即以观念的形式把握世界的活动。在探索性的接受学习中,学习主体以知识为中介认识客观世界——理解和运用知识的过程就是认识世界的过程;在发现学习中,学习主体直接以观念的形式与客观世界互动,以获得认识的成果——知识。佐藤正夫曾经区分了两种意义上的"掌握知识"活动:一种采用"仅仅从字面上教授科学概念与法则的定义,使学生死记硬背的方法","这样得来的知识只是呆板、徒具形式的知识";另一种是"指发展对客观世界的认识,即对于事物的本质与事物现象间内在联系与关系法则的认识",是"将人类产生的一般认识过程,通过自身的思考和活动再一次复现",这样获得的知识才能"内化为自身的资产"。(钟启泉,译,2001:244)显然,后一种知识掌握活动其实就是这里的知识探求活动,其本质就是认识活动。因此,以认识论为视点的考察,借助认识论丰富成果的研究,是符合知识探求活动的本质的,是有充分的学理依据的。当然,要补充说明的是,并不是所有的学习活动同时都是认识活动,如信号学习、联结学习等低级学习,显然就不属于认识活动的范畴。基于认识论的研究,也不会解决这部分学习的问题。

二、认识论可以深入解释求知活动的发生机制

学生积极地探求知识可能是为了应付老师的提问或各种各样的考试，也可能是为了完成论文，拿到学分或学位。这些情况都是非常正常和自然的，但同时这些情况又都是表面化的。学生持续的、主动的探求知识活动一定有着更深刻的根源。这个根源与人类一般的认识活动的根源在本质上是一致的。

认识论对认识活动发生的根源有着深入探讨。综观相关探讨，可归结为两类观点。一类认为人类是为了实践的需要去求知。人类在社会生活中遇到各种实践问题，为了解决这些实践问题，同时在尝试解决这些实践问题的过程中，人类创造发现了各种各样的知识。譬如古代几何知识发现的根源，可以清晰地追溯到土地测量的实际需要。另一类认为人类最为可贵的品质就在于他们可以为了求知而求知。历史上大量奠基性的理论知识并不是出于解决实际问题的功利性需要，而是出于纯粹"知的兴趣"或"神圣的好奇心"（语出爱因斯坦）。历史上很多伟大的科学家都持这种观点。比如，彭加勒就旗帜鲜明地反对科学研究功利主义的观点，而认为科学家们往往抱着"为科学而科学"的态度从事科学研究。"科学家研究自然，并非因为它有用处；他研究它，是因为他喜欢它，他之所以喜欢它，是因为它是美的。"（李醒民，译，2001：7）这种美不是打动感官的美，而是理智美。"科学家之所以投身于长期而艰巨的劳动，也许为理智美甚于为人类未来的福利。"（同上：8）实际上，彭加勒所说的"理智美"就是科学家所发现的自然规律的简洁、和谐、平衡、对称、统一等形式之美；对"理智美"的孜孜以求是科学理性的集中、具体体现，它反映了科学探索中强大的理性根源。

笔者认为，上述两种观点并不矛盾，它们其实各自揭示出问题的一个方面。一般而言，人类的认识活动既有满足实践需要的成分，也有满足理性需要的成分。首先，人类在生产生活实践中遇到各种各样的困难和障碍，为了更好地克服这些困难和障碍，他们就不能停留于表面的、个别的现象之上，用单纯的尝试—错误—尝试的办法去应对，而必须找到其后的本质及规律性联系，以迅速有效地解决问题。于是，真正的求知因实践的需要而发生。其次，人类是"理性的动物"（语出亚里士多德），这意味着他天生有寻求因果联系、逻辑自洽、杂多中的统一、紊乱中的规律的趋向和潜能。这种趋向推动人们在远离实践需要的领域，在看不到研究的实际应用价值的情况下，依然孜孜以求；这就是为求知而求知，因"爱智慧"而求知。同时，理性也是人

类潜在的能力,是人类探求知识以解决实践问题的有力工具。因此,我们看到即使在为实践需要而求知的人们身上,也散发着动人的理性的光辉,带着为理性所驱动的痕迹。

概括地说,第一,实践的困难或困惑往往是人们求知的直接的、显在的,同时也是强大的诱因;在大多数情况下,人们首先是因为实践的巨大压迫而脱离简单的经验直观、物质实践,进入或创造一个超越性的理性世界、精神世界。对于学生而言,由于其尚未进入理性自觉阶段,实践的困难或困惑,对于推动他们求知就具有不可忽视的重要意义。在教学实践中,所谓实践的困难或困惑,往往表现为源于学生的生活世界、与学生的生活世界紧密相连的真实问题。这些真实问题本身就会激发学生的探索兴趣,引起学生的知识探求活动。然而,现实的教学状况往往是无孔不入的应试教育极大地压缩了学生生活世界的空间。学生过着两点一线、枯燥乏味的学校生活——与大自然、与现实社会脱节,与真实的生活实践和生产实践分离;除了书本,学生拥有的也许只是通过电视、电影、网络获得的现实世界的一些支离破碎的影像而已。在这种情况下,实践的困难或困惑、源于生活的真实问题自然很少;更何况,由于教师的教学理念、教学技艺的局限,他们往往很难从学生有限的生活实践中提炼出通向特定知识的真实问题。于是,我们往往看到现实的教学生活中,学生普遍缺乏求知的兴趣,其根本原因就是缺少实践,更缺少实践的困难或困惑,缺少源于生活的**真实**问题。

第二,理性张扬是人们求知的深层根源;不管强或弱,不管自觉与否,理性张扬总在推动人们的求知活动。于是,我们可以看到,当人们意识到矛盾、失衡、混乱、无序时,总会自然而然地产生焦虑感,进而努力解决矛盾,建立新的平衡,澄清混乱和无序。这种焦虑感和努力的趋向就是理性张扬需要的直接显现。理性张扬的需要属于马斯洛所划分的人的高层次的精神需要(或称超越性需要)。开始时,这种需要就像稚嫩的幼芽,纤弱而易于夭折;它需要适宜的环境和精心的呵护,才能萌发并茁壮成长,从而成为驱动、支撑求知活动的强大、稳定、持久的动力。在实际的教学生活中,多的是无视学生理性存在的灌输,学生的理性因得不到发挥而日渐枯萎;即使有些教学活动为学生自主的理性运用留下空间,很多学生也由于得不到有效的、个别化的指导,而无法成功解决问题,无法获得理性发挥的切身体验。于是,他们不但对自己的理性功能失去信心,更会逐渐丢掉与生俱来的理性需要,满足于一知半解地接受书本知识,同时沉沦在纯粹感性的、经验的世界里。因此,我们可以认为,要推动学生积极自主地探求知识,最为根本的要求就是：让他们意识到自己思想里的矛盾、混乱、断裂、空白；进而让他们或多或少地依靠自己的理性力量，成功地克服矛盾、澄清混乱、弥合断裂、填补空白。

需要指出的是，思想里的矛盾、混乱、断裂、空白，既是现实世界杂多、无序的反映，也是由认识不到位、不彻底引起的——理性的力量无非是为杂多找到统一，为无序找到规律，当认识尚未找到统一和规律时，思想中就会出现矛盾、混乱、断裂和空白。因此，要引发学生的困惑，教师可以直接针对学生的观念世界发问，如提出"你的观点是……但另一方面，你又认为……""这个问题可以这样看，但换一个类似问题呢？"等问题；教师也可以指向纷乱的现实世界，如问学生"一方面，情况是这样的，但另一方面，情况又是那样的，怎么回事呢？"教师更可以指向观念世界与现实世界的不统一，如问学生"你们是这样认为的，但事实却是……""这样解释似乎是对的，但这里还有一个特例，怎么办呢？"这些问题与单靠套用现成知识就可以解决的问题有着本质不同，它们激发学生的理性力量，促使学生发挥自身潜在的理性力量去理清这种种的混乱和矛盾。

总之，从认识论的角度可以更全面、深入地解释求知活动发生的心理机制，从而为启发教学激发学生积极主动求知提供依据。

三、认识论可以深入解释求知活动的运行机制

教学中学生的求知活动无疑具有特殊性，比如它总是在教师的指导下进行；应当具有教育性——不但为了获得知识，更为了发展主体的潜能、提高主体的素质；在很多时候具有间接性——知识先呈现给学习主体，探求的目的在于理解和应用这些知识。但是，既然本质上是一种认识活动，它就遵循认识活动一般的运行机制。认识论有关认识活动一般运行机制的解释，可以加深我们对学生求知活动的理解，廓清乃至纠正我们的一些模糊、错误的观念。

首先，主流的认识论把认识活动的本质看作主体以观念的方式对客观世界的把握，其中，在完整的认识活动中，客观世界是不可或缺的一极（虽然在某些特殊的认识活动中，比如纯粹的逻辑—数理推理活动，客观世界是不必在场的，但就逻辑—数理主要作为认识活动的工具而言，我们可以将纯粹的逻辑—数理推理活动看成是完整认识活动的组成部分）。从认识的过程来看，认识首先发生于主体对客观世界的感性把握（即感性认识），然后是主体通过思维的抽象、分析、综合，达到对客观世界的理性把握的高度（即理性

认识),最后是主体将理性认识的结论——理论知识运用于对客观世界的改造,达到更高层次的具体认识的水平。在认识的各个环节中,客观世界都必须"在场"。这一基本立场,对于我们正确理解学生求知活动的本质是非常重要的。在认识论视野中,学生的求知活动像其他认识活动一样,是发生在主观世界、客观世界、知识三者之间的,而不仅仅存在于学生与知识二者之间;那种把学生的求知仅仅看作学生对知识的理解或发现的通常看法是根本错误的。客观世界"缺席",学生对知识的理解无非是把知识放到认知结构中的恰当位置,对知识的发现则本质上成为从知识到知识、从符号到符号、从观念到观念的逻辑演绎。它们导致学生获得的只是"食而不化"的惰性知识,也导致学生对知识发现的错误观念以及真正的创造性认识能力和意愿的丧失。可以说,学生求知的困难、失败,很大程度上是因为教学者认识论视角的缺失,是因为教学内容或教学对象中真实、完整的客观世界的"缺席"。

其次,在现代认识论视野中,作为认识活动另一极的主观世界,有着极其丰富的内容,在认识活动中起着实质性的建构作用。认识主体不再被认为是一面被动反映客观世界的"镜子"或一块简单摹写客观世界的"白板",而是以自身主观的认识结构,创造性地体验和解释客观世界的建构者。主体的认识结构从构成上说,不仅包括先备的知识、经验、信念等过去的认识活动的结果,还包括逻辑运算、公正运算、臻美等超验性的理性功能,以及通过反省认识经验而获得的认识方法、自我监控能力等。在认识活动中,这三个方面的因素相互交织,成为认识活动主观方面的条件。而在现有的教学理论中,学生主观方面的认识条件和认识功能被严重忽视或低估了。比如,信息加工教学理论把学习者看成信息加工的机器,其认识变成了刺激接受、解码、编码及信息的存储和提取。再如,建构主义理论把学习者的主观结构理解为原先的知识经验,最多再加上独特的认知方式、学习风格等。又如一些科学探究教学理论把探究的主观条件仅仅理解为科学探究方法和程序的掌握。这种对主观认识条件认识的不足,深刻反映了目前教学论界对学生求知活动内在机制理解的偏失。

最后,认识论对科学、道德、审美等三种典型的认识活动的过程做出了具体、深刻的描述和解释。以科学认识为例,现代科学哲学不是停留于概括一套科学发现的固定、普遍的程序或方法,而是深入解释科学家们是如何提出科学问题,进行科学观察,做出科学猜想和假设的。现代科学哲学不是简单地把科学认识等同于被动的经验归纳,而是深入揭示科学观察如何渗入理论,科学归纳如何受到解释性理论,甚至形而上学观点的启发,科学概念和解释性理论又如何是一种经验基础上的自由发明和创造。现代科学哲学也不是简单地把科学认识看成个体独立的理智活动,而是看到个体的科学研究深受所处科学共同体的研究范式的影响,因而多少带有社会的、历史的非理性成分。与此相同,认识论对道德认识、审美认识过程的解释,也有很多真理性成分;它们对于澄清、纠正当前道德教学、审美教学领域中普遍存在的模糊、错误的认识,帮助人们深入理解学生道德学习、审美学习发生的内在机制,具有不可替代的作用。

　　总之,借助认识论的视点以及认识论的研究成果,可以帮助我们更为深刻、全面、具体地把握学生知识探求活动的发生和运行机制,为我们确定启发教学的策略以及具体开展启发教学提供依据和启发。不过,在借鉴与引入认识论成果之前,有两点需要特别指出来。第一,现有的认识论主要解释一般性的认识过程,对特殊教学中的认识活动没有加以具体研究。而教学中认识活动的最大特殊之处在于:可以先把客观形态的知识提供给学生,让学生通过自主探求获得对知识的深入理解,使客观形态的知识得以主观化,从而获得对客观世界的认识。有鉴于此,我们需要在把握认识的一般性的前提下,对这种特殊的认识过程加以专门研究,揭示其独特之处。第二,现有的认识论尽管在一些关键问题上达成了一定共识,但在很多具体方面还存在很大争议和分歧。为此,我们需要仔细分辨,找出各种理论流派的真理性成分,以兼容并包的态度和方式对待相互竞争的理论观点,以获得对认识活动机制尽量全面的认识。

第三章　科学认识的心理过程

认识论关于科学认识的探讨很大一部分是哲学性的,如探讨科学认识的根源、可能性、界限、标准等问题。而从教学的角度,我们需要的是了解、理解科学认识具体的心理过程。于是,我们需要从哲学探讨中抽出心理学解释,或者对哲学探讨作心理学转换。

具体的科学认识活动可以走两条路径:一是探究发现的路径,二是接受理解的路径。前者指由现象到对现象的科学描述和解释(即知识);后者指由客观化的知识(即符号化的、抽象的知识)到主观化的知识(即符号化的、抽象的知识获得其经验意义)。以下,将分别对这两种科学认识的心理过程加以解释。

第一节　科学探究的心理过程

一、经验论与唯理论对科学探究的解释

近代科学兴起以来,以培根、洛克等为代表的经验论与以笛卡尔、斯宾诺莎为代表的唯理论在知识的来源和认识的方法上存在尖锐对立。经验论主张感觉经验是知识的唯一来源,观察、实验等经验方法是科学的基本方法。如洛克所说:"我们的全部知识是建立在经验上面的;知识归根到底都是导源于经验的。"(北京大学哲学系外国哲学史教研室编译,1958:240)因此,经验论者眼中的科学探究实质上就是对经验的合理归纳,即科学发现过程中对实验—归纳方法的合理运用。比如,培根批判了亚里士多德的由狭隘贫乏的个别经验立即上升到最一般原理的"直觉归纳法",认为正当的归纳方法应该是对大量的观察和实验资料进行分析比较、逐步上升到一般性原理的过程。在归纳提升的每一步,都必须采用"排除归纳法"。即首先通过观察和实验全面地搜集那些与研究性质有关的事例,并且把这些事例列

举在三种表格里,即所谓的"具有表""差异表"和"程度表"。然后,在由"三表法"所提供的大量例证的基础上,通过分析比较,"拒绝和排斥这样一些性质,这些性质是在有给定的性质存在的例证中找不到的,或者在给定的性质不存在的例证中找到的,或者是在这些例证中给定的性质减少而它们增加,或给定的性质增加而它们减少;这样,在拒绝和排斥的工作适当完成之后,一切轻浮的意见便烟消云散,而最后余留下来的便是一个肯定的,坚固的,真实的和定义明确的形式"(同上:55)。

相反,唯理论则认为感觉经验是不可靠的,只有天赋的理性认识才能揭示真理。几何学的范例表明,从不证自明的公理出发,进行严密的推理,是得到可靠知识的根本方法。这就是说,科学发现的过程应该是:通过直觉、反思获得自明的公理或原理,然后由这些公理或原理演绎出整个知识体系。比如,笛卡尔通过反思确立"我思故我在"为"第一原因",因为他认为只有"我思故我在"这一点是最明白而清晰、最确切而真实的。然后,由这个逻辑起点出发,他演绎出一系列力学的结论,包括作为物质本性的"广延性"以及"运动的守恒"。而莱布尼茨则将"简单性"和"完美性"等形而上学的原理具体化为科学中的极值原理、守恒原理和连续性原理,以指导科学定律的探索,并在这些原理与经验定律之间建立起演绎关系。实际上,由这种认识论出发,科学探究关键性的心理机制就是:从表象中区分出我们本有的"真观念",即先验的真理;然后在经验的启发下建立与自明的基本原理一致的假说。

二、科学哲学诸流派的对科学探究的解释

逻辑实证主义声称自己只关心科学证明的前后关系,而不过问发现的前后关系。前者是与科学的证明或正确性有关的问题,包括一个假说或理论是否合理,是否得到经验支持,是否可以接受等逻辑关系,科学哲学就是对科学的这种证明前后关系的"逻辑重建";而后者是与科学发现有关的社会、经济、文化、历史、心理等条件,这是社会学家、科学史家、心理学家等关注的问题,与科学哲学毫不相干。卡尔纳普更是明确指出"关于一种科学的哲学就是对这种科学的语言进行句法分析"(傅季查,译,1962:51)。从这种定位出发,逻辑实证主义对科学理论进行语言层次结构分析,将之分为四个层次:原始数据、概念的值、定律、原理。前三个层次属于"观察层",最后一个层次是"理论层",理论语言是一种形式的语言,是按照数理逻辑展开的演绎系统,必须通过对应规则将之转译成观察语言,使之经受经验的严格检

验。逻辑实证主义对科学证明的"逻辑重建"实质上隐含了对科学发现的规定。首先,依据可证实性标准或可确证性标准,从观察上升到理论只有依靠逐步的归纳,归纳方法是唯一可靠、有效的方法。亨普尔指出逻辑实证主义理想的科学探索程序是:① 观察和记录一切事实;② 分析这些事实并加以归类;③ 由此归纳出一般结论;④ 进一步上升为原理并检验之。其次,由于把理论看成纯粹形式化的演绎系统,科学探究实际上又是一种数理逻辑工具的运用过程。

以波普尔为首的批判理性主义反对逻辑实证主义的可证实性标准,主张以可证伪性作为科学与非科学的分界标准。与此相应,在方法论上,批判理性主义否定科学发现是由观察逐步上升到理论的归纳过程,这是因为观察和理论不是截然分开的,观察渗透理论,观察受理论指导;而且,归纳既不能发现知识,也不能证明知识。从单称的观察陈述中,怎么能得出全称的理论命题呢?从目前的、已知的观察中,怎么能推知过去的、未知的事件呢?归纳始终无法获得逻辑上的充分性。因此,波普尔声称要用"演绎方法论来代替整个归纳方法论",他提出试错法,即猜测和反驳的方法:首先提出各种尝试性的假说、猜想(波普尔认为神话是科学早期的假说),然后对从这些假说、猜想演绎出的结论进行理性的批判和经验的检验,找出其弱点,排除其错误,从中选择出暂时确认度或逼真性较高的理论。由此,我们可以看出,批判理性主义视域中科学探究的心理机制主要在于以下两个方面。① 大胆假设。要对经验事实做出深刻解释,就不能满足于经验的概括和归纳,而要大胆假设。要充分发挥理论思维的作用,不能"拒斥形而上学";要发挥丰富的想象力,进行创造性思维。② 小心求证,即对理论进行严格的批判和检验。具体方法包括:在演绎结论间加以逻辑比较,以此检验理论内部系统的一致性;考察理论的逻辑形式;同其他理论比较;对演绎出的结论进行经验检验。

历史主义主张从科学发展的历史出发,引进社会学和心理学的概念和方法,揭示科学活动的真相。库恩强调科学乃是集团的产物,只有科学共同体才是科学知识的生产者和批准者。在常规时期,科学家严格按照共同体确立的范式进行解答难题的活动,主要运用收敛式思维。而随着范式无法解决的反常的增多,旧的范式就会陷入危机,并最终为新的范式所取代,即发生科学革命。这一时期,科学家主要运用发散式思维,往往表现为洞察力和直觉的突然涌现。在科学发展的历史过程中,范式的提出、接受、变更,靠的并非逻辑的论证,既非经验的证实,也非经验的证伪,而是科学共同体的

"格式塔"转换。这是因为范式是一种世界观,是科学家看世界的方式,它一般包括以下几个部分:① 明确陈述的定理和理论假定;② 把基本定律应用到各种不同类型情况中去的标准方法;③ 使范式的定律能对现实世界产生影响所必需的仪器制造和仪器使用技术;④ 一般的形而上学原则;⑤ 一般方法论的规定。(查尔默斯;转引孙世雄,1989:409)由此,我们可以看出,历史主义视域中的科学探究是超越逻辑和经验的,虽然它仍然以逻辑为基本工具、以经验为基本素材,但它的隐秘根源却在于某集团内部对世界整体性的共同解释(体现为范式中的形而上学原则和方法论规定)。这种意义上的科学探究已经偏离了"理性"的轨道,而带有解释、交往、对话等"非理性"的特征。

上述科学哲学流派在理解科学发现中主体心智操作的实质方面,各执一端,都存在一定的片面性。有鉴于此,以后的科学哲学家往往自觉或不自觉地走综合、深化之路。比如,逻辑实证主义者在当代最著名的代表亨普尔批判了"狭隘归纳主义"的方法论,认为"科学假设与科学理论不是从观察事实中导出,而是被发明出来借以说明这些事实的","科学知识之获取是应用了通常所谓的'假设方法',也就是说,先设想出一些假设作为对所研究问题的试探性回答,然后再对这些假设进行经验检验"。(陈维杭,译,1986:16,19)而波普尔的学生拉卡托斯,在将老师的核心思想发展为精致证伪主义的同时,也修正了其方法论方面的观点,重新考虑"归纳"在科学发现中发挥的独特作用。

三、综合视野下的科学探究过程

目前,教学论界采取兼收并蓄的方式,广泛吸收了晚近科学哲学各流派理论中的精华部分,形成关于科学探究的一些共识。例如,美国科学促进会(American Association for the Advancement of Science,即 AAAS)(1989:25-31)将科学探究勾画为:

1. 科学要求证据。从自然环境到实验室里,科学通过观察和测量,从中得到证据来支持科学的确实性。

2. 科学是逻辑和想象的合成物。科学的进步仅靠使用逻辑推理和检验证据是不够的,科学概念不会自动从资料或分析中显现。提出假说或理论并在真实世界中予以试验是一项创造性工作。

3. 科学具有解释和预测的功能。对所观察的现象,科学用已知的科学原理来寻求解释，使观察具有意义。科学理论不仅能够对已经观察到的现象提供解释，也能预测未发生的事件，既能解释过去尚未被发现或研究的证据，也能对发生过程极缓慢的现象进行研究。

4. 科学家力求发现和避免偏差。科学家通常以证据来支持特定论断，然而，科学证据资料解释、资料记录和报告、资料选择顺序等方面可能形成偏差。研究者、样本、方法、仪器等方面的偏差，是无法完全避免的。但科学家力求发现偏差的来源以及偏差如何影响证据。避免这种偏差的一个方法就是由许多不同研究者共同研究同一个问题。

再如，《美国国家科学教育标准》对科学探究的界定是：

科学是格物致知的一种途径，其基本特点是以实证为判断尺度，以逻辑作论辩的武器，以怀疑作审视的出发点。

又如，曾担任过美国科学教育协会主席的里德曼(Lederman, 2002: 49-52)提出，目前对科学本质的认识在以下三个方面是基本一致的：科学观察依赖于理论指导、科学知识不是绝对真理、科学知识具有经验性。他认为比较适合中学生的一种对科学本质的阐述是：科学知识是试探性的、经验性的、依赖于理论指导的；在一定意义上，它是人类的推理、想象和创造力的产物；它与社会和文化紧密相关；观察与推理有区别；不存在唯一而万能的科学研究方法；科学理论和定律的功能不同，但又相互关联。

从以上论述我们不难发现，教学论界摒弃了科学哲学界各执一端的立论方式，而采用了综合的视野来看待科学探究的实质。笔者同样采用综合的视野，来具体阐释科学探究的心理过程。即一方面综合各方观点来看待每项具体的科学探究实践，看到其中既有经验归纳的成分，也有理论建构、理论演绎的成分；经验归纳与理论建构、理论演绎在其间并行不悖，相互补充，相互渗透。另一方面综合各方观点来看待不同层次、不同类型的科学探究的心理过程，看到描述性层次的科学探究往往更多依赖经验归纳，而解释性层次的科学探究往往更多依赖自由的理性创造。

（一）描述性科学探究的心理过程

描述性科学探究是指力图客观准确地揭示事物的属性、变化发展过程或者事物、事件间相互关系的探究活动；其成果，如科学事实、经验定律等一般用可观察的词项和语句加以陈述。描述性科学探究一般包括提出问题、做出假设、收集证据、得出结论等环节,各个环节经历的心理过程如下:

(1) 提出问题。一开始,人们在生产生活中会觉察到一些特别、异常或矛盾的现象,产生"是什么""为什么"等的困惑。比如,看到有些物体浮在水的表面,有些则不然,就会产生"为什么会有这种差异"的困惑。要指出的是,特别、异常或矛盾现象的觉察,往往取决于人们生产生活实践的广度、深度。生产生活实践的范围越广,程度越深,所遇到的现象越丰富,越接近它的本质,人们越容易觉察到其中特别、异常或矛盾的现象。困惑往往导致主体积极的探究,但却还不是探究的真正起点——问题。由困惑到可以探究的问题,需要对该现象加以进一步分析,找到其实质,并用精确的语言(往往是特定科学领域的概念)陈述出来。像上面的例子中,主体需要分析出该矛盾现象的实质在于"物体在水中的沉浮取决于水对它的托力是否大于它受到的重力",进而从中提炼出解释该现象的关键,即待解决的问题——"物体所受液体的托力(浮力)的大小与哪些因素有关?"提出正确的问题,确切地陈述问题,是对令人困惑现象的实质的正确把握,是对解释该现象的关键的准确把握,因而为困惑的成功解除、问题的成功解决提供了方向或框架。对此,海森堡曾经说:"提出正确的问题往往等于解决了问题的大半。"贝弗里奇则说:"确切陈述问题有时是向解决问题迈进了一大步。"(林定夷,1986:54)提出可探究的科学问题,需要主体运用相关背景知识,比如这个例子中的"力的平衡""重力""浮力"等知识具体分析令人困惑的现象,以把握其实质及解释的关键。不过,在很多情况下,人们并不拥有完成这一重要任务足够的、可靠的背景知识。于是,这就需要主体发挥创造性想象力,去弥补其中残缺的因果链条,构想该现象完整的因果关系图景。比如,在上面的例子中,主体尽管事先头脑中缺乏"浮力"的概念,但他可以构想出水对物体向上托力的存在,从而形成该现象完整的因果关系图景。这就正如爱因斯坦所说:"提出一个问题往往比解决一个问题更重要,因为解决一个问题也许仅是一个数学上的或实验上的技能而已,而提出问题、新的可能性,从新的角度去看旧的问题,却需要创造性的想象力,而且标志着科学的真正进步。"(同上:54)

(2) 做出假设。做出假设就是尝试性地给出问题合理的答案。不同类型的描述性问题,做出假设的思维过程不尽相同。第一,归纳型问题。这类问题是对诸多相关现象进行分析、归纳,最终得出普遍性结论。对这类问题的假设主要是运用归纳推理的过程,但同时也要借助其他形式的推理,如演绎推理、类比推理,而不是经验论者所认为的纯粹的归纳推理。具体而言,在做出假设的过程中,主体首先需要对各种现象进行比较、分析,进而归纳出事物的某个属性或事物间的因果关系。比如,在上面浮力的例子中,主体分析不同物体在不同液体中的沉浮状况,会尝试性地归纳出浮力可能与物体的密度、质量、浸在水中的深度、体积,以及液体的密度等因素有关。不过,这种由现象出发的归纳往往并不是纯粹的;实际上,归纳常常是在主体头脑中原有观念的启发下做出的。这就是说,归纳推理的同时也伴随着演绎推理和类比推理。比如,对于"影响滑动摩擦力有哪些因素"的问题,既会从诸种现象出发进行归纳,也会从"滑动摩擦力产生于两个相互挤压且存在相对运动的物体之间"的定义出发进行演绎,从而做出"影响滑动摩擦力的因素有两个物体之间的挤压程度、物体之间的粗糙程度、物体之间相对运动速度的大小、所用力的大小等"的猜想。

在科学发展史中,很多经验性的定律、定理的发现都离不开演绎推理和类比推理的参与。就演绎推理而言,科学家常常由上层的解释性理论或者形而上观念出发进行推演,做出某种合理假设。比如,古典物理学各分支的经验定律的发现,大多受到牛顿力学的启发。科学家往往结合各自领域的经验事实,有意识地以牛顿力学为指导,推出经验性定律,然后用实验检验这些推论。"直到十九世纪末……一切物理事件都要追溯到那些服从牛顿运动定律的物体,这只要把力的定律加以扩充,使之适应于被考查的情况就行了。"(爱因斯坦;范岱年,等,编译,1976:325)形而上观念往往是主体在大量直观经验的基础上,通过直觉形成的对世界整体性的信念,它们可以有效指导人们对经验的归纳。比如,伽利略从"自然界是理性的"的信念出发,认为自然界"总是习惯于运用最简单和最容易的手段"行动,因而自由落体运动速度的增加"是以极简单和为人们十分容易理解的方式进行的"。他提出具有数的和谐比率美的假设性原理:自由落体运动是匀加速运动,即物体在相等时间内获得相等的速度增量。根据这个假设,他设计了铜球斜面实验加以证实,推翻了亚里士多德关于落体的经典论点。再如,奥斯特受谢林自然哲学的启发(谢林的自然哲学把整个宇宙视为各种自然力的统一的有机体),建立了电磁可以相互转换的科学信念和思想框架,经过七年的精心实验,最终发现了电磁转换效应。就类比推理而言,科学家会受到相似领域知识的启发,推演出解决眼前所研究问题的某个合理假设。比如,根据重力场与静电场的相似性,借助于重力场的某些特性,用类比的方法,推出静电场的一些性质。

第二，非归纳型问题。这类问题是针对个别现象，以揭示个别现象中特殊的因果关系为目的的问题。其解决导向的不是定律、定理等普遍性知识，而是关于特定现象的具体解释。这类问题同样是科学探究的主要对象，但由于我国以知识为本位的科学教育传统，对这类问题的探究往往被严重忽视。在这类问题中，主体主要借助演绎推理做出假设，即从某些普遍性知识出发对特定现象中的因果关系做出或然性推测。比如，有学生发现教师用圆规在毛玻璃黑板上画圆时，以钢针为圆心经常打滑，产生了为什么打滑的问题，进而做出如下推测：钢针的针尖不可能在毛玻璃上戳一个洞，因此，圆规在毛玻璃黑板上固定圆心的机理，并不是通常采用的破坏画板表面结构（戳一个洞）的方式，而是由于摩擦的原因，即操作者在画圆时，手对圆规的压力侧重在钢针（圆心）这条腿上，使钢针和毛玻璃之间有较大的静摩擦力，钢针（圆心）处于静摩擦状态，粉笔（圆弧）则处于滑动摩擦状态。之所以打滑，是因为操作者动作不协调，在画圆过程中未能始终对钢针维持着较大的相对稳定的压力。因此，要防止打滑，应该采用增大静摩擦力的办法改进圆规的结构。在这个案例中，学生尝试用静摩擦力的知识来解释圆规打滑的现象（这时的解释还只是一个假设，需要进一步的事实证据来加以证明），就是一个演绎推理的过程。

（3）收集证据。收集证据就是根据自己做出的假设有计划、有系统地收集相关信息，以检验假设正确与否的探究环节。有关事物属性、事物间因果关系的假设必须得到事实的充分检验，这是由科学探究的本质所决定的。从这个意义上说，收集证据的客观、有效，是对探究之科学属性的根本保障。要做到这一点，不但要掌握几种收集证据的方法，如观察、实验、测量、调查、文献查阅等，拥有相关技能，能够熟练运用相关工具，更要进行一系列复杂的、创造性的心智操作活动。

首先，探究主体需要解决收集证据与假设之间的相关性和充分性问题，即考虑在现有的资源、技术条件下收集怎样的信息可以有效检验假设的真伪。在相关性问题上，探究主体一方面可以采用自变量操纵技术，将混杂的变量区分开来，分别加以考察，从而获得可以直接检验假设的结构化的科学事实；另一方面，在间接检验假设的情况下，主体需要对这种间接检验关系做出合理的证明。在实际研究中，由于资源、技术条件等的限制，收集的科学事实并不能直接检验假设，而是与假设之间存在一定的间隙；这个间隙需要主体借助相关知识进行逻辑推理来加以弥合。如果相关知识是充分的、正确的，逻辑推理是合理的，就可以认为收集的科学事实与假设具有较高的相关性,是对假设的间接检验;反之,则相关性较低,证据收集不够成功,不能得到普遍认同,不构成对假设的间接检验。举例来说,在伽利略发现自由落体定律的过程中,就有一个相当成功的设计相关性实验的环节:他在当时的技术条件下设计了小铜球斜面滚动实验,并辅于合理的逻辑推理——在不存在空气阻力的情况下,物体下落运动的速度与其受到的重力大小无关,从而验证了自己的假设,得出了自由落体定律。当然,在科学探究的实践中,很多错误也是由对相关性把握不当所造成的。比如,有人发现镁条的表面有一层黑色物质,猜想它是镁氧化所致,即氧化镁;于是,把镁放到氧气中燃烧以生成氧化镁,然后比较两者是否相同,以检验假设是否正确。以他的知识积累来判断,镁条表面的物质的确是氧化镁的话,自然应该与燃烧生成的氧化镁在颜色等性状上是一样的,即收集的证据与假设是高度相关的。不过,事实是,镁条表面的物质是缓慢氧化而成的氧化镁,它与燃烧生成的氧化镁恰恰在颜色上是不同的;因而实验与假设并不具有所需的相关性。除了相关性,主体还必须考虑证据收集的充分性。这需要主体具有**全面**分析问题的能力,能够分析出所有不同情况,并对各种情况下产生的现象予以系统考察。比如,在检验有关浮力与物体浸入液体深度关系的假设时,就必须穷尽各种浸入情况:浮在液体表面时,物体浸入深度与浮力的关系;悬浮在液体中时,浸入深度与浮力的关系;沉在液体中时,浸入深度与浮力的关系。只有全面考察上面各种情况,才算获得了检验"浮力与浸入深度相关"假设所需的充分证据。

其次,探究主体还需要考虑收集证据本身的客观性问题。这一方面需要主体选择合适的观察、测量、实验的仪器、设备、工具,有效运用各种减小和排除无关变量干扰的技术,从而将误差控制在可接受的范围之内,得到客观、可靠的第一手数据和资料;另一方面,在特殊情况下也需要主体对自己所用的"观察理论"进行深入反思。现代科学哲学认为,"观察渗透理论",不存在不带理论"污染"的纯观察。观察者观察到什么,部分依赖于他过去的经验、知识和对观察结果的预期。比如,在记录力学实验的原始数据时,运用"力""速度""加速度""质量"等基本概念,就是以牛顿力学为观察的指导理论。而且,随着自然科学研究对象越趋抽象化,观察越趋依赖特定的理论(所谓的"仪器理论"),观察证据的"理论负荷"量越趋增大,以致形成"理论化的事实"。"观察渗透理论"使当前的研究沿着既有理论的轨迹持续发展;其弊端在于遮蔽出乎意料的新异事实的发现(完全出乎意料的新异事实很可能被当作误差而被排除),而这类新异事实会导致新的理论被创造出来,或者既有理论被修正,甚至抛弃。在科学探究实践中,探究主体在收集证据时带着不适合或不正确的"理论前见",会在很大程度上影响证据的客观性;因而,这就需要不轻易放过任何意外、偏差,对自己收集证据时的"理论前见"予以彻底反思,从而保证其客观性。在实际研究中,探究主体也会通过查阅文献获得他人研究的数据和资料,来作为检验自己假设的证据。在使用这些二手材料之前,探究主体必须根据其来源和特征,评估它们是否具有必要的客观可靠性。

(4) 得出结论。在这个环节,探究主体对收集的证据进行分析和解释,得出假设真伪与否的结论。主体需要分析各组数据或各类信息之间的内在联系,给出合理解释,然后联系先前的假设,得出假设正确、部分正确或错误的结论。

有些研究在以上四个环节之后,还加上评估(或评价)和交流(或发表)这两个环节。前者主要指评估探究过程和探究结果,从中吸取经验教训;后者主要指公开展现自己的科学探究过程和结果,接受他人的质疑和批判,进而为自己的方案和观点做出辩护,并尝试加以改进。由于这两个环节实质上是对前四个环节的完善和展现,并没有超出其创造程度,因而这里不再赘述。

(二)解释性科学探究的心理过程

解释性科学探究是指力图揭示科学事实和经验定律背后的本质或形成机制的科学探究活动,其成果,如原理、理论定律等包含不可直接观察的理论词项或语句表达。解释性科学探究一般由提出问题,做出假说,演绎假说,收集证据,接受、修正或淘汰假说等环节构成。其各个环节经历的心理过程如下:

(1) 提出问题。从根本上说,解释性科学探究源于人们对现象背后本质、多样之中统一的追问。即当人们不满足于只是知道了事物之间的规律性联系,还想知道为什么会存在这种规律性联系,以及这种规律性联系是否在更广范围内存在时,才会孜孜以求于解释性科学探究。比如,对气体宏观的热运动规律(即描述一定质量气体的三个状态量——压强、体积、温度三者之间关系的玻意耳定律、盖吕萨克定律和查理定律)背后的微观本质的追问,导致了深层次的解释性科学探究,导致了气体分子动理论的发明。当然,在实际的科学探究活动中,解释性科学问题的提出不一定由经验出发,而很可能由现有的解释性理论触发。探究主体可以通过分析现有理论与新发现的科学事实的矛盾,或者分析现有理论内部的逻辑困难,或者分析几种相互竞争的理论假说,而提出新的问题,或重新阐述旧问题。

(2) 做出假说。解释性科学探究中假说的提出,是一个创造的过程。它往往不依靠严密的逻辑推理,而借重于直觉、想象等非逻辑思维。爱因斯坦认为科学理论的探究实质上是"自由地发明观念和概念"的过程,这里"并没有逻辑的道路;只有通过那种以对经验的共鸣的理解为依据的直觉"。(爱因斯坦;范岱年等编译,1976:102)直觉是指人脑不借助于逻辑推理而综合运用已有知识、表象和经验知觉,以高度省略、简化、浓缩的方式洞察事物的本质,从而迅速做出猜测、设想或突然顿悟的思维形式。直觉思维的材料可以是概念,也可以是表象;它既可以以抽象思维的形式进行,也可以以形象思维的形式进行;可以由语言、符号等构成,也可以是图景式的。直觉仅凭有限的材料就能作出大胆的、有洞察力的判断、结论、选择或预见,是一种简捷明了而又卓有成效的探索方法和研究手段。

在解释性理论的创造中,直觉是"以对经验的共鸣的理解为依据的",它往往受到以前解释系统的反例、漏洞的反面启发,或者"形而上学假设"的正面启发。就反面启发而言,这在科学发展史上是屡见不鲜的。科学进步往往是通过否定、修改以前的解释系统而实现的,而否定、修改的动因就在于没有成功预见的反例的出现,或者系统自身逻辑上、事理上漏洞的发现。很多时候,正是这些反例、漏洞触发了科学家创造的灵感。比如,牛顿万有引力理论自身的漏洞——无法解释的超距作用,以及水星近日点的进动等反例,对爱因斯坦用物质在时空中的分布和运动来解释引力现象,无疑具有反面的启发作用。除了以前解释系统的反面启发,直觉也可能受到某些"形而上学假设"的正面启发而产生。"形而上学假设"是思辨的结果,并不具有经验上的"可否证性"(波普尔语,指对于从一个理论推导出的陈述,在逻辑上总可以有某种事件可能与它发生冲突;而一个理论与任何可能发生的或可想象的事件都不会相抵触,就不具有可否证性),因而是非科学的,往往作为我们意识深处的信念而存在。尽管如此,这些"形而上学假设"却往往直接把握住了事物的本质,虽然其把握是含糊的、概观性的。受到它们的启发,科学家会展开联想和想象等创造性的思维活动,进而形成具有"可否证性"的科学假说。这种发现的"逻辑"在科学史上得到了反复演绎。比如,孟德尔根据当时奥国植物学家思辨性的遗传"要素"概念,以超越经验直观的方式,创立了遗传因子即基因的假说,成功解释了植物杂交的实验结果。再如,英国化学家道尔顿受古希腊—牛顿的原子论的启发,创造了定性、定量的原子概念,用以统一说明质量守恒定律、当量定律、定比组成定律以及气体分压定律等的原因和内在联系,在思维中把握了不能直观的原子实体。

要特别指出的是,科学的解释性理论假说必须具有"可检验性""可证伪性"或"可反驳性"(波普尔把理论是否具有"可检验性""可证伪性"或"可反驳性",看成是科学与非科学的分界)。这要求假说具有一定的精确性;含糊、模糊的假说很难得到经验的真正检验,而看起来总是得到经验的证实。爱因斯坦曾评价牛顿数学化的理论假说:"在牛顿以前很久,已经有一些有胆识的思想家认为,从简单的物理假说出发,通过纯逻辑的演绎,应当有可能对感官所能知觉的现象做出令人信服的解释。但是,是牛顿第一个成功地找到了一个用公式清楚表述的基础,从这基础出发,他能用数学的思维,逻辑地、定量地演绎出范围很广的现象,并且能同经验相符合。"(爱因斯坦;范岱年,等,编译,1976:401)按照批判理性主义的观点,数学化的理论假说显然是最精确化的,因而其"可检验性"最强,其科学性也最强。不过,笔者认为精确性是一个程度问题,因而理论假说的"可检验性"乃至科学性都是程度问题,而不是全有/全无的问题。

(3)演绎假说。与经验定律接受经验事实的直接检验不同,对解释性理论假说的检验是间接的,即需要对假说加以逻辑演绎,推演出可供直接检验的经验事实。比如,爱因斯坦推导出三大观测结果,即水星近日点进动、光线在太阳附近的偏折、引力场中原子谱线的红移(后两者是预言的观测结果),以检验广义相对论的真伪。假说演绎必须引入正确的条件性知识(一般被称为辅助性陈述或辅助性假设),才能恰当地推导出预言的经验事实。比如,要以牛顿力学理论推导太阳系的事实,就必须引入一定的辅助性陈述,这些辅助性陈述就是太阳系的运动模型。模型一——太阳是静止的而且太阳和行星都是质点;模型二——星星和太阳都围绕其公共引力中心运行;模型三——除考虑太阳中心外,还考虑行星际引力造成的摄动影响;模型四——考虑行星中质量分布的不均匀性,例如非正圆球且有突起等。这一系列模型越来越逼近解释对象真实的背景情况,因而以之为条件推演出的结论也就越来越接近实际的观测结果。

假说演绎不仅要推演出已知的经验事实(即用该假说成功解释已知的经验事实),更要推演出未知的经验事实(即预测一定的经验事实)。孟德尔对其"遗传因子相互分离"假说的演绎充分反映了这一双重需要。他先对假说进行演绎推理,以解释此前所做的豌豆杂交实验的结果:子一代可以产生两种不同类型的配子(雌雄均如此),分别含有显性遗传因子和隐性遗传因子,并且数目相等。当雌雄配子随机结合发生受精作用时,子二代会出现三种不同类型的遗传因子组成,比例为1:2:1,其中含有显性遗传因子的表现为显性性状,不含显性遗传因子的表现为隐性性状,这样,子二代就出现了3:1的性状分离比。随后,他又由假说推导出未知事实:如果用只能产生一种配子的隐性个体与子一代进行杂交,预期杂交后代会出现两种表现型,且比例是1:1。在预测了如上实验(测交)的结果后,孟德尔设计实验方案并进行了多次实验,发现结果与其预期的结果相符,从而验证了假说的正确性。

(4)收集证据。这个环节是按照此前假说演绎的结果,创造条件收集相应科学事实的过程。这个过程成功与否,与观察、实验的技术条件,及其设计的精巧与否密切相关。比如,要观测广义相对论所预言的光线偏折现象,凭借已有技术条件在一般情况下是难以做到的,这是因为近日恒星在白天由于太阳光线无比强烈而看不见。观测者巧妙地选择在日食时把它们拍摄下来,再在夜间也给它们拍照,这样就可以计算两张照片上的距离,核对预期的效果。从根本上说,收集证据是一个实践问题,它需要的是做的知识和做的智慧。

(5)接受、修正或淘汰假说。这是解释性探究的最后一个环节。在这个环节,研究者将观察实验结果与假说演绎的预测加以对照。如果两者高度一致,就暂时接受假说(直到新的反例出现或可以同样成功解释经验事实的竞争性理论出现)。如果两者存在较大偏差,则除了修改、淘汰假说以外,还可能采取另一种做法——在保持原有理论框架不变的情况下,引入新的辅助性假说或修改原有的辅助性假说(比如缩小或扩大原有理论中某个定律或原理的适用范围),以克服与经验事实的矛盾。前者如根据天体力学原理计算的天王星运行轨道与实际观测值不符,而引入海王星假说。再如,因燃素说与许多物质燃烧后增加重量的事实矛盾,而增加燃素具有负量的假说。后者如缩小原有的宇称守恒定律的适用范围,而避免与弱相互作用领域中的宇称不守恒现象发生矛盾。

总之,对于解释性假说的检验,并不是简单地判断其与经验是否符合的问题,而是一个对两者加以双向调节、综合权衡的过程。一方面,由于条件性知识的引入,由原理演绎出的结论就不能直接检验原理的真伪。通过调整条件性知识,原本不符的演绎结论可以与经验数据一致起来。另一方面,由于观察渗透理论以及观察误差的存在,研究者也可以通过改变观察理论、改进观察和实验的手段,获得观察结果与演绎结论的一致性。当然这些调整必须获得一定的理论或事实的支持;否则,理性的选择就应当是放弃原来的假说。

第二节 科学理解的心理过程

这里的"科学理解"是指对科学理论知识,包括科学概念、科学定律、科学原理等在内的抽象化、系统化的学术性知识的理解;而"理解"的含义则是主体能够将抽象的知识与自己的直接经验联系起来,赋予其经验意义。这一标准不同于运用科学定理、公式正确解答常规性习题。因为大量实践和实验的事例告诉我们,后者与科学理论的理解没有必然联系。比如,马萨诸塞州 Massachusetts 大学进行的为期15年的逻辑推理能力的研究表明:物理学系一年级学生受到良好的训练,他们能给标准问题以"正确"答案。然而,当要求学生解决一个与课本中问题略微不同的简单问题时,他们却对早已熟记在心的公式所表征的概念关系感到困惑不解(P.斯特弗,杰里·盖尔主编;高文等译,2002:4)。本书对"科学理解"结果上的严格限定,同时决定了其过程必然是主动的、探索性的。可以这样说,在科学理解活动中,尽管知识是预先给定的,但不意味着它就是一个被动接受的过程;相反,它与科学探究活动一样,需要主体的主动探索和思考,是一个主动求知的过程。

以下我们要探讨的是科学理解是如何实现的,也就是说,要真正理解知识、获得知识良好的心理表征,主体需要经历哪些心理操作过程。对这一问题,无论是行为主义心理学,还是认知心理学,都不能给出令我们满意的答案。因为,行为主义心理学只关注外部可见的刺激—反应过程,而把人们内部的心理活动过程看成是不可见、也是不可研究的"黑箱",从而根本取消了科学理解这一问题。认知心理学把知识等同于信息,把学习等同于计算机处理信息的过程,忽视了理论知识的固有本质——对经验的解释性,忽视了理论知识学习中的核心环节——其经验意义的建构。我们看到,在加涅的学习分类中,科学理论知识的学习被简化为分立的抽象概念和高级规则的学习,而抽象概念和高级规则的学习又被简化为掌握定义、正例以及反例的过程。比如,学习牛顿力学中的核心概念"力"就简化为掌握力的定义和公式,识别拉力、推力、重力、弹力、摩擦力等正例并排除一些反例。显然,这与真正理解"力"这个概念——一个解释物体相互作用与运动变化之间关系的概念还有很远的距离。真正重视科学知识的理解问题并提出一些富有启发性观点的是建构主义心理学,以下笔者将对其主要研究成果作简要的介绍。

一、建构主义心理学对科学理解的研究

许多学者认为,当代建构主义并不是一种全新的思想,在心理学领域,建构主义观点最早可以追溯到赫尔巴特。赫尔巴特用"统觉"(新旧观念的相互作用)来解释学习的心理机制,可以被视为对知识理解的最初的解释。公认的建构主义理论的鼻祖皮亚杰用"同化"和"顺应"来解释理解的心理机制:在认知情境中,主体或者将新的知识经验纳入原有的认知结构,或者改变原有的认知结构以适应新的知识经验,从而获得新的认知平衡。集中探讨知识理解问题并且对教育理论和实践产生重大影响的,是奥苏伯尔的有意义言语学习理论。该理论区分了言语材料的逻辑意义、潜在意义和学习者个体的心理意义。逻辑意义相当于人类的知识,潜在意义是指在个体具有适当原有知识的条件下能被个体同化的人类知识,心理意义是指个体习得的知识。有意义学习就是外在的逻辑意义(表示为言语符号或其他符号)转化为个体的心理意义的过程。而这一过程的实质,就是语词符号所代表的新知识与学习者认知结构中已有的适当观念建立起非人为的和实质性的联系。所谓非人为的联系,是指新知识与认知结构中有关观念具有逻辑联系;所谓实质性联系,是指新的符号与认知结构中已有的符号、概念或命题能够匹配。按照新旧观念作用方式的不同,奥苏伯尔将有意义学习分为下位学习、上位学习和并列结合学习,主张通过新旧观念的相互作用,形成组织良好的认知结构。

当代建构主义继承和发展了上述思想,认为知识是由认知主体积极建构的,建构是通过新旧经验的互动实现的;认知的功能是适应,它应有助于主体对经验世界的组织。具体到科学知识的学习,就是强调学生已有观念引导他们理解教师或教材所呈现的信息。学习科学所遇到的许多困难都出自于学生对所学的现象、所教的科学概念和原则的已有观念。这些已有观念来自日常经验或以前的科学课程,它们与科学概念常保持着一定的差距,甚至完全是两码事。学生根据这些已有观念去理解科学知识,常常会产生严重误解。因此,要实现对科学知识的真正理解,学习者就必须进行自我调节,或者从既有的直觉概念(与所教科学概念的主要特征相容)出发,扩大这个起点,并且加以局部重建(即所谓的扩大性学习);或者比较自己原有观点与科学观点的差异,认识两者的局限和优势在哪里,在哪些方面科学观点比自己的观点更加合理和富有成效(即所谓的概念转换学习)。(P. 斯特弗,

等,主编;高文,等,译,2002:212-215)在建构主义者看来,一个成功的学习者就是一个成功地组织自己经验的人。"决定概念结构价值的是它们与实验的适合程度,他们与经验的吻合程度,它们作为解决问题手段的生命力。当然,其中永远也不会终结的是我们称之为理解的一致性组织的问题。"(P. 斯特弗,等,主编;高文,等,译,2002:297)为此,学习者必须对经验进行抽象,并对这一过程加以反思,从而建立协调一致的概念结构。相应地,引发认知冲突的经验、共同体内的探讨和争论、绘制各种概念图等等,都能有效地促进这一过程,从而增进学生对科学理论知识的理解。

应该说,从新旧观念相互作用的角度讨论理解问题是合理的,因为理解本质上是一个由已知到未知、由熟悉到陌生的过程。但对于科学理论的理解而言,关键问题在于如何将抽象的理论与具体的经验、普遍性的规律与丰富多样的现象联系起来。对此,笼而统之地从新旧观念相互作用的角度加以分析显然是不够用的。比如,奥苏伯尔根据新旧观念的不同关系所做的学习分类根本不适用于科学理解,因为科学理解所涉及的理论与经验、本质与现象之间的关系既不属于下位学习中的类属关系、上位学习中的概括关系,也不是并列结合学习中的相似或相反关系。而且,大量的教学实践和实证研究也表明,直接从新旧观念的关系入手来学习科学理论知识,往往会带来很多麻烦和困难。比如,如果教师致力于扩大性学习,会发现自己很难找到一个富有成效的出发点,因为许多学生的概念相当(甚至完全)不同于对应的科学概念;而如果教师致力于概念转换学习,却又发现学生往往有意或无意地忽视认知冲突(尽管在教师看来是显而易见的),学生不愿意讨论自我观点与科学观点的相对价值,不愿意与这些观点"周旋",相反他们只想知道什么是正确的观点。(P. 斯特弗,等,主编;高文,等,译,2002:215)这些现象启发我们思考以下问题:对成功的科学理解而言,着眼于新旧观念的比较,是不是必须的? 从根本上说,是旧的观念(日常概念、日常解释),还是直观经验、经验性思维在阻碍我们理解新的观念(科学理论)? 基于以上讨论,笔者认为,转换视角,从加强理论与经验之间相互联系的角度去思考"科学理解"问题,可能是更为合理的一种选择。

二、理论与经验联系视角下的科学理解

从理论与经验相互作用的角度去思考"科学理解"问题,是由科学理论的本质特征决定的。科学理论不是对自然显性特征的直接反映,而是间接认识的成果,是理智的构造物。科学家通过理智的创造——包括逻辑推理

和科学想象等间接认识的方式,去揭示自然隐藏的本质或规律性。我们甚至可以说,没有间接的理性思维,连一个最基本的科学概念或经验性定律的发现都是不可能的。圆球滚落是一个司空见惯的现象,依靠直接的经验概括是决不可能从中抽象出加速度概念、发现自由落体定律的。只有以数学为工具进行严密的逻辑推理,才能发现自然界这一隐秘的联系。从科学理论的发现必须依靠精确、严密的数理逻辑推理这一意义上,伽利略称自然"这本书是用数学语言写出的,符号是三角形、圆形和别的几何图象"(转引沈铭贤、王淼洋主编,1991:133)是很有道理的。既然科学理论是间接认识的成果,那么要理解它就不是一个简单地寻找对应的感知对象的问题了。绝大部分的科学概念和科学定律、原理是无法直接感知的。比如,我们可以很容易获得速度感,但对加速度,尤其是定量的加速度却缺少真切的感知;我们可以看到小球在两斜面间滚动的画面,但却不可能看到小球无限的匀速直线运动。正是科学理论的间接性,决定了理解时理论与经验联系的困难,而成功的科学理解就在于构想理论的经验内容,并运用理论解释现象。玻恩描述了科学家眼中的科学理论:"数学正是去发觉和考察隐藏在数学符号里的思维结构的。这些是纯粹思维的结构。过渡到实在是由理论物理学把符号同观察到的现象联系起来。能够做到这一点,隐藏的结构就同现象联系了起来;正是这些结构,物理学家看作是主观现象后面的客观实在。"(转引沈铭贤、王淼洋主编,1991:134)这里,我们不去追究科学家构建的实在的主客观性,而只要抓住其核心的真理性成分——科学理论实质上是以抽象的符号系统表征的、与现象相联系的自然的实在图景。因此,所谓的科学理解就需要借助于抽象的符号系统复现其描述的自然的图景(即构想理论的经验内容),同时将之与自然现象联系起来(即解释特定的自然现象)。

(一) 构想科学理论的经验内容

科学理论是以符号化、逻辑化的形式系统呈现于我们面前的,因此,理解科学理论首先意味着赋予这些逻辑形式以经验内容。尽管这些经验内容不是直接感知的对象,但通过理智人们可以在头脑中构想出来,仿佛它们是真实的存在。"科学把抽象的或者分类的概念当作真实予以肯定"(R.G.柯林伍德,2006:154)。构造实在作为通向科学理论理解的第一步,包括一系列复杂的心智操作过程。

其一,将通过线性逻辑联系起来的各个概念、命题,整合为一个概括地表达概念与概念之间事理关系的"图景"。比如,对"加速度"这个概念的理解而言，就需要把它的定义、定义式、牛顿第二定律这些分立的命题整合起来，构想出以下"图景"：物体在瞬间施加的外力作用下，速度突然增大；或者，物体在某恒力的持续作用下，不断均匀地加速。构想这些"图景"的实质就是，透过概念之间纯粹的逻辑关系（公式 $a=\Delta v/\Delta t, F=ma$ 所表示的逻辑关系），直观地把握事物的本质以及事物之间的本质联系（因果关系）。为此，学习者可以对相关的感性经验加以改造或重组，使之成为一种理性经验。比如，在构想有关"加速度"的图景时，学习者会把自己以前在汽车加大油门时模糊的感受确认为"提速感"，将之与"速度感"明确区分开来。或者，学习者可以借助相似的理性经验，通过类比推理获得抽象程度更高的理论的经验内容。比如，在理解"电压"这一抽象概念时，将有关"电压"的定义式、推导公式联系起来思考，就会发现电场与引力场、电压与重力势能之间的相似性，进而借助类比推理构想出一幅电压作用于电荷的实在图景。

其二，引入条件变量，把粗略勾画的"图景"作精致化处理，使抽象的理论进一步具体化。通过综合多个逻辑上关联的理论命题，学习者获得的"图景"往往是简略甚至模糊的。通过引入条件变量，学习者就可以构想更为具体和逼真的"图景"。比如，在初步构建起"加速度"的关系模型之后，进一步引入作用力大小、方向变化的因素以及速度方向的因素，通过复杂的智力运算，学习者将会构想出一幅幅截然不同也更为精致的"图景"。再如，要真正理解"电压"这一概念，仅仅粗略地想象其对电荷的作用是不够的，必须在此基础上进一步想象它在静电场、恒定电流场等情境中的具体表现形式，建立起它与更多概念（包括静电场中的电场强度，电流场中的电流、电阻）之间的实质性联系。

如果说符号化、形式化的科学理论是"抽象的规定"，那么经过以上整合—构想—精制的思维运作过程，科学理论就由"抽象的规定"提升为"思维中的具体"。较之"感性的具体"，"思维中的具体"超越了个别的现象，而实现了现象与本质、多样性与普遍性的统一。

（二）运用科学理论解释（预测）现象

构想科学理论的经验内容仅仅是达成科学理解的第一步，完善的科学理解必然包含运用科学理论成功解释（预测）自然现象的环节。因为科学理论在本质上是解释性的，是具有预测功能的；运用科学理论解释（预测）自然现象就是理解它们的题中之义。大量的学习经验也提示我们，"理解"往往不是"运用"之前就一次性完成的，而是在"运用"中不断得到深化和拓展的。

这与现代阐释学的观点也是一致的。伽德默尔坚持认为,"理解"与"运用"不是截然分开的两种活动,"运用"是"理解"的一部分,"理解"内在地包含了"运用"。

在具体阐释科学解释的内在机制之前(预测现象是解释现象的逆过程,下面着重阐释科学解释的内在机制,而对科学预测过程不再赘述),我们先将科学解释与日常解释作一个简单的比较,以弄清科学解释的本质规定性。日常解释最显著的特征是直观性,即主要借助常识(通常来自对经验的直觉性归纳和溯因),对现象做出因果解释。由于作为解释依据的常识保持着与具体经验的紧密联系,因此解释往往是直接的、无需经过复杂的逻辑推理过程。这样,主体就以智力上最经济的方式对现象做出了合理解释。比如,对竖直上抛运动的日常解释往往是这样的:在"上抛力"的作用下,物体获得向上的"能力",物体向上运动;又因为"上抛力"总是有限的,物体向上的"能力"也是有限的;当向上的"能力"耗尽时,物体作常规运动——下落。这种解释具有一定的合理性:它建立的因果关系是以经验为基础的,并且具有逻辑的自洽性。但这种解释又带有非理性因素:掺杂着拟人、含糊的成分(如"能力"显然是一种拟人的说法,与科学概念"动能"有本质区别);同时,解释不够彻底,把需要进一步解释的东西当作推理的基础(如把物体下落当作无需解释的必然)。与日常解释的直观性相对,科学解释是间接的——需要通过现象把握本质、需要经过严密的逻辑推理过程。这是因为科学解释的精确性、彻底性和统一性要求,决定了作为解释依据的科学理论是一种远离经验直观的、高度抽象的形式化系统。由这样的形式化系统到处于复杂的事理联系之中的具体现象,需要复杂的心智操作过程。

首先,以直觉的方式把握现象背后的本质——找到合适的解释性科学理论。科学解释必须抛弃日常解释所习惯用的直观化思维方式,直接洞察现象背后的本质。如对竖直上抛运动的科学解释,就必须抛弃"'上抛力'导致向上运动"这样的直观化思维方式,而采用科学的本质化分析的方法:"根据惯性定律,在不受外力或受平衡力作用时,物体会一直以抛出时的速度作竖直向上的运动。眼前物体运动状态的变化,与'上抛力'无关,而只表明它在相应时间段内受力不平衡。"这实际上就是一个解释性理论的选择和运用过程,即选择与现象相关的科学概念、定律或原理,将它们加以组合、变形以符合现象蕴含的关键特征,从而建立起与现象匹配的科学解释模型。

其次,识别现象中的条件变量,由科学解释模型逻辑地推演出其结果变量。在模型建成以后,学习者就要对现象加以具体分析,弄清其具体的条件变量,然后将各种变量代入解释模型,逻辑地推演出结果变量。在上述例子中,学习者分析物体运动状态的变化主要是重力作用的结果,接着推演(或计算)以 g 为加速度的物体,在初速度向上和初速度为零这两种条件下的运动情况。要注意的是,在实际的解释活动中,待解释现象的所有条件变量往往并不是全部已知的,因而逻辑推演的结果就带有或然性。

将逻辑推演的结果和实际观察的结果加以对照,以检验解释的有效性。如果两者一致(这种一致总是在一定精确度范围内的一致,而不可能是完全的一致),那么解释获得成功;如果两者不一致,那么就要考虑修正推理的条件命题,比如添加新的条件变量。在该例中,如果忽略空气阻力的计算结果与观察数据不一致,那么考虑将空气阻力置入推演模型之中,就是一种合理的选择。但是,如果在反复修正推理条件的情况下,仍然不能获得令人满意的解释,那么重新考虑解释模型的经验相关性和逻辑一致性,就是必要的。

总之,科学解释实际上是对现象进行抽象与对科学理论进行逻辑推演的双向选择和匹配的过程,是一个在具有不确定性的问题空间里进行创造性解题的过程。最终,它将抽象的科学理论镶嵌到真实、复杂的具体情境中,获得了对理论的深刻理解。

最后,有两点需要特别加以说明。第一,科学探究与科学理解尽管是两种截然不同的科学认识路径,但在实际的科学认识活动中,它们往往紧密联系,即两者相互包含,彼此触发,彼此成就。一方面,学习者可以先由令人困惑的现象开始进行科学探究,在多方探索未果的情况下,再学习能够解释该现象的科学理论;这样,学习者不仅经历了科学探究的过程,获得了对自身探究过程深入反思的机会和参照,而且由于处于科学理论植根的具体问题情境之中,也就更易于获得该科学理论的经验意义。另一方面,学习者也可能从理解科学理论开始,进而引出对相关的真实、复杂现象的科学探究;这样的探究,可能构成对该科学理论的检验,也可能创生更具体的知识,丰富该理论体系。

第二,科学探究和科学理解活动是一系列纯粹理智的操作,是价值无涉、排斥情感因素的。但推动科学认识主体理智活动的,恰恰是对科学的价值选择、价值认同以及好奇心、求知欲等理智感。从科学认识活动"问题产生"这一最初环节开始,主体的情感因素和价值判断就在潜隐地发挥作用:问题之所以对特定主体而言构成问题,往往受其强烈的好奇心、求知欲的驱使;问题之所以对特定主体而言构成值得费力探索的问题,往往与其价值偏好、价值追求相关。可以说,在整个科学认识活动中,价值因素和情感因素一直以间接的、潜隐的方式参与其中——不直接影响认识的结果,而在很大程度上决定着认识是否得以进行,是否获得一定的结果。

　　以上构建的是科学认识活动几种典型的心理过程模型,这一方面可以帮助教师更好地理解实践情境中各种复杂具体的科学认识活动,另一方面也是下文建构、阐释科学的教学启发艺术的理论基础。

第四章 科学教学:灌输 VS 启发

决定科学教学是启发还是灌输的关键,在于教师是否遵循科学认识的心理机制,是否顺应学生主动探究科学现象或理解科学知识的心理过程,予以必要的激发或帮助(不是代替)。前者使学生作为科学认识的主体,运用自身创造性的理性力量探寻对现象的科学解释,建构科学知识的经验意义;这样,学生不但能够更好地理解科学知识,增长科学探究能力,而且有助于获得对科学本质的正确印象和观念,培养对科学及科学认识活动的内在兴趣。后者的问题则恰恰在于有意无意地取消学生作为科学认识主体的地位,不顾学生科学认识的内在规律——如不留充足的自主思考的时间和空间,又如不给必要的问题情境、知识工具、技术工具,而把科学知识,乃至科学发现的方法、探究的程序和思路等直接传递、硬性灌输给学生;这种教学的结果,自然就是大面积的科学学习的失败——对科学知识一知半解、食而不化,以及对科学认识的误解和讨厌、恐惧等消极情感和态度。

第一节 灌输的科学教学面面观

一、流于形式的科学探究教学

2001年启动的新中国成立以来规模最大的基础教育课程改革特别强调科学探究的价值,倡导将科学探究作为科学学习和科学教学的主要方式。然而,实践中科学探究教学出现了不少问题。其根本原因在于,教材或教师对科学探究的认识流于肤浅,把科学探究抽象地理解为固定的探究程序和特定的探究方法。而实际上,科学探究总是具体的,富有创造性的。教材或教师不注重理解、引发学生具体的,富有创造性的科学探究过程,而只强调让学生觉知科学探究外在的程序或方法。这无异于削足适履,舍本逐末。正因为忽视了科学探究的实质性过程,很多所谓的"科学探究教学"表面看

很逼真、很热闹,但往往是徒具形式而已。具体而言,流于形式的科学探究教学主要有如下表现:

(一) 把科学探究限制在现象层面

孤立的个别现象的发现不是完整意义、真正意义上的科学探究。科学探究必然要去进一步探求现象与现象之间的联系,以及现象背后的本质。这是人类理智的需要。实践中,很多教育工作者想当然地认为儿童不具有这样的理智需要和相应的理智能力;儿童长于形象思维,弱于抽象思维,其认识一般只能停留在具体、个别的现象层面。他们把学生的探究人为地限定在现象层面,限定在孤立的个别现象的发现上。当然,他们会把这种发现按照"提出问题—做出假设—实验检验—得出结论"的形式包装起来,仿佛是真的科学探究。

[案例 4-1]
《马铃薯在水中是沉还是浮》(小学三年级《科学》)
一、创设问题情境,引导学生自己发现问题
1. 教师准备了一大一小两个马铃薯,装有水的 1 号杯、2 号杯(1 号杯为盐水)。
问:把这两个马铃薯放在两个水杯里,可以怎样放?
2. 学生讨论、实验。
3. 学生交流实验中的新发现和新问题:马铃薯在 1 号杯中上浮,在 2 号杯中下沉。
二、梳理归纳问题,确定本节课的探究方向
1. 梳理问题。教师通过提示,学生经过集体讨论,提出一些在课堂上可以研究的问题。
2. 归纳问题。教师引导学生将所提出的众多小问题归纳为一个大问题,即"马铃薯在水中有时下沉有时上浮,这与什么有关"。
三、鼓励大胆创新,形成预测假设
1. 引导学生大胆推测:马铃薯在水中有时下沉有时上浮,这可能与什么有关?
学生可能有以下几种推测:① 可能与杯子的大小有关;② 可能与水的多少有关;③ 可能与马铃薯的大小有关。(学生也有可能提出与水有关)

2. 选择研究方法，开展实验研究。

① 如果是与杯子的大小有关，应该怎样研究？学生提出研究方法，并做实验。

② 如果是与水的多少有关，应该怎样研究？学生提出研究方法，并做实验。

③ 如果是与马铃薯的大小有关，应该怎样研究？学生提出研究方法，并做实验。

3. 引导学生再次提出假设：可能是杯中的水质不同，才使马铃薯有时下沉，有时上浮。

四、组织探究活动，得出探究结论

1. 讨论研究方法。用什么方法可以知道它们是不同的水？

引导学生提出用火来烘烤。观察后来出现的现象，即水被烤干后留下痕迹。教师示范滴管的使用。

2. 学生做烘烤水的实验。

3. 学生汇报，得出结论：两杯水不同，一杯可能是盐水。

4. 验证实验：如果马铃薯在盐水中是上浮的，我们在本来下沉的清水中，慢慢加点盐，看马铃薯是不是通过加盐就浮起来了呢？学生做加盐的实验。

5. 得出结论：马铃薯在盐水中是上浮的。（转引祝怀新，等，2005：217-219）

这个案例的上半部分还是比较成功的。它引导学生学会用严谨的实验去确认一个事实：马铃薯的沉浮，不是与杯子的大小有关，不是与水的多少有关，也不是与马铃薯的大小有关，而是与杯中的水质有关。于是，研究者认为它"以学生的探究发现为主线，通过设置马铃薯沉浮的问题情境引发探究兴趣，通过实验操作验证各种假设……通过自主发现，学生懂得了液体可以改变物体沉浮的道理"。（祝怀新，等，2005：219）然而，仔细推敲，案例的下半部分就不是那么回事了。首先，用火烘烤来检验两杯水的水质不同，很可能是学生被动接受教师明示或暗示的结果，而不太可能是学生凭借生活经验自己想出来的主意，更不可能是学生根据科学原理设计出来的方案。从这一点来看，案例中所谓的"引导"，实质上是一种"诱导"或牵拉。设想一下，当我们在厨房里发现马铃薯在一杯水里上浮、一杯水里下沉时，我们最直接也是最便捷的做法就是用嘴尝尝它们是不是一样的。接下来的环节——教师让学生用加盐的方法来验证"马铃薯在盐水中是上浮的",同样是成问题的。试想,在缓慢加盐时,学生会发现马铃薯经历了一个由沉到浮的过程。于是,由这一现象得出的结论就绝对不应是"马铃薯在盐水中是上浮的"这一粗陋的说法。相反,如果真正让学生仔细观察和思考,学生得到的将是一连串问题:到底是什么原因让马铃薯浮起来呢(显然不是表面上加盐的问题)?水,不能让马铃薯浮起来的盐水,以及成功地让马铃薯浮起来的盐水,这三者之间的区别到底在哪里呢?总之,这一案例的根本问题在于,教师将学生的探究人为地限定在现象层面,不给学生深入推测现象背后的实质的机会。

实际上,从孤立的事实、混沌的现象入手深入下去思考——寻找事实间的规律性联系,探求现象背后的实质,而不是停留于孤立的事实和混沌的现象上,这才是科学探究本身的"逻辑"。而这必然涉及相应科学概念的建构。由于对科学探究这种内在机制的不了解,也由于对学生科学探究天赋的严重低估,有些教师在教学实践中或者刻意不给学生接触科学概念,而只是让学生探究一些表面化的零碎的事实(有时候这种事实甚至是似是而非的,譬如案例中的"马铃薯在盐水中上浮");或者剥夺学生大胆推测原因、分析现象的机会,否认学生自己建构科学概念的可能性,把科学概念提前灌输给学生。我们认为,科学探究教学应当引导学生深入探究现象的本质和规律性联系,而不是停留于科学现象的表面;应当在引导学生探究现象的过程中帮助其建构科学概念,而不是淹没于大量庞杂的科学事实或信息之中。韦钰在谈到儿童的科学教育时说:"那种认为幼儿园和小学的科学教育只是承担科学启蒙的任务,不追求知识的完整性和系统性的观点是不正确的。如果不是在儿童的认知发展规律和儿童已有的科学基础上精心选择和组织儿童探究的内容,而只是在课堂上采用零碎的、杂乱的案例,那么这样的探究式科学教育将会是效率很低的教育,也不可能达到培养儿童探究能力的目的。因此,在探究式科学教育中,需要把让儿童建立新的科学概念(想法)、改善和纠正已有的科学概念以及探究能力、科学态度的培养结合起来考虑。"(韦钰、P. Rowell,2005:35)这种见解是符合科学探究一般的心理规律的;并且,这种规律也不因探究主体是儿童而有根本的不同(当然,对于引导儿童的科学探究而言,教师需要在丰富其感性经验、降低理论的抽象性上做些调整)。

（二）取消科学探究的探索性和创造性

科学探究是一种创造活动——从问题的提出，到假设、假说的建立，再到证据的收集、解释，等等，科学探究的各个环节都带有很强的探索性、创造性。取消了科学探究的探索性、创造性，也就取消了科学探究本身。在实践中，教材编者和教师虽然没有直接把"标准的"探究过程教给学生，但却以暗示的方式间接地向学生指出一条"唯一正确"的探究道路。在这种"探究教学"中，教材编者和教师的指导是过度的，僭越性的；学生只需揣摩编者和教师的意思，以做出恰当反应，而不是发挥自身的创造性进行自主自由的探究。

试看下面的案例：

[案例4-2]

《欧姆定律》（初中《物理》）

教师复习提问：1. 电压的作用是什么？2. 什么是电阻？

学生回答：略。

师：由前面的学习我们知道，电压是产生电流的原因，电阻是导体对电流的阻碍作用。这说明电流与电压、电阻之间存在一定的关系。是什么关系呢？请同学们观察实验。

演示1. 将1节干电池、示教电流表、10欧的电流表及开关串联起来，闭合开关，观察电流表的示数。

演示2. 将电路中的干电池增加到3节。重复上述实验，观察电流表的示数。

师：两次实验中电流表的示数是否相同？为什么？

生：不同。因为电压不同。

师：两次实验现象说明什么？

生：电压越大，电流也越大。

师：既然电压越大电流也越大，请同学们猜想，它们两者之间可能是什么关系？

生：可能成正比。

演示3. 用30欧的电阻代替10欧的电阻，重复上述实验，观察电流表的示数。

师：实验2和实验3中电流表的示数是否相同？为什么？

生：不同。因为电阻不同。

师：比较实验2和实验3，又说明什么？

生：电阻越大，电流越小。

师：既然电阻越大电流越小，请同学们猜想，电流和电阻可能是什么关系？

生：可能成反比。

师：同学们的猜想是否正确，需要通过实验验证。今天我们就通过实验来研究这个问题，从而得出一个重要的物理规律——"欧姆定律"。

师：下面我们通过实验验证同学们的猜想是否正确，这个实验应如何设计？（稍顿）由前面的讨论可知，电流的大小与哪几个因素有关？

生：与电压和电阻两个因素有关。

师：在研究导体的电阻与哪些因素有关时，我们曾经学过，当一个物理量与多个物理量有关时，要研究这些量之间的关系，应采用什么方法？

生：控制变量法。

师：即控制其中一些变量不变，只改变其中的一个量，看要研究的量如何随这个量而变化。现在，我们要研究电流与电压的关系，实验应该怎么做？

生：应保持电阻不变。改变电阻两端的电压，观察电流的大小如何变化。

师：好。我们明确了实验原理，下面按照以前学习的设计实验的方法设计实验。同学们先回忆实验的三个基本组成部分是什么？

生：实验的研究对象、实验源、实验效果显示器。

师：请同学们根据这个实验的实验原理讨论这个实验的研究对象、实验源、实验效果显示器各是什么？并说明理由。

生：研究对象是电流。要产生电流必须有电源，所以实验源是电源（学生电源或电池）。要观察电流和电压的变化，就要测出电阻两端的电压和电阻中的电流，所以实验效果显示器是电流表和电压表。

师：除此之外，还需要什么器材？

生：还需要定值电阻、导线、开关。

教师进一步追问：如何改变电阻两端的电压？

生：改变电源的电压（或增加电池的节数）。

师：这个方法可以，但操作较麻烦。是否有更简便的方法？

(学生在教师的启发引导下得出：可在电路中串联一个滑动变阻器，调节滑动变阻器改变电阻两端的电压。)

师：下面请同学们画出实验电路图，设计实验记录表格。

教师出示正确的电路图和记录表格，讲解实验注意事项，然后让学生实验、记录，并根据实验数据分析和讨论：在电阻一定时，导体中的电流与它两端的电压是什么关系？

实验完毕后，学生汇报实验结果，教师选择一组较精确的实验数据填入上表中。

师：请同学们注意观察表格中的实验数据。当电阻两端的电压增大时，电流如何变化？第二、三次的电压和电流分别是第一次电压和电流的多少倍？由此你得出什么结论？

学生回答后，教师总结：电阻一定时，导体中的电流与导体两端的电压成正比。

(按照同样程序，验证第二个猜想：电压一定时，导体中的电流与导体的电阻成反比。)

师：将上面两个实验归纳在一起，能否找出电流、电压和电阻三者之间的关系？

学生在教师启发下得出欧姆定律。（张宪魁，2000：316-318）

在上述案例中，教师按照"提出问题、做出猜想（假设）、设计实验、检验假设"的科学探究的一般程序，成功地"引导"学生经历了欧姆定律的探究过程。有研究者这样评价："在教师层层启发诱导下，有意识地引导学生模拟科学探究的过程，模仿、运用科学方法，自己动手、动脑、动口，设计实验，探索规律，使学生在获取知识的过程中领略科学家研究问题的思路和方法。这也是渗透科学方法教育的一种形式。当学生的猜想一个个被验证后，他们尝试到成功的快乐，从而激发他们探求科学知识的兴趣和勇气。"（张宪魁，2000：321）但是，需要追问的是，这种成功的探究是真实的吗？或者说，学生在这一过程中有没有经历智力的挑战？是不是理解探究的每个环节，包括教师作主的每个环节的意义呢？仔细推敲后，我们不难发现：在整个教学过程中，学生几乎没有自主思考的空间，基本上是在教材、教师的牵引下被动地做出猜想、设计实验的。其一，教学涉及的所有科学概念都是预先教授的，学生根本体会不到建构概念的必要性，更无法亲身体验从纷乱复杂的现象中抽象出科学概念的创造过程，相反，他们接受现成的概念定义，而这些定义已经明示或暗示了概念之间的关系。其二，教师通过演示实验提供给学生的是高度结构化的现象，而现象的高度结构化其实就是将概念之间的关系明确、直接地呈现在学生面前。在这种情况下，学生的猜想到底是不是真正意义上的猜想，有多少试探的、创造性的成分就可想而知了。

事实上，真正的科学猜想一定是超越给定信息的，是对没有结构的现象的结构化，而结构化的过程就是概念以及概念之间关系的发现过程。这其中，概念的发现与概念之间关系的发现往往是相互交织、相互启发和促进的，而不是截然分开的。科学发现绝不是先有一个个现成的概念，然后科学家从这些先在的概念出发，顺顺当当地研究概念之间的关系。总之，把概念（包括概念化、结构化的现象）当作探究的起点导致了封闭性、牵拉式的科学探究教学。而以概念为起点又与我们直接传授知识的教学传统取向密切相关：在教学内容的整体设计和安排上，我们为了传授知识的方便，总是按照知识的逻辑顺序先呈现概念再研究概念之间的关系；探究活动只是作为微型的装饰穿插于其中。由于脱离完整的研究语境，这些装饰性的探究活动往往丧失了探究的真义。与"以概念为起点"的思路相反，真正的科学探究教学应该是教师引导学生从直观的现象出发进行合理猜想。为此，教师必须遵循探究的心理逻辑，给学生提供具有原初性的直观经验，让学生经历从直观经验到理论知识的思维过程。

除了对猜想的人为限制以外，这一案例在实验设计方面也表现出对学生探究的过分干涉或牵拉。比如，学生提出通过改变电源电压（增加电池节数）的方法改变电阻两端的电压以后，教师认为这个方法操作较麻烦，并启发学生在电路中串联滑动变阻器，通过调节滑动变阻器改变电阻两端的电压。显然，在学生还没有掌握欧姆定律、不懂滑动变阻器工作原理的情况下，这里的"启发"实际上是"告诉"。将实验设计"标准化"同样会抑制学生的科学探究精神。因为实验设计本来就是探究主体在一定的设备和技术条件下，根据自己现有的知识和经验储备，进行推理、想象的创造过程，教师的职责在于激发和引导这一过程，而不是以标准的实验方案取而代之。

要特别注意的是，在新课程推进的背景下，这种操控学生做出猜想、设计实验的做法具有一定的普遍性。教师以为只要自己没有把假设、实验设计等探究的关键内容直接告诉学生，怎么"启发引导"都是可以的。实际上，当"启发引导"超过一定的底线——不给学生自由思考、自主选择的空间的时候，"启发引导"就不再是启发引导，而是操纵、控制和牵拉了。

（三）排斥科学探究中的理性建构成分

科学探究并不是纯粹的经验归纳过程，而或多或少地含有理性建构的成分。这些理性建构的成分是内隐的，比较难于准确把握。教学实践工作者倾向于忽视这些理性建构成分，把科学探究全部包装成几个变量之间关系的归纳。这是当前科学探究教学中普遍存在的一个误区。

试看下面的案例：

[案例4-3]

初中《物理》"动能与势能"课堂实录（节选）

师：我们已经学习了功的概念，你们能否举出生活中做功的例子。

生：马拉车前进，马做了功。

生：起重机把水泥板从地面送到高处，起重机做了功。

生：举重运动员举起杠铃的过程，运动员做了功。

师：同学们举的例子都很好。在这里，我们就说马、起重机、运动员有能量。

师：你们能找出这些具有能量的物体的共同特点吗？

生：能做功。

师：非常正确。

师：谁能解释能量的含义是什么？

生：指这个物体能对外做功，但不一定做了功。

（教师给予充分的肯定及鼓励）

师：请同学们观看录像，找出录像中哪些物体具有能量。

生：水流和运动的子弹具有能量。

生：流动的空气也具有能量。

师：大家分析得很对，这里的空气、水、子弹具有的共同特点是什么？

生：它们都在运动。

师：回答得很正确。我们就把物体由于运动而具有的能量叫动能。

师：你们能否举出生活中有动能的例子？

生：正在跑步的同学。

生：急速行驶的摩托车。

生：从树上飘下的一片树叶。

师：通过同学们所举的例子，我们知道动能有大小，那么动能的大小与哪些因素有关呢？

师：请同学们猜想动能的大小与什么因素有关，并说出你的理由。

生：与速度有关。快速行驶和慢速行驶的汽车对道路的损坏程度不同。

生：与质量有关。从树上落下的树叶砸不死一只蚂蚁，从高处落下的铅球却能把地面砸出坑。

……

师：同学们的猜想很丰富而且都有一定的依据。今天我们就来探究动能与质量和速度的关系。要研究这个课题，我们应该采用什么样的研究方法呢？

生：控制变量法。

生：研究与质量有关时，控制速度不变；研究与速度有关时，控制质量不变。

师：我们怎么判断物体动能的大小呢？

（学生以小组为单位进行讨论，发表意见）

师：如何控制速度相同？

生：让物体从斜面的同一高度滑下。

师：很好。大家开始实验。

（学生分小组实验，教师巡视指导）

师：谁来说一下你们组的探究结果。

生：动能的大小与物体的质量和速度有关。质量相同的物体，运动的速度越大，它的动能越大；运动速度相同的物体，质量越大，它的动能也越大。

师：你总结得很好。这就是我们今天探究得到的结论。请同学们阅读小资料，你们能发现什么问题？

生：速度越大，动能越大，所以对车辆的行驶速度进行限制。

生：因为质量越大，动能越大，所以要求大型客车比小型客车的速度要小。

生：因为路况不同，所以同样的车在不同的路况下速度不同。

师：同学们能以积极主动的态度学习，就没有克服不了的困难。请同学们阅读教材中的想想议议，回答文中提出的问题。

（学生阅读教材，组内讨论，并派出代表交流）

师:速度和质量都会影响动能的大小,哪个对动能的影响更大些呢?你们能从教材的小资料中分析出来吗?

生:行走的牛比百米运动员质量大很多,但它的速度较慢,动能也很小,可见速度对动能影响更大。

生:我同意他的看法。抛出去的篮球比飞行的步枪子弹质量大,但它的速度不及子弹,所以动能也较小。

师:同学们说得都很正确。(鲁玉星主编,2006:119-121)

这个案例是十分耐人寻味的。从表面看,执教者引导学生从直观的生活现象出发,猜想"动能的大小与哪些因素有关",并且引导学生设计可行的实验方案验证这一猜想。因而,有研究者认为这节课"学生通过活动探究动能与质量、速度大小的关系来亲身体验影响动能大小的因素","突出了科学探索的主要环节","注意体现科学探索要素的本质"。(鲁玉星主编,2006:122)但是,深入地看,这里也存在问题。首先,学生的知识储备是不足以探索上述问题的。从案例的文本来看,关于动能这一概念,学生掌握的或被告知的是:一个物体能对外做功,就是具有能量;物体由于运动而具有的能量叫动能。而从这一含糊的认识出发,学生是难以仅凭经验做出合理猜测并设计相应的实验的。其次,"速度比质量对动能的影响更大"这一结论,更不可能是直接的经验归纳的结果。事实上,它是在确立动能表达式的基础上进行定量研究的结果,而动能的表达式又是由"功"的表达式推导出来的。总之,单纯凭借经验思维,人们根本无法将"动能"与"力",或另一个相近的科学概念"动量"区分开来,更谈不上对它的科学分析了。

"动能"概念的建构是需要理论思维的。它是为了表达力在空间的作用效果、为了表达能量转换规律而创造出来的。围绕这一概念的科学探究教学,可以将学生置于动能与势能转换的问题情境中,使其通过自己的亲身探索,领悟建构这一概念的必要性,以及建构这一概念的思想方法;而不是给它一个含含糊糊的界定,然后让学生猜测它的大小和什么因素有关。

推广开来说,科学概念不是自在的,而是人们为了表达某种规律性联系而创造出来的;它们是以经验为基础的理论思维的产物。但是,在实证主义视阈中,情况却恰恰相反:科学概念就是客观存在,只等你从现象中发现它,进而发现它与其他概念的关系。上述案例中的执教者就是把动能看成一个客观存在物,对它的探究就是发现它与质量、速度之间客观存在的关系而已。这里的问题不仅仅在于把真实的探究过程完全弄颠倒过来,而更多地在于对科学探究的肤浅的、庸俗化的理解。

通过以上案例分析,我们不难看出我们的探究教学有着为探究而探究的形式化倾向,有着把科学探究看成一套固定的探究程序或特定探究方法的倾向,而忽视或曲解了科学探究内在的思维运作机制。这种机制是大胆猜测、自主探索,而不是正确无误的标准化操作;是力求归纳和解释现象,而不是孤立现象的发现;是经验基础上的理论建构,而不是对经验亦步亦趋的简单概括。简单地说,这种机制才是科学探究的本质。科学探究教学与真实的科学探究肯定是有差别的,但这种差别不应该是对科学探究心理机制的违背。否则,科学探究教学就不再是为了学会科学探究,以及以科学探究的方式进行的教学了。

二、符号化的科学理解教学

我们知道科学理论知识是对客观世界进行间接认识的成果,是形式化、逻辑化的符号系统,与人们的感性经验存在相当的距离。如果科学教学不能有针对性地采取措施在科学理论知识与人们的感性经验之间建立起联系的桥梁,学生因无意义学习而导致的学习困难将是在所难免的。应该说,我们的科学教学一向关注学生对知识的理解问题,比如教师力求将知识讲深讲透,让学生在充分理解的基础上掌握知识,而不是以死记硬背的方式掌握知识。但是,愿望归愿望,努力归努力,最终结果往往既违背了人们的愿望,又与实际做出的努力不成正比。这种现象不能不引起我们的深刻反思:是不是一开始在对科学理解的心理机制的把握上就出了问题。比如,把科学理解当作单纯的抽象符号(包括文字符号和数学符号)的解码过程,忽视了直观图景的创造性构造这一更为关键的理解环节。再如,把顺利运用科学知识解题当作科学知识理解的标志,把运用科学知识解题当作促进科学理解的主要甚至唯一途径。以下,笔者将结合实践中一些有代表性的做法,具体剖析这些把握上的偏差及其导致的灌输的教学结果。

(一)排斥直观图景构造的科学概念教学

科学理论知识之所以难以理解,一个重要原因是其中大部分概念抽象程度很高。这些概念往往是经过多重逻辑推演而建构起来的,其指涉的对象远离直观经验,往往不是人们可以直接感知的。比如,就"速度"这一概念而言,尽管也带有一定的抽象性(一般由"距离""时间"这两个更具体可感的概念的关系加以界定),但毕竟还是可以直接感知的。而"加速度"这一概念,则需要在"速度"概念的基础上再加上一个逻辑推理链条(等于"速度"与"时间"的比值);这样,它的抽象程度更高,更难于直接感知。对它们的理解,一方面需要复演其逻辑推演过程;另一方面又需要发挥形象思维、科学想象,创造性地构造不同于现象的但同样生动直观的科学图景。而在实践中,教师们往往忽视了后者,将概念直观图景的构造排斥于教学活动以外。

第一,大多数教师在教学高度抽象的科学概念时,往往只注重其逻辑推演过程及其逻辑意义(定义、数学表达式等),而忽视引导学生综合各个逻辑规定,构造概念指涉的生动直观的图景。下面的教学片断反映的正是这种重逻辑轻实质的偏失。

[案例 4-4]
在一节物理课上,教师利用加速度定义,通过数学演绎,推导出向心加速度公式:$a=v^2/r, a=\omega^2 r$,并对学生的关注和配合表示满意。显然这位教师认为理解的教学目标已经达成,剩下的就是记忆和运用公式的问题了。然而,我身边的一位一直认真听讲的男生却小声问道:"向心加速度越大,是不是速度越大呢?"他似乎在问自己,又似乎期待我这个听课教师帮他解除疑问。

在这个案例中,教师只注意公式的推演,而忽视引导学生理解推演出的公式的物理意义。在该教师看来,在学习过"加速度"的基础上,理解"向心加速度"应该没有问题。而实际上,要理解"向心加速度"的丰富含义,不仅要知道它是圆周运动中的加速度(定义),还要构造出标志它与速度大小、速度方向、时间、力等一系列变量之间关系的直观的图景。正因为教师教学上的偏失,才导致学生的困惑得不到应有的重视和解除。学生在学习直线变速运动时,已经了解到加速度与速度大小是没有关系的;而从加速度的定义来看,加速度是指速度改变的快慢,但是为什么这一公式却显示加速度与速度大小之间存在协变关系呢?学生产生困惑是非常自然的,这是他寻求深入理解概念的表现。但教师显然忽视了学生这一理智上的需要,既没有引导学生整合相关信息,建构"向心加速度"的经验模型,也没有引导学生比较、分析直线变速运动和圆周运动中加速度与速度之间关系的根本区别。

第二,通过简单举例的方式阐释高度抽象的科学概念,忽视引导学生对直接经验加以科学抽象,从而构造出科学概念的直观图景。针对学生理解抽象概念的困难,教师们也注意用举例的方法帮助学生建构概念的实质内容。比如下面一段教学建议:"加速度的概念,历来是学生感到抽象难懂的概念。他们往往把加速度和速度混为一谈,而且错误地认为:加速度是增加出来的速度,以及速度越来越大,加速度也越来越大等。这些都是由于学生对加速度的物理意义理解不清所致。因此,教师在教学过程中,必须**通过举例**使学生真正理解'速度改变'和'速度改变快慢'的含义,并着重指明:加速度是表征做变速运动的物体速度改变快慢程度的物理量,它与 Δv 和 Δt 有关,是用速度改变 Δv 与改变 Δv 所用的时间之比来表示的,即 $a=v_t-v_0/\Delta t=\Delta v/\Delta t$。然后必须再进一步指出,$a$ 是矢量,它的方向始终与 Δv 一致。当 a 为正时,表示 a 与 v 同向;当 a 为负时,表示 a 与 v 反向;当 a 为零时,表示 v 的大小和方向都不变。"(南冲,1993:20)这里的关键就在于到底怎么举例。对于高度抽象、远离直观经验的科学概念,简单列举一些表面化的现象往往是无济于事的。比如,教师只是给学生演示小车在一突然施加的作用力下由静止到运动的实验,说小车速度逐渐增大就有"加速度"在里面,对学生的理解起不了太大的促进作用。因为现象还是现象,其隐含的特性(即概念表征的特性)依然没有显现出来。这里,如果教师将匀速行驶与提速、减速行驶的汽车,以及不同提速的汽车放在一起比较,将有利于学生形成对"加速度"的直观印象,进而通过思维加工在头脑中构造出概念的直观图景。

简单地列举现象,对于学习高度抽象的科学概念起不到什么作用。教师往往意识不到具体的现象并不等于概念表征的对象,而只是概念思维加工的素材。比如,有教师要让学生理解电压的概念,就让学生看电压表,甚至用手触碰(安全范围以内)。这些实际上都无助于学生建构概念的实质意义。而如果以水的势能差或水压作类比,要求学生在此基础上整合相关定义和数学表达式,就可以促进"电压"概念的直观图景的构建。

(二) 机械运用科学知识的习题教学

习题教学的主要目的之一是促进学生理解科学概念和科学定理、定律,使学生在运用理论知识解决实际问题的过程中,实现抽象知识的具体化,获得对理论知识的深刻、全面理解。而教学的实际情况却是,学生积极的意义建构活动得不到应有的重视,理论知识的运用过程成为一种丧失经验意义的机械操作过程。

具体说来,以下教学行为直接导致了习题教学中的机械化倾向。其一,大多采用高度结构化的习题作为训练内容,而很少提供学生解决结构不良问题的机会。高度结构化的习题就是相关科学概念被基本明确地标示出来的题目,学生只要对概念之间的关系(主要表现为定理和定律)有清晰准确的记忆,就可以顺利解题。也就是说,简单套用公式就可以应付这类题目。这里不存在人们解决真实的、结构不良的问题时,所必须做出的对现象的抽象化、概念化加工。这种加工是在对现象的整体性理解以及初步分析其结构关系或作用机制的基础上进行的,并且又会成为进一步建立精确的解释模型的基础。作为理论与实际联系的结点,概念化加工过程既是解决真实问题的关键环节,也是深刻理解理论、灵活运用理论的标志性环节。高度结构化的题目,排除了学生的概念化加工过程,在促进理解方面的作用非常有限。其二,大多采用教师演示—学生模仿的训练方式,而很少提供学生自己摸索着解决问题的机会。因为抽象知识的具体化包含了一系列复杂而艰难的心智运作过程,进展缓慢、判断错误是在所难免的。在实际教学中,为了追求效率,教师往往不会给学生足够的时间和机会自主地摸索、尝试,而是以自己的分析讲解为主,演示解题的过程,告知解题的模式或套路。这样,学生在看到类似题目时,就可以遵循相应的套路迅速解题。这种教学方式实际上走的是演示—模仿的路子,非常容易助长学生的思维惰性。由于教师的直接教授,学生没有亲身经历从现象中抽象出理论,从而加深对理论的理解的过程,因而常常只是直接地、表面化地掌握了理论知识的某些特殊表现形式,对理论知识本身的理解则依然处于一知半解、半懂不懂的水平。这正是学生普遍表现出的远迁移能力不强的重要原因。

  总之,我们的科学理解教学确实存在根本性缺陷。大部分教师习惯的并且依赖的概念教学的方式、习题教学的方式是不能有效促进学生对科学理论知识的深刻理解的。大多数学生只是在符号的层面掌握了知识——记忆符号、用符号解释符号、在符号世界(常规的习题)里运用符号,而不能建立理论知识的经验意义。于是,知识增长没有带来学生灵活运用知识解决实际问题能力的增强,知识获得也没有激发学生对科学世界的深刻兴趣——相反,科学世界成为一种完全异己的存在,成为一种纯粹的符号的自我表达和繁殖系统。科学理论知识的符号化学习,最终导致学生对科学本质的曲解以及科学精神的失落。实际上,科学理论知识作为一个高度复杂抽象的符号系统,与生活世界是存在间接的联系的;科学理解教学的核心应该在于促进、帮助学生将这种间接的联系在头脑中创造性地构建起来。忽视了这一点,教学就往往停留于符号层面,不能充分激发学生的理智能力,也不能充分满足其理智需要,因而成为灌输性教学。

第二节 科学教学的启发艺术

遵循学生科学探究、科学理解的心理机制,有效激发、辅助学生的科学探究、科学理解活动的教学,就是启发的科学教学。尽管科学探究、科学理解的心理机制是一般性的,具体到特定内容、特定主体的科学探究、科学理解,其心理过程又是极其个性化的。正因为如此,启发的科学教学因学习内容、学习主体的不同而极不相同。换句话说,启发的科学探究教学、科学理解教学必然是一种具体教学情境下的创造活动。它不是恪守某些不变的教学规则、步骤、程序等,而是灵活地、创造性地运用某些启发性的教学策略。而"教学策略"在这里"是指教师为提高教学效率而有意识地选择和灵活地运用的有一定理论依据的有效的教学方式、方法、技术和技巧的总和"(潘洪建,等,2012:260)。

不仅如此,启发的科学教学在主观实践中把握住了教学客体的学习心理,达到了主客观的具体统一,从而具有了审美性。这样,启发的科学教学就更接近一门艺术而不是一项技术。对艺术,需要的是解释和欣赏,而不是比较、分析和测量。而解释的框架、欣赏的角度就是学生科学探究、科学理解内在的心理过程。

一、科学探究教学的启发艺术

科学探究的启发艺术可以分为激发的艺术和辅助的艺术两大部分。

(一)科学探究的激发艺术

科学探究始于问题。然而,令教师们苦恼、困惑的是,学生要么提不出恰当的科学问题,要么对教师提出的科学问题不感兴趣。其实,提出可探究、值得探究、乐于探究的科学问题的关键是,拥有丰富的直观经验(加上实践需要就更好)以及一些能将直观经验清晰化、条理化的科学知识。因此,在科学学习的起步阶段,教师应该创造机会丰富学生的直观经验,帮助学生把这些直观经验清晰化、条理化,从而生成待探究的科学问题。而随着科学学习的深入,随着学生知识经验的丰富以及理智兴趣的增强,教师就可以遵循学科逻辑直接提出科学问题,激发学生相应的探究活动。

1. 提供"做"的机会，使学生在"做"中生成探究问题

实践是认识的源头。"做"给主体带来了直接接触、改造事物的经验以及相应的矛盾、困惑，促使主体生成待探究的问题。在这里，"做"的真正目的与日常生产生活中"做"是有所不同的——教学中的"做"是为了生成待探究的问题，进而引向知识的创生。事实上，当教师提供某些与学习主题相关的实践机会时，学生会在实践中自然生成许多带有理性色彩的、值得探究的、与学习主题相关的问题。而对于这些自己提出的问题，学生是怀抱着浓厚的探究热情的。下面的这位美国的科学教师给学生提供了大量与蚯蚓直接的、开放的接触机会，使学生自然生成了许多值得探究的问题。

[案例 4-5]

弗洛里斯女士的 3 年级班在离学校不远的一块空地上进行了一项研究，学生每三人一组，量出 1 平方米的土地，并用冰棒棍子和细线标记好，研究的目的是为了认识在同一环境下生物体的多样性，了解环境怎样满足它们的各种需求。

在调查中，有几个学生在他们的土地上发现了蚯蚓，他们对蚯蚓的行为入了迷。还有些同学很想知道为什么在他们所研究的土地中没有发现蚯蚓，另一些同学则想知道蚯蚓为什么有大有小。一个同学提出：蚯蚓可能"喜欢"呆在一些植物的附近，因为她和父亲钓鱼时经常在有草的地方挖到蚯蚓。

有关蚯蚓的讨论可能来得正是时候，因为弗洛里斯女士正打算上一系列的课让学生学习生命周期、生物体和它们的环境。这事为探究提供了情景，于是她联系了一个生物供应室，知道从那里可以订购一些蚯蚓和蚯蚓幼虫。弗洛里斯女士非常高兴，因为这样就能让孩子们观察到蚯蚓的各个生长阶段以及它们的一些习性。

……

在热切盼望着那些即将运来的蚯蚓的同时，弗洛里斯女士建议孩子们为蚯蚓建造一个"家"。于是他们返回空地，孩子们观察了原来发现蚯蚓的土地，并且对蚯蚓生活的土壤的性质进行了研究。这一群人回到他们那 1 平方米的土地，一边绘图一边记录在哪里发现有蚯蚓，哪里没有发现。弗洛里斯女士还要求学生们询问他们的父母和亲戚，看蚯蚓喜欢呆在什么地方。

第二天，学生们列出了一张表，记录下发现和可能会发现蚯蚓的地

方,学生们建议到潮湿、脏的地方,木头底下,到植物的根底下和堆肥里发现蚯蚓。弗洛里斯女士然后问他们:根据这些信息,应该怎样为蚯蚓建造一个"家"? 学生们被分为四人一组,用一个2升的切去上半截的空塑料可乐瓶来养蚯蚓。学生们在开始建造"家"之前要报告他们的设计方案。其他组的学生仔细地听,并提了许多问题,因为他们知道报告后就能改进各自的设计。

一些学生用泥土和树叶来养蚯蚓,上面还加盖青草。另一些同学用黑纸将瓶子围了起来,使它就像是"在地底下一样"。还有一些同学只是把土装入瓶子,横躺着放置,一组在瓶子边上穿一些小孔,让空气进入土壤,并使多余的水流出来。

当订购的蚯蚓到来后,弗洛里斯女士给每个组发几条蚯蚓,要求他们仔细观察每一条蚯蚓,并把它们画下来。……

接着弗洛里斯女士要求学生们提关于蚯蚓的问题,并把它们记录在一个表格里。这些问题包括"蚯蚓是如何生孩子的?""它们是否更喜欢某一些土壤?""它们真的喜欢黑暗吗?""它们是如何穿过泥土的?""蚯蚓能够长到多大?"

弗洛里斯女士把全班分成几组,要每组选出一个他们喜欢的问题来调查并设计一个具体实施的方案。……(国家研究理事会科学、数学及技术教育中心,等;罗星凯,等,译,2004:38-42)

在这个教学案例中,教师先是让学生开展一项比较宽泛的研究活动,引发了学生关于蚯蚓问题的兴趣和讨论。随后,她因势利导订购一些蚯蚓和蚯蚓幼虫供学生观察和研究,进而要求学生为蚯蚓建造一个"家"。在这项建造"家"的活动中,学生们生成了一系列自己感兴趣的、值得探究的科学问题,成为下面自主、积极的科学探究的良好开端。

要指出的是,教学中"做"的形式是极其多样的。它包括游戏、操作、观察、实验、调查、实地考察、见习、实习等各种形式。一般来说,对这些"做"的活动,教师应该给以明确的主题、目的、任务,使学生能获得丰富而又有价值的经验,为生成问题服务。

当然,让学生在"做"中生成问题,往往使教学带有很大的开放性和不确定性。对学生提出的各种各样的问题,教师要做出分析和甄别,舍弃缺少探究价值的,或者与学习主题无关的问题,引导学生将问题予以澄清、明确或凝炼。这样,就可以在保护学生探究的自主性和保证探究教学的有效性之间求得某种恰当的平衡。

2. 通过呈现或引导学生发现矛盾、意外、混乱的现象，创设问题情境，使学生产生如何解释现象的问题

萨其曼曾提出，问题最好要包含一个异于常规的情境。引起人们科学探究欲望的，往往就是那些矛盾、意外、混乱的现象。面对它们时，人们自然会产生"是什么""为什么"的本质追问。在科学探究教学中，教师若能精心搜寻与探究主题相关的一组或矛盾、或意外、或混乱的现象，将之予以直接呈现或引导学生发现，一般可以自然地激起学生探究的欲望。比如，有教师在引导学生探究"大气压强"的问题时，呈现如下出人意料的现象：把浸过酒精的棉花用火柴点燃投入事先准备好的空瓶中，然后用剥了皮的熟鸡蛋堵住瓶口，稍后，鸡蛋被吸入瓶内。这就自然引起学生"火柴点燃前后什么发生变化""该变化何以将鸡蛋吸入瓶中"等一系列疑问。再如，在引导学生探究"单摆运动"时，教师创设如下令人迷惑的情境：用一个5公斤的铅球制作一个单摆，把铅球拉至鼻尖处松手，铅球来回摆动，但幸好每次都打不到鼻子。这一情境有利于激发学生探究单摆运动规律的强烈欲望。

其实，现象往往就蕴含着问题，只不过日常生活中我们习焉不察，也就错过了探究发现的天然良机。因此，在激发学生探究上，启发艺术的高境界应该是引导学生系统观察现象，从而使学生自然产生解释错综复杂现象的探究欲望。以下的教学片断就是由教师指导学生系统观察月相而自然生成探究问题的案例。

[案例4-6]

导入课

今天，吉尔伯特先生打算让学生开始研究月相。根据自己的观察经验，他知道追踪月相是具有挑战性的，因为会受到云的影响。但他相信，对现象亲自进行调查研究能使学生更加深入地学到很多东西。……吉尔伯特先生首先让学生写下对月亮已有的认识和还存在的疑问。接着他让学生与同伴讨论他们的记录，注明记录中的共同点。讨论之后，吉尔伯特先生让学生把他们对月亮所了解的记录汇编成一个班级记录，把对月亮的疑问记录汇编成另一个班级记录。吉尔伯特先生确定了对月相的理解至关重要的下述六个项目：

我们对月亮已知的东西	我们对月亮的疑问
月亮会改变形状	如何在白天看见月亮？
月亮比地球小	为什么月蚀不能更经常地发生？
人类已经在月球上行走	导致月相的原因是什么？

他询问几个学生是如何知道左边三项是正确的。他们的回答包括"因为我在电视上看见过"、"我妈妈告诉我的"、"我从姑姑给我买的书上读到的"以及"四年级时老师给我们放了录像"。经过讨论，学生们认识到这些解释与对月亮形状的变化进行一段时间的观察并收集有关的数据而学到的东西相比，就显得太肤浅了。

进行观测研究

然后吉尔伯特先生就让学生着手对月亮进行为期5周的调查研究，以回答他们所提出的大部分问题。一开始，他们对月亮进行观察，收集有关月亮位置、形状和运动的证据。他让学生以4个人组成小组，成员分工负责去收集数据，并建议第一周每个人都观察，以后每周由一名同学负责观察并收集证据。分派的任务至少包括观察、每天观察的数据记录以及完成一个图表，表中记录下日期、时间、天气情况；还要求用六分仪测量月球的仰角及用罗盘测量月亮的方位角，如果是在晚上观察，则要指出与月亮最近的星座；此外，要勾画出月亮的轮廓。

……

在观察的最后一天，同学们又回到月亮单元，从收集和分析数据过渡到形成新的月相概念。

各小组考察他们表格中的观察数据时，出现了有趣的讨论。在吉尔伯特先生的提示下，学生们开始讨论能用来解释他们收集到的数据的模型。……（国家研究理事会科学、数学及技术教育中心，等；罗星凯，等，译，2004：48-50）

在这个案例中，学生其实经历了两次提出问题的过程。第一次是教师要求学生在已有日常经验的基础上提出疑问。严格地说，这时提出的疑问还不是科学问题——有着模糊、表面化的弊端。而当教师指导学生经过一段时间的科学观察并记录下比较精确可靠的数据之后，学生头脑中的月相概念日渐清晰和科学，从而开始了"月—地—日"模型的探究。而"'月—地—日'模型是怎样的，才形成所见到的月相"就是一个真正的科学探究问题了。从学生提出问题的前后对比可以看出,让学生尽可能全面准确地观察、了解现象,对于他们提出乃至完善科学问题具有重要意义。

当然,很多时候学生虽然产生了如何解释现象的疑问,但还不能提出清晰明确、可直接探究的科学问题。这就需要教师加以引导和协助,以澄清思路,找准问题核心。

3. 在学生拥有一定知识经验以及科学学习兴趣的基础上,由教师直接提出抽象的科学问题,激发学生的探究欲望

在科学探究教学中,问题的产生不一定非要以具体直观的活动或现象为起点。当学生已经拥有了一定知识经验以及科学学习兴趣时,他们能够理解抽象的科学问题的经验意义,能够自主地建立抽象知识与具体现象之间的内在联系,能够享受抽象理论及其体系构建的理智乐趣;教师也就可以直接提出抽象的科学问题供学生探讨研究了。在这种情况下,学生也是可以产生内在乃至强烈的探究兴趣的。

在下面的教学片断中,教师并没有从现象入手提出问题,而是直接提出研究的课题,进而缩小范围,提出待探究的科学问题。

[案例 4-7]
《重要的有机化合物》(高中《化学 2》)
师:……这节课我们一起来学习有机化合物的结构特点。
师:(板书)二、有机化合物的结构特点
师:首先,我们还是从已经初步认识的甲烷入手。
师:(PPT)呈现甲烷的分子式(CH_4)和电子式 $H \overset{H}{\underset{H}{\overset{\times}{\underset{\times}{C}}}} H$
师:从甲烷的分子式和电子式中,我们能获取哪些信息呢?
(停顿一段时间,让学生观察思考)
师:同学之间可以相互讨论,同学是最重要的学习资源。
(学生轻声讨论)
师:请哪一位同学来回答一下?举手示意。
师:请这一位同学来回答一下。
生:从甲烷的分子式上,我们知道甲烷由 C、H 两种元素组成,一个甲烷分子,由一个碳原子和四个氢原子构成。从甲烷的电子式上,我们知道,在甲烷分子中,碳原子最外层上的 4 个电子分别与 4 个氢原子核

外的1个电子形成1对共用电子。

师:说得很好!也就是说,在甲烷分子中,一个碳原子通过4个共价键与4个氢原子相结合。其实,在有机化合物中,一般每个碳原子均通过4个共价键与其他原子相结合。

师:在有机化学的学习中,我们除了可以用分子式和电子式来表示有机化合物的组成和结构以外,还经常用到结构式和结构简式。

(师生共同研究如何书写甲烷的结构式和结构简式,具体内容略)

师:有同学根据甲烷的结构式推测,甲烷分子的空间结构是以碳原子为中心的平面结构。那么,甲烷分子里各个原子在空间的分布情况究竟如何呢?

师:(PPT)[活动·探究]探究甲烷分子的空间结构

(PPT)对甲烷分子空间结构的推测由来已久,最后归结到是平面正四边形结构,还是正四面体结构。(图省略)同学们能否利用二氯甲烷(CH_2Cl_2)性质与结构之间的关系,推断出甲烷分子的空间结构?(提示:每一种物质在一定条件下有固定的熔点、沸点和密度)(霍益萍、周金浪主编,2010:115-116)

在这个案例中,教师并没有由现象,如反映二氯甲烷性质的现象入手提出问题,而是由讨论甲烷的元素构成及其书写直接引申出其空间结构的问题。这是建立在学生有一定的科学学习兴趣以及相关知识经验的基础上的。直接提出探究问题的方式对于教师而言,是最便捷的,但它对学生的要求是比较高的,在基础教育阶段应该慎用。

(二) 科学探究的辅助艺术

学生由问题开始科学探究,会遇到各种各样的困难,会犯各种各样的错误,其科学探究过程会因此停滞不前甚至误入歧途。教师予以适当的辅助是非常必要的。教师辅助旨在帮助学生顺利突破探究的障碍,但与此同时又要尽可能充分发挥学生探究的潜能;否则,就是僭越,就是过犹不及。

教师的辅助应当随学生探究的实际进程和潜能而异。从辅助的内容上说,可以是一般研究方法的指导,也可以是具体探究思路的点拨;可以是感性经验的丰富,也可以是相关知识工具的授予。从辅助的方式上说,可以是直接全部明确地告知,也可以是诘问、点拨、暗示等。从辅助的时机上说,可以在学生遇到困难、发生错误之前,也可以在这以后,更可以与学生的探究始终同步。教师的辅助应当因具体教学情境而灵活、创造性地采用不同的辅助内容、方式、时机,因而是艺术性的。对艺术性的"作品",我们无法从中抽象出固定、普遍的程序或规则,而只能描述、阐释其中情境化的、灵活的教学原则和教学策略。

1. 启发教学原则

考虑到中小学生正处于学习科学探究的阶段,教师辅助的总体原则,从内容上说,应当是一般方法与具体探究问题的有机统一;从方式上说,应当以点拨、暗示、设疑、诘问为主,只在学生充分思考、探索之后,才予以直接全面明确地告知;从时机上说,应当在学生单纯依靠自己力量无所进展之时。以下将结合具体案例加以阐释。

[案例 4-8(续案例 4-6)]

吉尔伯特先生决定从一个解释学生观测的月相变化的模型入手。他给学生提供了一个牙签和一个有孔的小珠。然后让他们考虑这样一个思索性实验:"如果你把小珠放到牙签的一端,在眼睛和月亮之间把它伸出一臂远,你认为珠子能挡住月亮多大的表面?"吉尔伯特先生让学生画出他们预料的结果,然后叫他们到室外进行检验,他在小组之间走动,然后叫学生进行另外一种观察:"试着把牙签和小珠子移到旁边,现在看一下月亮的形状,接着看一下小珠上被阳光照亮的形状。"他们惊奇地发现月亮与珠子被照亮部分的形状相同。吉尔伯特先生知道这种体验会给学生提供一个机会去判断月相是如何形成的。他也知道这有助于学生理解模型的使用和限制的一些情况,不仅有助于帮助他们了解月亮,而且使他们明白模型是科学家用来构造和检验新知识的工具。

构建一个模型

第二天(观察的最后一天),吉尔伯特先生让学生仔细看一下过去观察月相时所贴出的图表。吉尔伯特先生问:"你们认为月相图每月重复出现的原因是什么?"他让学生分成三组讨论,10分钟以后出现了两种不同的解释。一些学生提出:在一个月的不同时间,地球的影子在月球上的覆盖面大小不同,从而形成了月相图;另一些同学提出原因在于月球绕着地球运动时,我们看到的被太阳照亮的月球表面不同。接下来,吉尔伯特先生让学生根据不同的解释分成小组。他让每一组做出一个示意图用来解释为什么月亮能改变形状。从他们对图的讨论中,吉尔伯特先生让学生思考如何使用模型去检验这两种不同的解释。

一天后,学生们设计出实验研究方案来检验每一种解释。在一个黑屋子里,把地球仪当作地球、网球当作月球,投影仪发出的光当作太阳光,他们准备运用这些材料去探索物体的相对位置、相对运动与所形成的"相"之间的联系。这种研究为学生们提供了一个去弄清月相问题的机会,使他们得以确定支持各个解释的依据是什么,并为各种可能的解释建构模型,然后确定他们所收集的证据能用来支持哪一种解释。

在活动开始前为了评估学生们已经了解的东西,吉尔伯特先生要求学生们说明他们的示意图应该表现什么。学生认为应该表现出:① 从北极俯看时,地球和月球的位置;② 太阳光源和用箭头代表的光的路径;③ 地球(地球仪)和月球(网球)的投影。他们同时认为地球的位置和月球的投影是很重要的。有了这些在示意图中统一的要求,很容易对月相的研究结果和解释进行比较。吉尔伯特先生鼓励学生们画出月球在绕地球运动的轨道上的不同位置的情况。

吉尔伯特先生在各组之间巡回走动,检查学生们是如何设置实验装置,听他们的讨论,也看他们画的图,还不时提些问题去探查学生的理解并让他们把思想重新集中在证据和解释的关系上来。"如果让地球、太阳和月亮处在你现在所放的位置,你将会看到的月相是什么样的呢?在你的模型中,要出现四分之一的月亮,那么月球应处在什么地方呢?告诉我地球的投影在哪儿?你有什么证据支持你的结论或引起你改变自己的想法?"他让学生在他们的模型中演示出月球绕地球运动的方向,接着他问道:"你是如何知道的?这个结论的根据是什么?"有必要时,吉尔伯特先生会提醒学生去看一下班级数据表,因为"一个好的模型可以用来解释实验数据"。倾听学生的谈话和处理问题的过程使他可以评估学生在理解月相原因时的进展。这样他也可以估计出学生应用某些探究能力的情况,比如对前面所收集的证据与解释之间的联系进行批判性的逻辑性思考的能力。

接下来,吉尔伯特先生让每个组都把他们的模型图张贴起来,让其余的同学进行审核。然后,就月相的不同解释让各组叙述他们的结论。学生的观察和解释似乎可以支持这种解释,即当月球绕地球在自己的轨道上运动时,从地球上能看到的月球表面被照亮的部分在改变。学生们认为,把他们模型中月相的顺序与日历上所示的月相顺序进行比较,有助于他们估计地球、太阳、月亮之间所表现出的联系。在问到哪些证据最有助于检验不同的解释时,有些小组认为地球在月球上的阴影在一个月内的位置是重要的证据。吉尔伯特先生让他们解释其中的原因。学生解释说,在一个月内,地球投影的方向决定了它与月球的联系有多种形式。有一个组指出,在月相的第一个四分之一阶段,地球的投影要落在月球上就得转过一个直角,"那可不是光和影在起作用"。根据这种现象,甚至提出"地球投影"模型的那些学生都决定抛弃这种观点了。为了进一步检查学生的理解,吉尔伯特先生提出:如果月球绕地球的运动方向反过来,月相的顺序将会受到什么影响?有几个小组的研究中出现了一个学生很迷惑的问题,因为在一些图中,似乎每个月都会发生月蚀和日蚀。"我们的模型一定有地方出了错,因为我们知道这是不可能发生的。""观察得好!"吉尔伯特先生评价说,"要使月相循环而又不会在每个月都产生月蚀,那你们的模型需要做一些什么样的改动呢?你还要用到什么参考资料吗?"学生们决定去媒体资源中心查阅课本和其他参考书。

当学生们讨论参考资料时,吉尔伯特先生提出了月球绕地球运动的轨道平面的问题,与地球绕太阳运动的轨道平面相比较,它在一年中是怎样变化的呢?学生们根据新的信息修改了他们的地球、太阳和月球模型及相应的示意图。像在做小珠子与牙签的实验时一样,吉尔伯特先生此时就让学生们回头去思考他们使用的球和光源模型,他又提出问题:"模型的哪些特征没有效?"学生们认为模型不能很好地解释地平线上月亮高度的变化,但它确实可以表明月相是如何发生的。

经过讨论,吉尔伯特先生指出,在历史上,模型对理解"天空"起着一定的作用。吉尔伯特先生和学生一起回忆历史上对夜空中天体运动的各种解释。在先于哥白尼和伽利略的时代,人们接受的天体模型是所有的行星和恒星都围绕着地球运转,地球居于宇宙的中心。他们讨论星星在夜空中移动的可预测性是如何被用来支持早期的解释的。"伽利略发现了什么证据使他对地心学说产生了疑问?"吉尔伯特先生问。学生们带着这个问题阅读参考资料。在随后的讨论中,吉尔伯特先生让学生把他们在解释月相时使用的从事实到解释的思想,和伽利略从事科学研究工作的思想相比较,伽利略通过观察木星卫星的"月"相并构造出一种解释。对于伽利略来说,这种解释需要把太阳而不是地球放在宇宙的中心。从他们的观测研究、阅读和讨论中,学生们开始懂得科学解释是如何系统地形成,并根据事实证据来评估的;懂得了科学界接受和使用各种解释直到它们被更好的解释所取代为止。学生们认识到如果寻找到足够的证据,他们的每一种解释看起来都会是合理的;而且,当证据指向相反的方向时,他们也不会再为放弃无效的解释而觉得尴尬。发生这种转变后,他们对科学的理解就得到了进步。

到这时,吉尔伯特先生觉得有必要布置家庭作业了。他要求每个学生都回顾全班所完成的所有活动。作业的内容就是在一个总表中挑出并写下所有与班上提出的月相模型有关的证据,不论是支持的还是否定的。"你必须对我们完成的每一项活动进行思考,你的工作就是构建一个论点,这个论点或是接受、或是抛弃你的模型,一定要特别注意我们在对月亮进行观测中收集到的数据,看看数据中反映的哪些规律支持你的模型,哪些反驳你的模型。"

吉尔伯特先生把作业写在了黑板上:
- 第1部分:画出你的模型并附上简短说明。
- 第2部分:列出支持你的模型的证据。
- 第3部分:列出否定你的模型的证据。
- 第4部分:① 用科学概念对月相做出一个解释;② 写下现在你对月亮运动的一系列疑问。
- 总计:最多10页。这将作为你在本单元的评分的主要部分。

(国家研究理事会科学、数学及技术教育中心,等;罗星凯,等,译,2004:50-55)

(1) 辅助内容上,一般方法与具体探究问题的有机统一。这则案例最值得称道的地方是,在具体问题的探究过程中始终贯穿一般性的科学探究方法的指导,使学生充分体验一般方法运用于具体问题的创造性过程。实证研究表明,单独教授和训练一般性的问题解决方法(科学探究方法是一类特殊的问题解决方法),将之与具体问题解决相分离,效果往往不好。要取得理想的效果,需要将一般方法的教学渗透于具体问题的解决过程中。在这个案例中,吉尔伯特先生将"运用模型解释事实"这一基本科学研究方法置于教学、指导的核心:先是指导学生做一个思索性实验,启发学生构建"月—地—日"模型来解释收集的数据;在学生形成两种不同的解释之后,又要求学生思考如何使用模型去检验这两种不同的解释;在学生构建模型时给予实时监控和指导,以确保学生对证据与解释之间的联系进行批判性的逻辑性思考,进而不断修正、完善自己的模型;在此基础上,和学生一起回顾历史上模型对理解"天空"起到的作用,引导学生将自己的研究与伽利略的相比较,形成对该研究方法运用的反思意识和深刻理解;最后,要求学生反思自己的研究过程,并形成对自己模型的批判性认识。在这个过程中,教师对学生问题探究过程的种种帮助,既是针对月相成因这个具体问题的,也是不断突出、强化"运用模型解释事实"这一研究方法的。这样,就构建了学生对探究方法由"模仿"到"逐渐独立运用"最后到"自觉调控使用"的完整的学习链条。

(2) 辅助方式上,以点拨、暗示、设疑、诘问为主,明确告知主要作为反馈之用。案例中吉尔伯特先生主要采用点拨、暗示、设疑、诘问等辅助方式,给学生留下足够的自主思考、探究的空间。在探究开始时,他让学生做一个思索性实验。这个实验涉及的只是一个粗略至极的模型,但却"给学生提供一个机会去判断月相是如何形成的",也启发学生"理解模型的使用和限制的一些情况"。显然,在这里教师是在点拨、暗示探究的思路和方法。随后,在学生自主构建模型的过程中,他主要通过设疑、诘问的方式,启发学生根据数据的某些特征构建、修正模型,同时"探查学生的理解并让他们把思想重新集中在证据和解释的关系上来"。最后,更是把学生的探索延伸到了课外——布置家庭作业,要求学生在反思的基础上,形成自己的观点。在整个教学活动中,教师始终没有提供探究的最终结论,也没有提供一个固定的完善的探究方案或思路,而是以点拨、暗示、设疑、诘问等方式辅助学生的自主探究。

不过,在探究方法上,教师提供了让学生全面了解伽利略研究思想的机会,以作为学生自我反思的参照之用。实际上,在现代的科学探究教学中,并不排斥教师的讲解或传授,但这种讲解或传授应当在学生经历了努力探求过程之后,作为反馈之用。这一要求具有普遍有效性。比如美国的《生物教师手册》一书对"诱导探究"活动的设计为:① 向学生呈现某个问题;② 问学生将如何解决这个问题;③ 向学生描述科学家实际采用的实验设计;④ 要求学生对实验结果做出假设;⑤ 向学生提供科学家所收集到的有关数据;⑥ 问学生能从这些数据中得出什么结论;⑦ 问学生"假定你就是个科学家,你下一步打算解决什么问题?为什么?"(靳玉乐主编,2001:240)该教学设计首先通过启发性问题激发学生的科学探究,在此基础上再由教师讲解科学家的探究思路。这时的讲解是作为对学生自主探究的反馈之用的,它可以促使学生有效反思自己的探究过程,从而更好地领悟科学家是如何运用分析思维、直觉思维进行科学探究的。

(3) 辅助时机上,主要选择在学生单纯依靠自己力量无所进展之时。案例中,学生一开始面对繁复的观察数据时,由于缺少相关科学知识和探究经验,基本是茫然无措的。这时候,吉尔伯特先生及时提示学生做一个思索性实验,从而给学生提供了思考的基本方向或探究的基本方法。后来,在学生之间出现分歧而无法自决之时,他才提醒、协助学生思考如何使用模型去检验这两种不同的解释。再后来,当学生认为自己构建的模型存在每个月都产生月蚀的问题时,吉尔伯特先生才指点他们查阅参考资料,并提示从"月球绕地球轨道平面"的角度修正模型。应该说,教师这些辅助行为都是非常适时的;它们既给学生的自主探究以足够的机会,充分发挥了学生的潜能,同时又是学生单纯依靠自己力量无所进展而迫切需要的。

2. 启发教学策略

除了总体性的教学原则,我们还可以从科学探究教学的各个环节中概括出一些具体实用、操作性强的启发教学策略。以下选择"做出假设或假说""收集证据"这两个科学探究中的关键环节,笔者试阐释其中的启发教学策略。

(1)协助学生做出假设或假说的策略。做出假设或假说这一环节上承问题提出,下启证据收集、实验检验,是科学探究中的核心环节;同时,它也是科学探究中创造含量最高、由现象到本质过渡的关键环节。对此,教学中的弊病要么是"导"得过多,干涉、限制了学生的自主思考,导致猜想和假设活动丧失了创造性;要么是"放"得过开,让学生随意罗列各种假设或假说,不作要求、不加指导、不给提示、不予合理的分析和评价,使做出假设或假说的活动滑向不循逻辑、不顾事实的非理性泥淖。我们主张,教师在教学过程中应当积极而审慎地介入,指点学生获得、联系、加工相应的感性经验,引导学生对现象的因果机制做出合理猜测。

策略一:唤起丰富的感性经验,并引导学生加以分析、比较。

感性经验是产生假设或假说的一个极其重要的来源。占有的感性经验越全面、丰富,对感性经验的分析、比较越到位、准确,就越可能形成合理的假设或假说。对于归纳性问题,预先的感性经验的占有和分析往往直接导出相应假设。对于非归纳性描述问题以及解释问题,预先的感性经验的占有和分析也会启发假设或假说的形成。

在教学实践中,教师可以根据学生及探究问题的具体情况,指导学生获得或回顾丰富的感性经验,提示或引导学生分析、比较这些感性经验,从而形成合理的假设或假说。在下面的教学片断中,教师就运用了这一教学策略,指导学生回顾生活中有关摩擦力使用的丰富感性经验,引导学生加以归类,从而水到渠成地形成摩擦力成因的合理假设。

[案例 4-9]
《探究影响摩擦力大小的因素》(初中《物理》)
师:摩擦力这么有用,我们又这么熟悉它,能不能帮老师解决几个问题。先提几点要求,尽可能说出多种办法,一个问题寻求多种办法来,既可以模拟实验,又可以凭经验讨论解决。
(1)怎样拧开瓶盖:小明买了一瓶果酱,可是瓶盖怎么也拧不开,你们有几种办法把它拧开?
(2)小华做航模时需要把木块的一条棱锉掉,操作要领是什么?
(3)攀岩运动中怎样做才能顺利到达顶峰(防滑工作怎么做)?
(4)妈妈买了几条泥鳅,小红捉它们的时候发现它们很滑,怎样做才能把泥鳅抓起来?
师:这 4 个问题大家讨论一下,把你的具体做法写到纸条上,贴到黑板上,抓紧时间开始。
(学生讨论后贴纸条)
师:同学们想到了这么多的解决办法,在这么多增大摩擦力的办法中,哪几种实质是一样的。比如:用毛巾和用沙子比较像,我想把它们归为一类,你们把其他这些也按照这种实质来分类并讨论。
(学生分类并讨论)
生:毛巾、沙子加大摩擦为一类。
生:防滑鞋、沙子、粗沙纸、旧手套、粗糙的布、钉子鞋、登山鞋为一类。
师:其他同学有无补充,认为哪些还是一类的。
生:用钳子夹,增大压力。
师:你认为它是和毛巾一类的吗?其他同学想一想,用钳子夹属于哪一类?和谁比较像?
生:用力拧。
师:用钳子夹、用力拧、用力锉、用力抓、用刀锉,想想还有哪个没解决?
生:吸盘,一手抓头、一手抓尾。
师:一手抓头、一手抓尾是动作技巧,先不归类;逆时针拧,是方向问题,暂不归类;看看吸盘涉及到了以后学的大气压强,实际上是增大了一种吸盘对面的力;蓝色笔和红色笔分成两类,这两类的实质是什么? 红色笔是通过什么达到目的的?

生:红色笔是增加接触面的粗糙程度。

师:蓝色笔呢?

生:自身的力使摩擦增大。

师:能不能进一步考虑这种力是我们以前学过的哪种力?

生:增大对物体的压力就可以增大摩擦力。

师:有没有不同意见? 那么我们把它们归为两类。现在同学们能不能说出摩擦力的大小和哪几个因素有关?

生:与物体表面的粗糙程度和压力有关。(板书)

师:其他同学有没有不同意见?

生:没有。(鲁玉星主编,2006:82-84)

在上述教学片断中,教师通过让学生解决实际问题,自然地引出了学生相关的感性经验;然后,引导学生对经验加以分析、比较,把握其实质,从而形成了合理的假设。这里,教师的引导工作做得非常细致、周到。比如,教师在布置学生归类之前先做了示范;对学生难以归类的加以解释;不断提问和反馈,以确保学生归类方向和结果的正确性,等等。这可能是教师照顾学生刚刚接触物理探究学习,经验不足的缘故。实际上,在很多情况下,教师只需提示学生联系相关感性经验做出假设,就可以产生类似效果。

这里需要特别指出的是,教师指导学生获得或回顾的感性经验应尽量广泛、丰富,尽量非结构化、非概念化,以避免限制学生思维,将之牵引至特定假设。在实践中,很多教师在做假设或假说阶段做的演示性实验,往往是高度结构化、概念化的,使得学生几乎不用动脑子就做出教师期望中的假设。其实,在做出假设和假说阶段,通过观察、实验获得感性经验是试探性的,是假设或假说逐步明晰、精炼的过程;因而也是由粗糙到精致,由非结构化、非概念化到结构化、概念化的过程。教师应当引导学生体验这种观察、实验逐渐精致化,同时假设或假说逐渐明确的过程。比如,在探究"电磁感应规律"时,教师可以引导学生设计一组逻辑上渐次推进的实验:① 磁铁不动,线框运动时,有感应电流产生;② 线框不动,磁铁运动时,有感应电流产生;③ 磁铁和线框一起运动时,没有感应电流;④ 整个线圈在匀强磁场中运动时,没有感应电流;⑤ 磁场发生变化时,在静止的线框中产生感应电流;⑥ 线框的导线(线框的四边)处在磁场之外(那里的磁感应强度可以认为等于零),线框里面的磁场变化时,仍能在静止的线框中产生感应电流。(南冲,1993:20)这六个实验的设计过程正是假设逐渐精制化、本质化的过程:首先,实验基于的假设是,感应电流的产生原因是导体与(或)磁场的运动;然后,假设精制化为,感应电流的产生原因是导体与磁场之间存在相对运动;最后,假设本质化为感应电流的产生原因是磁场的变化。

策略二:提示相关知识,引导学生进行演绎推理、类比推理。

运用相关知识,特别是原理性知识,推演出特定现象形成的因果机制,是做出合理假设或假说的另一个重要途径。在教学中,教师可以提示相关知识,引导学生做出合理假设。比如,在电流热效应的教学中,针对电流通过电热器所产生的热量与哪些因素有关的问题,教师可提示学生:"电热器是由电阻构成的,想一想,电热器如何才能发热?"这一方面启发学生想到"电热器发热必须要有电流通过,因此电流可能是影响电热器发热的一个因素",另一方面,也让学生想到"电热器相当于一个电阻元件,因此它产生的热量可能与电阻的大小有关"。这样,通过提示相关知识,引导学生对电流热效应的形成机制做出了合理猜测。对于一些需要比较复杂的逻辑推理过程的问题,教师也可以通过提问、诘问等方式引导学生完善自己的逻辑推理过程。下面两则案例分别展示了教师是如何引导学生进行演绎推理、类比推理,形成合理的假设或假说的。

[案例 4-10]

(在一节物态和沸点变化的课上,一班 13 岁的学生正从事着他们熟悉的活动:在燃器上加热一烧杯水,以一定的时间间隔记录水的温度。)

T:你期望水温会怎么样?

P_1:当水受热时,温度会升高,大约 100℃时,水会蒸发。

P_2:水应当在 100℃时蒸发,因此它可能会冒出这个烧杯,水温在 100℃左右时,才能蒸发。

(过一会)

T:嗯,发生了什么?

P_2:温度停在 103℃,最后两个记录(指着最后的两次试验)。我们没有记录下这两次。

T:那是你所期望的吗?

P_3:我本来以为温度会一直上升,但它停在103℃,它不再上升。

T:为什么你认为它会继续上升?

P_2:因为它会的,本生灯(Bunsen Burner)还在烧,可水却没有变得更热。

T:那么,你如何解释?

P_2:我不知道。

P_1:我不知道,水正在蒸发成蒸汽。

P_2:可能是蒸汽把热带走了。

P_1:因为当你用手感觉蒸汽时,它是热的。

T:当你说"把热带走"时,你的意思是什么?

P_2:嗯,蒸汽包含着这么多的热,而且它带走的热正好使水保持在沸腾时的恒温。(P. 斯特弗,等主编;高文,等,译,2002:306-307)

在这段教学对话中,教师引导学生聚焦异常的现象(与他们的预期不一致),加以演绎推理:"本生灯还在烧,水却没有变得更热+水正在蒸发成蒸汽(蒸汽是热的)——蒸汽把热带走了——蒸汽带走的热正好使水保持在沸腾时的恒温",形成了对现象的合理解释。非常值得重视的是,这个推理过程不是同一学生完成的,也不是一次性完成的,而是学生在集体讨论中经过几个来回才得以实现。其间,教师以"你如何解释"的提问促使学生深入思考,将推理进行下去;又以耐心的等待给学生留下继续思考的机会,以"你的意思是什么"的追问帮助学生澄清思路、发展观点。总之,他扮演的与其说是教授者、指导者,还不如说是"思维的促进者""知识的助产士"更恰当些。通过严密、系统的演绎推理,是可以做出合理的假设或假说的;教师应当特别注意提供这样的机会,让学生充分运用自己的理性做出假设、假说,而将自己的责任锁定为要求、协助学生"反求诸己",运用好自己的理性。

[案例4-11]

师生共同复习有关静电场的知识(具体内容略)

师:大家学得很扎实,提到电场,我突然想到了另一个场,你们猜猜我想到了什么场?

生:重力场。

师:对! 比如我们在感知看不见摸不着但却实际存在的重力场时,采用的方法是放开空中的物体让其自由下落,在感知静力场时我们采用了类似的方法。

师:下面我们就来看看它们还会不会有其他更多的相似处。干脆我们将重力场的各种性质一一罗列出来,一条一条研究,看静电场是否也如此,如果是,那就说明类比法确实是有效的!你看,重力场具有性质1、2、3、4、5,通过类比就可以比较容易地发现静电场的性质1、2、3、4、5。

生:我想到的重力场的一个性质是重力做功与路径无关。通过类比,静电力做功可能也与路径无关。

师:这位同学的猜想是否正确呢?让我们对这个猜想做个证明。来看这样一个过程,看屏幕,小球在匀强电场中沿1、2、3三条路径由A处移动到B处,这三次静电力对小球做功各是多少?

生:(议论)

师:刚才证明重力做功与路径无关时我们是从做功的定义出发的,即比较力与力的方向上的位移……

生:都是qEh,因为静电力均为qE,力的方向上的位移均为h。

师:这是匀强电场中的情况,对于非匀强电场中的情况,我们现在的数学水平还不足,但可以证明,非匀强电场中的情况也一样,也就是说,与我们猜想的一样,静电力做功确实与路经无关,这是静电场与重力场又一相似之处!

生:在重力场中,通过重力做功使重力势能转化为动能。静电场中是否如此呢?

师:我们再看一个现象(泡沫小球悬于铁架台,用经丝绸摩擦后的玻璃棒靠近小球,先吸引后弹开),我们看到,小球的动能增大了,什么原因?

生:是静电力做功,使小球动能增大。

师:没错,在静电场中,通过静电力做功小球的动能增大。比较一下,这中间应该缺一项吧,这应该是一种什么能量呢?

生:势能!

师:我也是这么想的!这样才够完美!科学家和我们一样想到了这里需要引进新的概念——电势能。

生:重力势能取决于重力场力和物体在重力场中的相对位置。电势能也应该取决于静电场力和物体在静电场中的相对位置。

师:很好,当然这是我们希望的,学到后面我们将可以轻易地证明这一点。重力场的零势能面的设定是任意的,静电场也是如此,但人们一般设定无穷远和大地为零势能面,为什么这样呢?同样处于对美的追求——简约之美——只有这样,相关物理方程的形式才是最简单的。物理学并不像某些同学想的那样是枯燥的,物理学是美的。世界上并不缺少美,缺少的是……

生:发现美的眼睛!

师:希望我们每一位同学都有这样一双发现科学之美的眼睛。请看屏幕,小球从 A 下降到 B 的过程中,重力做了多少功?

生:$mghA-mghB$

师:也就是说,重力做的功等于重力势能的减少量,重力做正功,重力势能减少,重力做负功,重力势能增加。那么,相应的,静电场中的情形又是怎样呢?

生:电场力做的功等于电势能的减少量,电场力做正功,电势能减少,电场力做负功,电势能增加。

师:很好,据此,如果我们将一个点由 A 位置移动到无穷远,我们就很容易得到这样的关系,$WE=EpA-0$,即电荷在某点的电势能等于静电力把它从该点移至零势能位置所做的功。

在这个案例中,教师引导学生展开类比推理,由重力场的若干性质推演出电力场的相应性质。一方面,教师正面阐述了类比法的实质;另一方面,他启发学生联系已有知识,给"电力场"找到适当的类比物——"重力场",随后引导学生由重力场的性质——推演出电力场中静电力做功与路径无关、电势能的影响因素等性质。当然,由于类比法得到的结论具有或然性,本质上是有待检验的假设或假说。教师在强调类比结论的这一本质特点上,显得不够。

策略三:简要或间接地提示解释现象的基本思路。

解释性科学探究中假说的形成往往不依靠严密的逻辑推理,而借重于直觉、想象等非逻辑思维。这就是说,形成如何解释现象的假说,是主体的自由创造。其间,灵光一闪的"金点子"是至关重要的。有了这个"金点子",几乎所有的待解释现象都有了内在联系,解释的系统也呼之欲出。这个"金点子"其实就是解释现象的基本思路。在教学中,学生由于缺少长期艰苦的思考和探索以及丰富的知识储备,往往很难独立形成这样的"金点子"。这就需要教师加以提示。但是,要保留学生自由探索的空间,这里的提示应当是简略的或间接的。在案例 3-8 中,吉尔伯特先生在学生面对大量月相观察数据茫然无措时,让学生考虑一个思索性实验,暗示学生通过构建"月—地—日"模型来解释月相的形成。这就启发了学生解释现象的基本思路,使学生走在问题探究的正确道路上。

(2) 协助学生收集证据的策略。收集证据,以检验假设或假说,是科学探究中不可或缺的关键环节。正是由于有效而充分的检验,科学探究才具有了区别于一般的问题探索和解决活动的本质属性——科学性。引导学生有效而充分地检验自己的假设或假说,是科学探究教学中不容忽视的重要组成部分。

策略一:引导学生由假设、假说推出直观现象。

假设或假说往往是抽象、非直观的,因而不是可以直接检验的。在这种情况下,联系已成定论的知识,与假设或假说联合推演出直观的现象(包括可直接观察的以及可间接观察的现象),就是必须的。在试图收集证据检验假设或假说时,学生常常对此缺少明确意识,显得茫然无措。这时,教师可以点拨作为推理前提的已成定论的知识,也可以直接辅助学生的推理活动。在下面的案例中,教师先提示学生相关知识点;在发现学生依然思路受阻时,又进一步启发学生由假设的物质结构推演出其性质,以付诸实证检验。

[案例 4-12(续案例 4-7)]
(问题:利用二氯甲烷性质与结构之间的关系,推断出甲烷分子的空间结构)

教师提示:每一种物质在一定条件下有固定的熔点、沸点和密度。

师:请同学们利用已知信息,两个同学一组,设计探究方案。

生:设计探究方案(约两分钟时间)。

师:有没有同学已经设计出方案?请举手。

生:(没有声音,也没有举手)

师:如果甲烷是平面正四边形结构,那么二氯甲烷的结构有几种?

生:(大声)两种。

师:哪两种?

生:一种是两个氯原子相邻,另一种是两个氯原子相对。

师:很好。

师:根据提示,我们知道,每一种物质在一定条件下有固定的熔点、沸点和密度。如果甲烷是平面正四边形结构,那么,实验测得二氯甲烷的沸点理论上会有几种?

生:两种。

师:下面请同学们再思考一下,理一下思路,设计出探究的方案。

师:(又过了一分钟)勇敢一点!科学需要探索,探索需要有一颗勇敢的心。

生:实验测定二氯甲烷的沸点,如果只有一种数据,说明只有一种二氯甲烷,由此说明甲烷是正四面体结构。如果有两种数据,就说明甲烷是平面正四边形结构。

师:非常清晰!是否所有的同学都理解了?下面我把整个过程再叙述一遍。(霍益萍,等主编,2010:116-117)

案例中,教师一开始就提示学生"每一种物质在一定条件下有固定的熔点、沸点和密度",但学生还是没有打开思路。随后,教师又抛出"如果甲烷是平面正四边形结构,那么二氯甲烷的结构有几种"的问题,引导学生联系前面提示的知识,由假设的物质结构推演出物质的性质——有两种结构就有两种沸点,从而帮助学生设计出合理可行的实验方案。不过,美中不足的是,在由假设推演出检验方案的过程中,教师"导"得过多、过实了些,导致学生的主体性发挥不够。这可能与我国的教师喜欢由自己掌控课堂、倾向于讲授的教学习惯有关。其实,在教师提出"如果甲烷是平面正四边形结构,那么二氯甲烷的结构有几种"的问题以后,完全可以等一等,让学生自己完成整个推理链条。

策略二:指导学生运用收集证据的方法、技术。

收集证据有一系列成熟的方法、技术,如实验法中下操作性定义、变量控制、无关变量排除、变量分离等技术。是这些方法、技术的恰当运用,保证了所收集证据的可靠性、有效性,进而保证了整个科学探究的客观性、科学性。指导学生运用好这些方法、技术,是探究教学的重要内容,也是科学探究教学开展的重要途径。要避免脱离探究内容,孤立、单纯地教授方法、技术的做法,而尽量结合具体的探究内容,指导学生运用这些方法、技术解决探究中遇到的具体问题,去体验方法、技术运用的方法论意义,去反思方法、技术运用的思维过程。

[案例4-13(续案例4-5)]

(学生提出各自的问题以后)

弗洛里斯女士把全班分为几组,要每组选出一个他们喜欢的问题来调查并设计一个具体实施的方案。第二天,各小组报告了他们已经记录在实验笔记本中的调查方案。弗洛里斯女士问一组学生如何设计才称得上是"公平"的实验(即控制变量的实验,下同)。例如,一组同学想调查蚯蚓喜欢含多少水分的土壤,弗洛里斯女士问道:"如果你想知道蚯蚓喜欢下面哪种土壤:非常湿的、湿的、一般湿的或干燥的土壤。你把一条蚯蚓放在装有非常湿的土壤的瓶子里,一条放在装有湿土的瓶子里,第三条放在一般湿的土壤的瓶子里,然后把一只瓶子放在太阳底下而另外两只放在阴凉处,请问这样的实验公平吗?""不公平!"一个学生叫道,"因为太阳底下的瓶子会变热,而蚯蚓不喜欢热,这就是它们为什么钻在地下的原因。你这样做不能够说明它们到底是不喜欢热还是不喜欢什么样湿度的土壤"。弗洛里斯女士选了另一小组设计的调查方案来评价学生是否理解了"公平"实验这一观点。

弗洛里斯女士接下来问几个小组如何知道蚯蚓最喜欢什么样的地方,学生们的答案多种多样。有人说如果蚯蚓长大了并有了"孩子",则说明它们喜欢这个地方;还有几个人说如果蚯蚓死了,就意味着那是它们不喜欢的地方。有一个学生建议设计一个为蚯蚓准备了不同土壤环境的实验,这样蚯蚓爬到什么地方就等于告诉你它喜欢什么样的土壤。

在明白要寻找什么样的证据以及怎样准备一个"公平"的实验后,学生们很快地埋头于他们的调查中。一组研究蚯蚓如何产卵的问题,同学们忙着使用放大镜检查土壤中发现的卵,并把它们画下来,然后把画的图和从图书馆借来的书上的图进行比较,并查阅了蚯蚓的其他特征。

有两组学生在研究蚯蚓对它们所处环境变化的反应,他们努力想把湿度、阳光和温度变化都考虑进去。弗洛里斯女士从"如果这样,将会发生什么?"问起,问了一些指导性的问题,希望学生能够发现每次只研究一个变量的价值。对此,她以后还会检查。另一组学生想知道蚯蚓吃东西的习惯。他们决定把不同的水果、蔬菜的薄片放入土壤里,然后计算蚯蚓洞的数目,并把它作为蚯蚓喜欢吃什么的证据。还有两组在一个玻璃容器里放置了一个废弃蚂蚁堆,观察蚯蚓在不同土壤之间的移动。

……

在最后几天的研究中,弗洛里斯女士和学生集中讨论了在探究中使用的思路和实施方法。学生们学到了所有的解释都必须得到自己观察证据的支持。弗洛里斯女士教他们如何对照书上的科学报告以及别人的观察来检验自己的解释。学生们讨论了怎样做一个公平的实验来使自己确信得到的答案和解释是合理的。他们回顾了如何使用手持放大镜、直尺、天平来进行观察和测量。(国家研究理事会科学、数学及技术教育中心,等;罗星凯,等,译,2004:42-44)

  这则案例中,弗洛里斯女士将收集证据的方法和技术的教学与学生具体的问题探究很好地结合在一起。她引导学生思考对于蚯蚓喜欢的生活环境的实验,怎么设计才算是"公平"的,希望学生发现每次只研究一个变量的价值。她提出"如何知道蚯蚓最喜欢什么样的地方"的问题(这其实是如何下操作性定义的问题),激发学生的深入思考和广泛讨论,从而设计出可靠、可行的实验方案。不仅如此,在研究后期,她和学生集中讨论了在探究中使用的思路和实施方法,以强化学生的证据意识、控制变量意识。在整个教学过程中,教师适时地在学生"做科学"的过程中穿插方法、技术的指导和点拨,既容易被低年级的孩子理解、接受,又充分发挥了孩子们的探索潜能(不但是对具体问题的探索,也是对研究方法、技术的探索),很好地培养了孩子们的科学探究兴趣和科学探究精神。在我们的教学中,尤其要注意,方法、技术的教学不仅是操作的问题,更是方法论意识的问题。要使学生形成"收集证据是否可靠、有效、可行"的反思意识,而不是仅仅机械地遵循观察、实验操作的程序、规范等。这就要求教师一方面适时点拨具体的设计思路,使学生主要依靠自身的智慧设计出合理、可行的实验方案;另一方面在提高学生的元认知水平上下功夫,不仅教给学生实验设计的一般方法和技术,而且指导学生反思自己的设计过程,使之对设计活动进行有意识的自我定向、监控和调节。

策略三:引导学生通过理论推导形成证据。

  对假设或假说的检验不仅可以来自经验归纳,也可以来自理论推导。在这种情况下,据以推出假设或假说的所有理论前提都应该是得到确证的,这样,推导的结论才能在逻辑上,同时在经验上为真。在教学实践中,教师可通过提示理论前提或点拨推导过程帮助学生形成理论证据。

[案例4-14]

  (学生根据自己的知识和经验做出并联电路中总电阻小于分电阻的猜测之后)

师：大家的猜测都有一定的道理，但我们需要更为充足的理由，更为可靠的依据，同时也希望得到更为精确的结论。如果我们能推导出并联电路中总电阻与两个分电阻的关系式，这个问题也就迎刃而解了。

教师对学生的推导进行引导：

师：我们已知什么？目标是什么？

生：已知 R_1、R_2；R_1 和 R_2 并联。目标是得出 $R_并$ 与 R_1、R_2 的关系式。

师：对于并联电路，我们还知道些什么？

生：并联电路中，各支路电压相等，并且等于电路的总电压。

师：尝试画出一个并联电路图，在电路图上标出已知量和未知量。你能建立已知量和未知量之间的关系式吗？注意：这些关系式应当包含 R_1、R_2 和 $R_并$。

生：所画的电路图如右图（图略）。可列出关系式：$U=U_1=U_2$；$I=I_1=I_2$；$R_并=U/I$，$R_1=U_1/I_1$，$R_2=U_2/I_2$。

师：由这些关系式，你能得出 $R_并$ 与 R_1、R_2 的关系吗？

学生进行公式推导，得出 $R_并=R_1R_2/(R_1+R_2)$ 的关系式，并由此得出 $R_并$ 小于 R_1、R_2 的结论。（郑青岳主编，2007：22-23）

这位教师的可贵之处在于，没有陷入实验检验的常规套路，而是以环环相扣的问题引导学生通过理论推导检验自己的猜测。但美中不足的是，在理论推导方法的选择问题上，教师的点拨是不到位的。因为"检验更可靠、结论更精确"并不是选择理论推导的充足理由；最为根本的理由应该是从已有的电学知识出发，完全能够逻辑地推导出并联电路中总电阻与分电阻的关系式。因此，在指导学生进行具体的数学推导之前，教师应当首先引导学生判断——由已有的并联电路知识能否演绎出总电阻与分电阻的关系，并使学生认识到，只有在做出肯定判断的情况下，理论推导才是一种理性行为。这就是说，使学生懂得在什么情况下应当运用理论推导来检验假设，才是教学启发的关键所在。

二、科学理解教学的启发艺术

科学理解教学的启发艺术同样可以分为激发的艺术和辅助的艺术两大部分。

（一）科学理解的激发艺术

1. 创设科学理论发现或应用的问题情境，引起学生深入理解的兴趣

要激起学生理解科学理论知识的兴趣，最通常的做法就是先将学生带进该知识发现或应用的问题情境中，如呈现给学生待解释的自然现象、待解决的实际问题，等等。这样的问题情境不仅会引起学生深入探究、理解知识的欲望，而且它们作为知识的情境脉络（context），更可以有效促进学生对该知识的意义建构。在这一点上，它是不同于纯粹为引起兴趣的课题导入的。比如，有教师在上"物体沉浮条件"一节时，先出示三个外形完全相同的彩色乒乓球（有两个用注射器注入适量的水），问学生：把它们浸没在水中，它们是上浮还是下沉？学生们根据乒乓球在水中是上浮的生活经验，异口同声说是上浮，一定上浮。教师就用表示怀疑的口吻说："真的是这样吗？请大家实际观察一下。"于是，教师就在全班学生注意力高度集中的情况下，把三个乒乓球都浸没在水中，然后放手。结果一个乒乓球上浮，且到一部分体积露出水面后静止在水面；一个下沉，静止在容器底；还有一个则悬浮在水中。这时有的学生感到很新奇，无形中就议论起来。有的学生则表示怀疑，但又讲不出理由来。教师随即又提出：悬浮在水中的乒乓球，是否浸在任何液体中都悬浮？接着把这乒乓球从水中取出放进盐水里，结果乒乓球在盐水中上浮。这些意想不到的浮和沉的问题，在学生头脑中产生了许多问号，求知的欲望达到高潮。这时，再让学生自学课文来解答这些问题，自学效果自然很好。

要着重指出的是，教师创设的问题情境，应是复杂、真实、具体的，是不能通过简单重复或机械套用书本上的知识来加以解答的。学生需要对书本知识加以充分理解吸收，继而才能用以解答问题。这样，创设的问题情境才能真正起到促进学生科学理解的作用。

2. 暴露学生原先理解的不足，激发认知调节、深入理解的潜能

依据建构主义理论，学生对许多科学概念并非预先毫无认识，而是拥有一些建立在日常生活经验以及先备知识基础上的相关的"前理解"。如果暴露出这些"前理解"的不足，应当可以激发学生进行认知调节、深入理解该科学概念的潜能。在以下的教学片断中，教师先引导学生描述出自己对"力"最初的理解，结果暴露出学生之间的观点差异；这种差异正是将学生的理解引向深入的最好契机。

[案例 4-15]

今天刚上课时,他(赫尔先生)问学生:"刚听到'力'这个词时你想到了什么?"回答中有:"万有引力是力。""就像我推一辆小汽车一样,推力是力。""在某个物体上的推动或拉动是力。""力是让某人做他不想做的事。"

当学生们继续讨论他们的最初想法时,赫尔先生把这些想法写在黑板上并分成两类:力的性质,力的定义(即"力是……")。这两类问题在运动的解释单元都是很重要的。

赫尔先生想使学生们能够把他们对力的理解描述出来,于是他引导学生们构思他们的陈述。他说:"看起来,你们中有几个把力当作是一种推或拉,推和拉具有什么特性?"一个学生说:"它们有确定的方向、确定的大小。"另一个学生说:"这样看来,力是一个矢量。"矢量表述是前面的运动描述单元中的内容,学生认识到了可以应用矢量的一种新情境。

赫尔先生接着问道:"看起来矢量对描述很有用? 那你们如何用矢量来描述力呢?"一个学生回答说:"哦,一个稍长的箭头可以表示一个较大的力,箭头的方向代表力的方向。"

学生们在讨论这种表述时,赫尔先生等了一会儿,然后他把一本书放到教室前面的演示桌上。书保持静止状态,他让学生用矢量箭头表示出作用在书上的力,同时让学生注意矢量描述中长度和方向两个方面,并标注上此力是由何者所施的。在学生就这种情况画出他们的表述并加上标注时,赫尔先生在屋内巡回走动观察,以便了解哪个学生提出了何种力。

虽然学生的表述有好几种,但他知道在这些描述中会出现一种主要的区别:一些学生画出并注明是由桌子产生的向上的力,另一些则没有。在参加当地大学举办的培训班学习时他知道,这些不同是学生具有不同的力的概念的证据。学生完成他们的表述后,赫尔先生在黑板上画了两本书,一本书上只画了一个向下的箭头,在另一本书上既画了一个向上的箭头,又画了一个向下的箭头,在两个图间他画了一个大大的问号。

他说:"在这两个图中我注意到了一个很大的区别。""有一半的同学画了由桌子产生的向上的力而另一半则没有。这就表明了你们在理解力的概念上的区别。我们正开始学习力这个单元,因此最好先解决这个差异。那么,为什么有些人认为必须包括一个由桌子产生的向上的力呢?但是为什么又有其他人认为不应该包括由桌子产生的向上的力呢?"(国家研究理事会科学、数学及技术教育中心,等;罗星凯,等,译,2004:58-59)

教师引导学生说出"为什么必须包括或者不应该包括一个由桌子产生的向上的力",实际上是充分地暴露学生对力的概念的"前理解";当学生发现他们彼此"前理解"的不一致之处时,自然产生了在竞争的观点之间比较、权衡,进而印证、加深或纠正"前理解"的心向。

(二)科学理解的辅助艺术

有条理、清晰地呈现科学理论知识(或者通过教材,或者通过教师讲授),仅仅是科学理解教学的一项必要的前提条件,而不是科学理解教学本身。科学理解教学要直接作用于学生的理解活动,而不仅仅是提供理解的对象——科学理论知识。因而,除了前面提到的激起学生主动、深入理解科学理论知识的激发艺术,科学理解教学还包括帮助学生克服理解的障碍,促进理解深入的辅助艺术。要促进学生主动的理解活动,可以在学生理解的素材、理解的方式、理解的工具、理解的组织等方面施加恰当的影响。

1. 从理解的素材上说,教师的辅助主要是引入相关现象

前面有关科学理解心理过程的分析表明,科学理解的核心是观念与现象的有效连接(即解释或预测),是理论知识与直观经验的融通。因而要促进学生的理解,一个核心工作就是引入相关现象或直观经验。当然,根据学生所要理解理论的不同以及理解的不同路径(比如概念掌握的路径、概念转变的路径,等等),所引入现象的特征及其与理论之间的关系也不尽相同。

(1)引入具体而典型的现象,以促进学生对抽象理论知识的理解。

具体而典型的现象,即它们不仅是诉诸感官的,而且是直接揭示知识实质的。这些现象可以化抽象为具体,促进学生对抽象理论知识的理解。比如,在教学"静摩擦力"时,教师先通过观察和实验讲授静摩擦力的产生条件、大小和方向等,然后安排了一个特别的学生实验:"用左手掌压在桌面上,然后顺着桌面拉或推右手掌,会明显地感到有一个阻碍右手掌起动的力,这个力是什么力?它的大小和方向跟右手掌受到的拉力或推力的

大小和方向有什么关系？如果左手掌对右手掌的压力越大，顺着桌面拉或推右手掌，使它刚要发生运动时，会感到阻碍右手掌的力也越大。请试一试，并说明其中的道理。"（中国物理学会教育委员会中学分会编，1995：7）由于"静摩擦力"总是"静静地产生、默默地消失"，又常常被其他现象所掩盖，初学者往往对它"视而不见"，难于觉察它的存在。而这一实验恰好能够具体、直接地揭示"静摩擦力"的实质，为学生的理解提供最为直观的经验基础。

因此，除了直观的实验，教师也可以通过建立模型和类比的替代方法来提供理解知识的直观经验基础。比如，在教学"电动势"时，有教师将电源维持电势差的机制与抽水机维持水位差的作用原理进行类比，使学生获得对前者的感性认识。许多研究表明，教师利用类比将一些较熟悉的事物（系统、概念或物体）与抽象的事物相比较，使抽象的概念具体化，能够促进学生的科学理解。"我们之中的大多数人能回想任何一个从前我们老师所使用过的类比，来有效地帮助我们了解具有难度、抽象化的科学概念。"（Joel J. Mintzes，等，2002：362）

在科学理解的启发教学中，教师既可以在发现学生理解有困难时再引入相关具体、典型的现象，也可以先引入相关具体、典型的现象，引导学生就此发展出正确深入的理解。在下面的案例中，教师一开始就引入做匀变速直线运动的一列火车和一辆汽车的时间/速度表，让学生在分析具体数据的基础上直观、深入地理解"匀变速直线运动"及"加速度"概念的内涵及相关特征。

[案例 4-16]

教师讲述：变速直线运动的速度随时间变化，那么，怎样变化呢？物理学研究问题，一般都是从便于研究的简单现象着手。那么，什么样的变速直线运动最简单呢？意大利的物理学家伽利略研究后认为，经过相等时间，速度的变化相等的变速直线运动最简单。（用投影给出伽利略的简介）

（1）物体在一条直线上运动，如果在相等的时间内速度的变化相等，这种运动叫作匀变速直线运动。（板书）

例如，沿直线运动的一列火车和一辆汽车，在开始计时及每过 1 s 的速度 v_1 和 v_2 如下表所示：

表 1

t(s)	0	1	2	3	……
v_1(m/s)	5.0	5.5	6.0	6.5	……
v_2(m/s)	25	20	15	10	……

让学生分析表中数据,请同学回答:"汽车和火车分别做什么运动?为什么?"

学生 B:汽车和火车都做匀变速直线运动。因为,它们在相等时间 1 s 内速度的变化相等。

又例如:沿直线运动的一辆汽车,在开始计时及每过一段时间的速度 v 如下表所示:

表 2

t(s)	0	1	3	6	7	……
v(m/s)	4	6	8	10	12	……

学生 C:汽车做的不是匀变速直线运动。因为,汽车变化相同速度所用时间不同。

教师讲述:不同的匀变速直线运动,在相等时间内速度的变化通常是不同的。(放表 1 投影)教师提问:"在表 1 中汽车和火车的速度变化有什么不同?"

学生 D:汽车和火车速度变化的快慢不同。

教师讲述:在不同的匀变速直线运动中,其速度变化的快慢是不同的。为了反映出做匀变速直线运动物体的速度的变化快慢,从而引入一个新的物理量——加速度。

(2)加速度。(板书)

加速度→速度变化的快慢。加速度大→速度变化快;加速度小→速度变化慢。(板书)

放表 1 的投影,教师提问:"刚才 D 同学回答汽车和火车速度变化快慢不同,你们是怎样知道的呢?"

学生 E:在相等时间 1 s 内汽车速度变化大,火车速度变化小。

教师讲述:速度变化的快慢不但跟速度变化的大小有关,而且跟变化的时间有关。那么,下面我们来看火车以及汽车速度变化和所用时间的比值有什么意义。

火车:0.5 m/s/1 s＝1 m/s/2 s＝1.5 m/s/3 s＝……＝恒量(板书)

汽车:5 m/s/1 s＝10 m/s/2 s＝15 m/s/3 s＝……＝恒量(板书)

在教师启发引导下让学生讨论得出:① 比值的大小反映物体速度变化的快慢。② 对匀变速直线运动,该比值是一个恒量。

教师讲述:在匀变速直线运动中,速度的变化和变化所用时间的比值,叫作匀变速直线运动的加速度,且是恒定的。

用 v_1 表示运动物体开始时刻的速度,用 v_2 表示经过一段时间 t 后的速度,用 a 表示加速度,那么:$a=(v_1-v_2)/t$。(板书)

加速度的单位是由时间单位和速度单位确定的,在国际单位制中,加速度的单位是米/秒²(m/s^2),读为米每二次方秒(板书)。

放表 1 投影,教师提问:"刚才同学们已经发现,汽车和火车速度变化快慢不同。也许同学们已发现它们之间还有一点不同,是什么不同呢?"

学生 F:火车速度增加,汽车速度减小。

教师讲述:加速度不但有大小,而且有方向,是矢量。

匀变速直线运动有两种:一种是匀加速直线运动(火车的运动),其特点是:a 和 v 方向相同,$v_t > v_0$,a 为正值。(板书)

另一种是匀减速直线运动(表 1 中汽车的运动)。其特点是:a 和 v 方向相反,$v_t < v_0$,a 为负值。(板书)

教师提问:"用加速度的概念来讲,匀变速直线运动是加速度不变的变速直线运动。"(中国物理学会教学委员会中学分会编,2001:202－204)

(2) 引入未加考察的新异现象,以促使学生修正、发展原先的解释和理解。有研究者基于建构主义理论提出"预测—观察—解释"(POE)的教学模式。这种模式的实质是通过引入学生事先未加考察的新异现象,以促使他们修正、发展原先的解释和理解。在教学过程中,教师往往先提供一个实物实验状况,要求学生预测会发生何种改变,并说明改变的原因,然后要求学生仔细观察其中的变化,最后要求学生思考预测与观察间的不同,想出可能造成不同的原因,得到结论。(Joel J. Mintzes;黄台珠,等,译,2002:150)比如,两位体重相似的学生站在滑板上,让学生预测他们互推以后的运动状况,以及只有一位学生推时的运动状况,然后将预测的结果与观察的结果加以比较,并解释不同的原因。通过这一过程,学生可以发现自己先前"另有概念"(也称迷思概念、直观概念、前科学概念等)的不足,从而努力调整自己原先的理解,以适应眼前的新异现象。

在下面的案例中,教师针对学生的错误观念,不断引入学生此前忽视或无法观察的现象,以促使学生修正"桌子对书本不产生力的作用"的观念,进而发展对核心概念"力"的理解。

[案例 4 - 17(续案例 4 - 15)]

一些学生相互交换他们的想法,提出如果桌子对书本不产生力的作用,书就会落下来。另一些人认为,只需一个向下的力就可使书本保持在桌子上。还有一些人争辩说因为桌子是死的,因而不能推或拉任何东西,也不具有任何能。赫尔先生注意到许多学生认为只有主动的物体才会产生力的作用,因此像桌子这样的被动物就不能产生力。

于是赫尔先生让每个学生拿一本书放在伸展开的手上。然后他让学生在纸上再画上另外一个示意图,表示书在手中静止时作用在书上的力。

在这种情况下,大多在第一个图中没加向上力的学生现在都标出了向上的力,少数学生仍没有加向上的力。当被问到他们为什么不标这样一个力时,大多数学生说书在桌子上时他们没有画一个向上的力,所以感到在这儿也没必要画。赫尔先生指出在相关联的情境中他们努力用前后一致的推理是值得称赞的,这一点在科学和其他学科中是很重要的。

他问:"存在一个作用在书上向上的力吗?"接着,为了增加实验的显著性,他让学生另外增加几本书放在伸展开的手上,几乎所有的学生都说出存在一个由手产生的向上的力,当然仍有许多学生关心在相关情境中要应用一致的推理。赫尔先生通过写在黑板上的字对此给予肯定:"如果可能的话,有必要对'静止'的物体用相同的解释。"解释的前后一致性是科学的一个很重要的方面,赫尔先生希望学生能从内心里领会这一点。

接着,赫尔先生把一本书悬挂在弹簧上,让学生画出书在弹簧上的第三个图,并标出保持书静止的力。绝大多数学生的图中有由弹簧产生的向上的力。少数学生认为弹簧没有生命所以不能"产生"力。

赫尔先生问:"那么,认为桌子不能产生力的同学们,现在为什么说弹簧会产生一个向上的力呢?弹簧难道是活的吗?"学生回答说:"弹簧是运动的。""弹簧压缩或伸展了。"

赫尔先生让学生们考虑一下他们认为存在向上的力的情形中有什么共同之处。他暗示:书放到手上时,为了支持这本书,你能看到或感到肌肉的活动,书在弹簧上时能看到弹簧的长度发生了变化。赫尔先生指出,支持物的变化可以作为力产生的证据。他让学生去寻求可观察到的证据来支持他们的观点和推断。

赫尔先生问:"那些认为桌子会产生向上的力的同学们说说看,你们是如何产生这种想法的?"一个学生说:"(同时斜向一边做手势)物体静止时,其一侧受到一个力,必然在另一侧有一个保持其静止的力。"赫尔先生说:"我明白你是在讨论水平力,这对竖直力起作用吗?"他又引导学生们考察在不同情境下解释的一致性。在本例中,无论水平力还是竖直力,对静止条件的解释是相同的。这给出了对存在一个向上的力的一些合理的论证。

赫尔先生让学生考虑一下证据。"你有什么可观察得到的证据来证明桌子产生向上的力?"少数学生提议说桌子像弹簧一样会发生弯曲,其他同学反驳说桌子是重的固体演示桌,它很坚硬不能发生弯曲,学生提议要用一个判决性的实验来确定。"我们如何能看到桌子是否弯曲了呢?"赫尔先生问。没有听到任何建议,赫尔先生于是建议使用一个"光杠杆",他拿出一个光源(在此例中用的是激光指示器),他安装好光杠杆使光能以很小的掠角射在光滑桌面上。把屋里的灯关上,可以看见打在远处墙上的反射光。经过检查,赫尔先生确信学生们都知道,如果桌子发生弯曲,墙上的光就会移动。虽然只放一本书在桌子上时移动不易察觉,但当书堆变大,把书拿走和放回去时,就可以看见光移动了。

经过很长时间的课堂质疑、讨论和观察以及对力的观点进行探究后,学生们可以开始总结他们的课堂经验及其对理解力的概念的意义。(具体内容略)赫尔先生进一步肯定了学生的工作,他指出:"本来也可以结合主动与被动的区别来给力下定义,但由于一致性的原则和需要将我们的观点建立在观察证据的基础之上,所以科学家所用的力的概念是我们同学推出来的这种。我们现在也知道在很长一段时间里,这个概念被科学家有效地使用着。像科学家那样,我们只把现在的力的概念当作暂定的,在有新的证据表明有必要修改前我们会一直用它。"(国家研究理事会科学、数学及技术教育中心,等;罗星凯,等,2004:59-61)

很显然,在这个案例中,一些学生持有"力是主动的"这一非科学观念。教师不断引入新异的现象,如用手托书,手有向上托的感觉;把书挂在弹簧上,弹簧被拉伸;把书堆放在桌上,桌面在"光杠杆"中显示出弯曲。这些现象促使学生修正原来的假设,是物体的形变而非它有无生命,决定了它是否发出(或者说受到)了力。用事实说话,引导学生主动调整自己的理解或解释,这是符合理性自决原则的。

2. 从理解的方式上说,教师的辅助主要是引导学生通过问题探讨、解决来理解知识

积极主动的理解往往是通过问题探讨、解决来实现的。首先,可以在理论知识呈现之前引导学生进行相关问题探讨。这种问题探讨不在于让学生得出正确答案,而在于让学生熟悉、思考理论知识产生和应用的情境脉络,从而促进下面对知识的有意义学习。在美国比较流行的科学教育的"三步循环圈"模式,其核心就在于提供学生概念学习之前的问题探讨机会。第一步,教师为学生提供一个开放的机会,使他们与教师事先选择的资料进行互动,其主要目的在于使学生与这些资料发生互动时产生问题和假设。这一步骤以往被称为"发现"。第二步,教师针对学生的问题进行概念导入,提供相关的新词汇,与学生一道设计他们提出的实验方案,等等。第三步,即概念应用,学生对以往曾学过的概念形成新的认识,解决新的问题。以下是三步循环模式运用于一节九年级地理科学课的案例。

[案例 4-18]

在这节课上,教师向学生介绍契努克风的一些基本情况。那是一种温暖、干燥、快速的风,从洛基山上吹下来,然后到达洛基山东部的地区。与周围的空气相比,这种风的温度要高出 40℃~50℃。在这个例子中,教师将资料提供给学生去思考,去发现。教师请学生们分成小组,绘制示意图,解释为什么会发生这个现象。小组开始活动之后,教师听取各组的意见和评议,根据学生之间的对话,以不同的方式参与到他们的活动中。他启发一个卡了壳的小组先画出山两侧的植物。这些学生一边试着画画,一边开始讨论降雨,雨水从哪里来,云移动的模式

等等。这时候,教师走到另一组正在讨论热空气如何上升的学生身旁,然后问道:"如果热空气上升,为什么热风会向下移动呢?"

这个组的一个女孩子强调说:"这正是我不能够理解的事情!"对于建构主义教师而言,这样的话无疑像音乐一样美妙!

教师回答:"你现在知道自己的问题是什么了,别忘了风的速度也很快!"说完,教师又转向另一些他还没来得及与其沟通的孩子。

紧跟在发现活动之后的概念导入活动又如何进行呢?教师想介绍绝热压力这一概念。这是一个极其复杂的概念,如果不涉及热量的获得与散失、风速及潮湿等条件,这个概念根本无法说清楚。契努克风的运动使教师判断哪些概念要素是学生智力范围可及的。(Jacqueline,等;范玮,译,2005:144-145)

在这个案例中,学生开始时与有关契努克风的资料互动,尝试解释这一现象,并提出相关假设和问题,很好地促进了他们后来理解"绝热压力"这一复杂概念。对于教师而言,重要的不仅是提供契努克风的资料,更是密切关注学生的思维状况,引导他们提出关键的问题和合理的假设,进而在此基础上引出要掌握的重要概念。

其次,教师可以在理论知识呈现之后引导学生运用知识解决相关问题。当然,要想使这种问题解决活动促进学生对概念、定律等的理解,问题必须是非结构化的。许多研究表明,过分结构化的练习容易导致学生套用公式解决问题,从而增大无意义学习的风险。而非结构化的题目能够有效考察学生对知识的理解程度,进而促进学生在理解的基础上进行解题活动。比如下面的一道题目,"在平面上放一质量为5千克的物体,现用1牛顿的力去推(摩擦因数0.1),问摩擦力多大",如果套用公式,就会得出4.9牛顿这一与经验不符的答案。学生只有在具体分析这一问题情境,辨明静摩擦力与摩擦力这两个概念的实质性内涵的基础上,才能正确地解题。

当前,教师被倡导使用真实问题促进学生的理解。因为真实问题不仅是非结构化的,而且具有相关性和复杂性,能够引起学生积极解决问题的热情。在下面的案例中,教师提供火车转弯和汽车过拱桥这两种真实的问题情境,让学生分析它们的力学特征和运动学特征。这样,通过对水平面和竖直面上的圆周运动实例的研究,学生拓展、加深了对圆周运动相关概念和定律的理解。

[案例 4-19]

教师先展示一列火车在转弯时的照片，请学生判断火车此时是否做圆周运动，之后引导学生提出问题："向心力由什么力提供？"学生猜测可能是火车所受的弹力（由轮缘与轨道之间的挤压产生）或者是重力和支持力的合力。教师接着展示车轮与铁轨的示意图，带领学生从火车质量很大的角度分析，发现只有轮缘与轨道之间的挤压非常严重时才能提供火车所需的足够大的向心力，这样会对轮缘造成严重的损伤，显然第一种猜测是不符合实际的。

教师展示当地火车站火车驶过弯道时的录像片段，学生观察发现火车在转弯时有点儿倾斜。通过师生的对话交流，学生逐渐认识到火车倾斜时所受支持力与重力不在一条直线上，如果速度和角度合适，合力恰好能够提供向心力，轮缘就不会因为受到挤压而损伤。教师展示正在转弯时的火车截面图，对火车进行受力分析，最后得出当速度满足 $v_0^2 = rg\tan\theta$（其中 v_0 为内外轨对轮缘无侧压力时火车的速度；r 为转弯处轨道的半径；θ 为轨道平面与水平面的夹角）时，轨道对轮缘恰好没有侧压力。

接着，教师指出火车在实际运行时的速度很难在转弯处恰好达到 v_0，由学生分析实际速度大于和小于 v_0 时，向心力的变化和轨道与轮缘之间的挤压情况。教师联系当时的火车提速问题，请学生运用所学知识，分析铁路工作者为了使铁路提速所需要做的工作。教师结合示意图，分析并近似得出 $hr = dv_0^2/g$（其中 h 为内外轨的高度差，d 为轨道间距），要使 v_0 增大，需要增大 h 与 r 的乘积。与学生讨论得知，如果 h 增加过大，会导致火车翻车，所以应尽量增大 r。随后，教师指出当前我国的铁路是"客货混跑"，所以铁路改造非常复杂，对于如何攻克这一难题，对学生提出期望。

下一步，教师展示汽车过拱桥和凹形面时的示意图，请学生利用实验器材（弹簧秤、细线和重锤）设计替代实验，探究汽车经过凹形面时的情况，并对现象做出解释。然后学生分析汽车经过凹形面时所受向心力的情况，以及对路面的损坏和可能造成的爆胎事故。学生利用小玩具（可弯曲的塑料槽和小球）模拟汽车通过拱桥时的情形，分析得出在拱桥最高点处汽车对拱桥的压力小于汽车的重力，以及速度最大时的汽车受力情况。

之后，学生比较火车转弯和汽车过拱桥时的力学特征和运动学特征,分别举出在水平面和竖直面上的圆周运动实例,然后将与细线相连的小水桶中装入水,使小水桶在竖直面内旋转,而水不会洒出来。教师布置课后练习:研究为何水在最高点不会洒出来。

最后,教师利用多媒体播放学生在校园里荡秋千时,人对秋千底座的压力变化情况,以及估测自行车拐弯时受到的向心力,还请参与实验的学生讲解观察到的压力变化情况,并请感兴趣的学生带着便携式体重计亲自尝试研究。另外,请参与测量自行车转弯时向心力的同学与其他同学课后进行交流,共同研究。(郭玉英主编,2008:33-34)

3. 从理解的工具上说,教师的辅助主要是指导学生使用"概念图""思维导图"

概念图(concept map)的创始人 Novak 教授认为,概念图是某个主题的概念及其关系的图形化表示,概念图是用来组织和表征知识的工具。它通常将某一主题的有关概念置于圆圈或方框之中,然后用连线将相关的概念和命题连接,连线上标明两个概念之间的意义关系。一般而言,"概念图包括节点、连线、层级和命题四个基本要素。节点表示概念;连线表示两个概念之间存在某种关系;命题是两个概念之间通过某个连接词而形成的意义关系;层级有两个含义:一是指同一层面中的概念依据其概括性水平不同而分层排布,二是不同层面的概念图可就某一概念实现超链接"(裴新宁,2001)。研究表明,运用概念图进行学习,能促使学习者进行有意义学习,能更好地组织自己所学的概念,能较好地感知和理解概念在知识体系中的位置和意义,有效地降低自己的焦虑水平(1991)。(转引徐洪林、刘恩山,2003)

与传统教学由教师自己制作概念图,然后给学生展示、讲解不同,促进学生主动建构知识的教学往往要求教师把概念图绘制的方法、步骤等教给学生,由学生自己(独立或合作)完成。这样,概念图的绘制过程将不仅促进学生对概念的内涵和外延的深入理解,促进学生对概念之间联系乃至整个知识领域内在联系的全面把握,而且更能够发展学生有关理解的后设认知能力,培养其有意义学习的能力。比如,教师要求学生围绕"机械能"建构概念图,很多学生一开始只是孤立、机械地罗列功、势能、动能等的表达式和动能定理、机械能守衡定律的公式。当教师要求他们建立概念、定理、定律之间的实质性联系之后,学生们的思考、讨论得以深入,进而认识到功的表达式仅仅适用于恒力作用的条件,由功和能的定义推导出的动能定理则不仅适用于恒力作用的条件,而且适用于变力作用的条件;机械能守衡定律是功能原理的一个特例,必须符合特定的守衡条件,等等。这里,自主绘制概念图暴露了学生原先理解中的漏洞和不足,进而促进了他们对知识的深入理解。

思维导图(mind map)是由托尼·巴赞以现代脑科学的研究成果为基础,提出的强调人类思维自然功能——放射性思维(Radiant Thinking)表达的图形笔记方法演化而来,也有人将其译为"心智图"或直译为"脑图"。托尼·巴赞本人将思维导图定义为以下几个基本特征:注意的焦点清晰地集中在中央图形上;主题的主干作为分枝从中央图形向四周放射;分枝由一个关键的图形或者写在产生联想的线条上面的关键词构成。比较不重要的话题也以分枝形式表现出来,附在较高层次的分枝上;各分枝形成一个连接的节点结构。

思维导图呈现的是一个思维的过程,是知识和思维过程的图形化表征。学习者通过思维导图可以直观地把握整个知识系统,更好地理解和记忆知识。梁晓康等人将思维导图应用于高一化学教学,进行了一学期的对比实验。在该实验中,教师指导、要求学生在预习、听课、复习等环节绘制思维导图。结果,绘制思维导图明显提高了学生预习、听课和复习的效率,使之成为主动的有意义学习的过程;同时,对学生思维导图的及时阅读,也使教师更好地把握住学生学习、理解的状况,进而给以有针对性的指导或补救教学。最终的实验结论是,采用思维导图教学提高了学生的化学学习成绩和化学学习的兴趣,改善了他们的学习方法和习惯(梁晓康,等,2007)。

4. 从理解的组织上说,教师的辅助主要是指导学生采用小组合作的学习方式

一些行动研究表明,教师合理地指导学生进行小组合作学习,不仅可以促使学生分享彼此对知识的理解,从而拓展、加深个人原先的理解,而且有利于学生观摩、借鉴其他同学有意义学习的方式,促进自身学习方式的改善。为此,教师一方面需要帮助学生组建互利互惠、协作共赢的学习小组,另一方面需要为小组制定一些简便易行的学习规则和程序,以引导学习小组以有意义的学习方式有效地讨论知识及相关问题,从而促进学生对知识的理解。比如,教师可以规定如下合作学习的流程:某小组成员阐释特定知识点→其他成员置疑和评价→该成员回应置疑或完善阐释→下一个成员开始新的阐释。这样的学习流程,不仅有利于学生扩展、加深对学科知识的理

解,更可以让学生在观察、模仿、尝试中逐渐学会"联系原有知识和生活经验去理解知识"——这是一条极其重要的有意义学习策略。在下面的学习小组讨论片断中,学生不仅丰富和完善着对"向心加速度"这一抽象物理概念的理解,更在学习如何有效地运用这一有意义学习的策略。

[案例 4-20]

学生1(物理成绩比较好,倾向于采用有意义学习策略)率先发言:"用力抢系着重物的绳子在水平方向上作圆周运动,力量越大,速度越大,加速度也越大。你们可试试,可以感受的到。"

学生2反驳说:"可拉力并不等于向心力。"

学生1回应:"是的,但重力是不变的,因此拉力与向心力是一起变化的。"

学生3想一想,说:"我确实能感到我用力越大,或者说受力越大,重物转得越快。但这是加速度吗?"

学生1回应:"我想我们可以感受到加速度,因为速度大了,速度方向在单位时间内变化的速度也快了。"

学生点点头,说:我想说说车在转弯时往往需要减速,这里面也有向心加速度的因素……(新一轮阐释又开始了)(刘华,2011)

最后,需要指出的是,科学探究教学与科学理解教学在实践中往往不是截然分开的。科学探究教学也是促进科学理解的教学(美国的科学探究课程标准就强调通过科学探究来理解科学),而科学理解教学则可以包含科学探究教学的环节。本书之所以将科学探究教学与科学理解教学分开来讨论,一则是因为即使当科学探究与科学理解统一时,我们也可以从不同视角加以考察和指导(同一心理过程,可以从科学探究的视角看,也可以从科学理解的视角看)。二则是因为科学探究和科学理解在很多情况下是不一致的。科学理解也可以不借助正式的科学探究的方式进行。

第五章 道德认识的心理过程

从个体的角度看,道德认识是指一个人对道德现象、道德关系以及处理这些关系的道德原则和规范等的认识,其核心是对道德问题的判断及相应的推理过程。如判断具体情境下怎样做才是正当的行为,理由是什么;或者一般地思考什么是正当/不正当,如何才能成为善的,等等。

在道德认识的重要性上,或者说它与一个人的道德行为、品德之间的关系上,存在两种截然不同的看法或研究结论。一种观点认为,一个人的道德认识与他的道德行为没有必然的联系。道德的判断并不一定导致道德的行为,一个人关于道德问题的看法,同他的所作所为以及他体验到的情感没有必然联系。因而一种行为是否道德,可以不考虑行动者的主观目的及相关判断、推理而确定。与之相反的观点是,道德认识与道德行为有着紧密联系。道德行为包含内部的道德判断或道德认识的成分,一种行为之所以被认为是道德的,是因为行为者是理智的、动机是善的。一个人在精神错乱的情况下或者纯粹为了奖赏而做出了有利于他人的事,是不应当被视为"道德的"。苏格拉底曾提问:"何时跳入井中是一个富有道德勇气和胆识的行为,何时它是愚蠢鲁莽的行为呢?"显然,同样行为在性质上的分野就在于道德认识的有无上。对于事实上存在的道德认识与道德行为之间的不一致,不同理论、不同研究者的解释不尽相同。品德四因素说把个体品德看成由道德认识、道德情感、道德意志、道德行为等四个因素(即知、情、意、行)构成的心理结构系统,在形成正确的道德认识的情况下,还需要道德情感的催化、道德意志的调节,个体才能最终做出道德行为,进而逐渐养成其良好品德。这就是说,道德认识只是道德行为的必要而非充分条件;如果缺乏强烈道德情感和坚强的道德意志,个体即使做出了正确的道德认识,也可能不采取相应的道德行为。皮亚杰认为,儿童的理论形态的道德可能需要对存在于行动水平但尚未生成自我意识的道德结构的"良心"的影响。如果这种"良心影响"尚未发生,儿童的理论形态的道德判断可能仅仅囿于言语表达的水平,并且与他或她的现实的实践形态的判断决策不相一致。与皮亚杰设想在道德认知与道德行为之间存在"良心"这一触发装置不同,柯尔伯格是通过把道德判断加以进一步细分来解释知行不一致的。他认为道德判断有道义判断和责任判断两种类型。其中道义判断指对道德上正确的事物的判断,而责任判断指对担当着依据人们的道义判断而行动的义务所做出的判断。后一种判断决定着主体所说的应做与主体现实上所做之间的一致性。主体所处的道德推理的阶段愈高,主体愈能更富有责任地行动。即道德判断和道德行动间的一致性随着道德阶段的增高而同向线性地增长(柯尔伯格;魏贤超等译,2000:135-165)。

对此,笔者的看法是,道德认识确实是道德行为的一个必备要素;没有主观上"为善"的动机和"为善"的理智决定,就不能说一种行为是"善"的。我们不否认好的行为习惯养成的重要性。但必须强调,随着主体理性的发展,这种行为习惯的道德意蕴应该得到主体的反省和确认;否则,它们就会因为缺少道德认识的成分而成为非理性的、非道德的行为。此外,在一些情况下道德主体似乎没有经过道德认识的过程,是在"不假思索地"为善。而实际上他在以直觉的方式进行道德认识和道德判断,因而,这也应该被视为真正的道德行为。

另一方面,有了道德认识,并不必然导致道德行为。现实生活中存在大量的道德认识与道德行为不一致的情况。知易行难的根本原因在于道德行为往往需要意志的努力。主体如果意志薄弱或缺乏,即使其道德认识再深刻,也不会积极发出道德行为。从这一点上看,再好的道德教学也不能解决使人为善的所有问题。培养意志、养成行为习惯,必须留待各种学校实践活动来实现。不过,除了意志,好的道德教学对于培育真正道德的人,还是大有作为的。因为道德教学致力发展的道德认识能力不是纯粹理智的,而是糅合着情感的因素;同时真正的道德认识是自我卷入性的,即与自我切身利益以及自我意识、自我概念、自我责任等密切相关,而不仅仅是一种自我置身事外、纯粹理论状态的应然判断。这种完整意义上的道德认识,与道德行为的相关程度必然比我们现在看到的高得多。因而,我们无须悲观地认为道德教学只能培养夸夸其谈的伪君子。实际上,拓展我们对道德认识的理解——在本书中,道德认识不仅指对道德问题纯粹理论状态的判断和推理,更指对道德问题自我卷入式的思考和决策,是理智与情感的统一、道义判断与责任判断的结合。开发和实施旨在培育这种完整意义上的道德认识能力的道德教学,同时,将之与引导学生开展道德实践的教育活动结合起来,我们的道德教育目的或许有实现的可能。

第一节 关于道德认识的理论解释

在古今中外的道德哲学(伦理学)、道德心理学思想和理论中有很多关于道德认识如何进行的解释。这些解释或多或少、或深或浅地揭示了道德认识的真相。但由于它们大多以某种宏大理论的建构为目的,带有特定的理论立场、理论视角、理论预设,不可避免地有着以偏概全甚至偏颇失当之处,需要批判地加以审视和吸收。

一、儒学对道德认识的解释

儒家有关修身的学说包含着对道德认识过程的解释。首先,孔子确立"仁"为道德的核心,同时也是道德修养的核心和终极目的。"仁"即"爱人",对他人的关爱之心。《论语·颜渊》中记载:"樊迟问仁。子曰:'爱人'。"在孔子看来,仁德是一切德行的核心、是根本。只有拥有对人能爱的仁心,才能处理好人际关系,才能行止合礼,才能派生诸德(恭、宽、信、敏、惠)。因而,就有所谓"苟志于仁矣,无恶也"(《论语·里仁》),只要立志求仁,就不会有恶行。而一个人如果没有仁爱之心,遵守礼仪、礼乐也没有什么用("人而不仁,如礼何?人而不仁,如乐何?")(《论语·八佾》)。对此,朱熹正确地指出"孔子说仁,多说体。孟子说仁,多说用"(《朱子语类》卷六)。其次,孔子提出了力行仁德的"一贯之道",也即推己及人的道德推理方法(或称原则)。仁德虽然对于道德修养来说至关重要,但却"为之难"。孔子认为"能近取譬,可谓仁之方也已"(《论语·述而》),就是说凡事能就近以自己作比,而推己及人,可以说就是实行仁德的方法了。这种推己及人的道德推理从积极的方面说,就是"己欲立而立人,己欲达而达人"(《论语·述而》);从消极的方面说,就是"己所不欲,勿施于人"(《论语·子路》)。人天生是自爱的,要达到仁德的境界就必须"推己及人"——正如我们自己想避免痛苦、屈辱、不幸等一样,我们也不应把痛苦、屈辱、不幸带给他人;正如我们自己想要成就自身、实现理想一样,我们也应该帮助他人成就自身、实现理想。这样,人们在交往时都能设身处地、为对方着想,就能够避免矛盾冲突,形成互惠、和睦的良性关系。钱穆(2005:57)诗意地描述了这种道德理想境界:"孔子教各个人的心,走向别人的心里找安顿,找归宿。……心与神,与物和合为一了,那是心的大解放,那是心的大安顿。"

"推己及人"是为仁的关键,但问题是主体如何才能这样做。孔子说"我未见好仁者,恶不仁者"(《论语·里仁》),可见推己及人之难。关于这个问题的解决,《论语》提供了两条线索,一是用外在的道德规范约束自我,即"克己复礼为仁"(《论语·颜渊》),通过克制自己的私欲,使自己的言语行为都合乎礼,从而趋向仁德。二是通过广泛的学习、探求,深入的思考,寻求治世之道,从而趋向仁德。即所谓的"博学而笃志,切问而近思,仁在其中矣"(《论语·子张》)。围绕着闻道、求道的志向,广泛地学习,切实地提问,由近及远地思考,这样或许能够修得仁德。这两条策略,一条着眼于道德行为习惯的培养,以获得为仁的感性经验;一条着眼于道德意识的提高,以获得为仁的理性自觉。二者综合运用似乎可以成就仁德的君子。然而,问题并没有得到根本解决。那就是君子修身养德的根源何在?遵守礼仪是容易的,但要一个人自觉地克制自己的私欲,遵守礼仪却不容易;博学、切问、近思也是容易的,但要一个人笃志,即"志于道",确立崇高的道德追求,却是非常困难的。

对此,后世的儒学往往诉诸性善论的人性假设或唯心主义天理观来予以解决(荀子的性恶论和唯物主义世界观是儒家思想中的一个例外)。首先,思孟学派提出人皆有四善端,修身养德无非是天性使然。"恻隐之心,仁之端也;羞恶之心,义之端也;辞让之心,礼之端也;是非之心,智之端也",因而,一个人如果知道"扩而充之矣",就会如同"火之始然,泉之始达"一样顺畅自然(《孟子·公孙丑(上)》)。与强调为善的人性根源相应,孟子特别强调道德推理的自然性。一方面,对他人的关爱是由近到远、推己及人,逐渐扩大的,所谓"老吾老以及人之老,幼吾幼以及人之幼"(《孟子·梁惠王(上)》),"亲亲而仁民,仁民而爱物"(《孟子·尽心(下)》);像墨子那样不顾亲疏远近地兼爱天下,"摩顶放踵利天下,为之",反而损害了仁义之道,"举一而废百"(《孟子·尽心(上)》)。另一方面,对他人的关爱可以得到相应的回报,换来他人的关爱,即所谓的"仁者爱人,有礼者敬人。爱人者,人恒爱之;敬人者,人恒敬之"(《孟子·离娄(下)》)。

其后,宋明的程朱理学和陆王心学尽管颇多分歧,但都试图通过唯心主义天理观来为人的道德追求找到稳固不移的根基。比如朱熹。他认为太极是宇宙的根本和本体,太极本身包含了理与气,理在先,气在后。太极之理是一切理的综合,它至善至美,超越时空,是"万善"的道德标准。"三纲五常"都是理的"流行"。人有"天命之性"和"气质之性",前者源于太极之理,是绝对的善;后者则有清浊之分,善恶之别。因而,道德修养既需要"尊德性",又需要"道问学"。"尊者,恭敬奉持之意。德性者,吾所受于天之正理。""尊德性,所以存心而极乎道体之大也。道问学,所以致知而尽乎道体之细也。二者修德凝道之大端也。不以一毫私意自蔽,不以一毫私欲自累,涵泳乎其所已知。"(朱熹:《四书章句集注》)这就是说,主体先要明"理"所在,自觉地承担天赋的道德责任,然后自觉地学习、遵守各种具体的道德规范,最终做到"去人欲,存天理",使人欲合与天理,"欲与理合"。再如陆九渊,他反对朱熹的"心外有理"的观点,提出"心即理"的哲学命题,断言天理、人理、物理只在吾心中,心是唯一实在:"宇宙是吾心,吾心便是宇宙"。他认为人们的心和理都是天赋的,永恒不变的,仁义礼智信等封建道德也是人的天性所固有的,不是外铄的。学的目的就在于穷此理,尽此心。人难免受物欲的蒙蔽,受了蒙蔽,心就不灵,理就不明,必须通过师友讲学,切磋琢磨,鞭策自己,以恢复心的本然。修养功夫在于求诸内,存心养心。具体方法是切己体察,求其放心,明义利之辨。他自称这种方法为"简易功夫",是"立乎其大者",是"知本",是"明本心"。实际上,宋明理学这种通过唯心主义天理观为道德寻找稳固不移根基的思想方法,本质上是宗教性的;它与孔子当初朴素的寻求治世之道的思想方法已然背离。

二、古希腊伦理学对道德认识的解释

在古希腊伦理学思想中有不少关于道德认识的解释,但比较系统并产生深远影响的主要还是苏格拉底、柏拉图以及亚里士多德的伦理学思想。首先,苏格拉底将哲学探索的焦点由自然转向了人自身——"认识你自己"成为苏格拉底及其以后古希腊哲学努力的方向。而在人的诸多特性中,苏格拉底实际关注的主要是人的伦理性、道德性。他所说的"德"是事物使自身充分发挥功能和作用的品质,"美德"也就是人使自身充分发挥功能和作用的一切美好品质。苏格拉底认为,雅典社会中那些自称为有美德的人实际上不懂美德为何物(苏格拉底讽刺其实就是要暴露出人们对美德无知而自以为知的普遍错误),因而在行动中也就偏离了美德。在这种情况下,他提出"美德即知识"的命题,强调人们必须通过对美德诸概念的辩证思考,以获得对美德的真理性认识。对美德诸概念的辩证思考其实就是由特殊上升到一般的归纳方法的运用。苏格拉底与人对话,"总是引导人们离开个别(殊相)而去思考普遍(共相);通过揭露对方的矛盾,寻求事物的底蕴,意在得出某种定义或概念"。在获得一般概念之后,再将之"应用于特殊的事物,从而概念便成为认识事物的指导原则"(孙道天,1982)。这就是苏格拉底倡导的最好的认识美德、实践美德的方法。

在道德认识上,柏拉图继承了苏格拉底的思想,突出抽象的、普遍的理性认识的重要性,甚至唯一性。他把世界分成现象世界和理念世界,称前者为"可见世界",后者为"可知世界"。在他的洞穴比喻中,他用可见世界的"光"喻指习惯或经验或传统习俗中的善,用可知世界的"太阳"喻指善的理念,即构成整个宇宙基本秩序和价值体系的至善。现象世界的善分有了理念世界的善的理念而成为善,就像可见世界中的光来自于可知世界的太阳一样。道德认识从根本上说,就是灵魂从可见世界转向可知世界,从现象、意见中解放出来,而看到至善。灵魂转向即灵魂转向它本真的状态,这就是灵魂的回忆。在人类灵魂的记忆中,从它的无形的、非现实的存在时期开始,好像就已有了善、美、相称、公正等理念。而灵魂转向自身的内省和回忆,是要使这种记忆具有现实意义,要忆起早已瞥见过但却忘记了的东西。为了做到这一点,人恰恰应该内省,应该尽量仔细地使灵魂摆脱肉体,从肉体的各个部位把灵魂聚合起来,专注于自身;而且无论是现在还是将来,在灵魂从肉体这个枷锁解脱出来之后,都应尽可能地独自生活。灵魂转向实质上是要求激情和欲望听从理性的指挥,使人的灵魂的每一部分协调一致。在《会饮篇》中,柏拉图借助厄罗斯的神话形象描绘了灵魂转向的过程:首先是对一个完美的肉体的爱,但是一旦爱上了性情、举止和精神品格之后,肉体的完美就变得微不足道了;其次,由对完美的性情的爱奠定了通向对知识的完美的爱;最后,是对一切美的事物的自在之美的认识和热爱。这个灵魂逐步跃升的过程,是知识与快乐合而为一的,因而灵魂趋于"至善"就既具有超越性又具有自然性。

在对道德行为的解释上,亚里士多德转而强调习惯养成。强调意志的作用,不过同时他也保留了苏格拉底—柏拉图的理性主义传统,强调主体理性认识的重要性。他认为一个人采取完善的行动需要道德德性和明智(也译作实践理性、实践智慧)一起发挥作用。道德德性以选取感情与实践中的那个适度为目的,避免过度和不及。比如勇敢就是恐惧与信心方面的适度,公正就是过多与过少之间的适度,等等。适度可以真正使我们好并且使得我们的活动完成得好。道德德性正是在这一意义上被称之为德性。道德德性既不出于自然,又不反乎自然。它是通过习惯养成的,即在从事合乎德性的行为中养成相应德性。与此同时,亚里士多德又说,道德德性所追求的这个适度是由逻各斯(即理性)确定的,或者更准确地说是由分有逻各斯的明智所把握的。"明智是一种同善恶相关的、合乎逻各斯的、求真的实践品质。"(亚里士多德;廖申白,译注,2003:173)这里,明智的"求真"所求的不是知识之真,而是意见之真,是使人考虑具体情况下怎么做才是达到适度目的的正确手段。这就是说,通过"明智"得到的不是苏格拉底—柏拉图所追求的普遍的抽象的道德知识,而是具体的有关实践的意见;通过"明智",人能够根据具体事实对适当的人、以适当的程度、在适当的时间、出于适当的理由、以适当的方式做这些事,把这些事做得难得的、值得称赞的、高尚[高贵]的。因此,亚里士多德总结说:"明智和道德德性完善着活动。(道德)德性使我们的目的正确,明智则使我们采取实现那个目的的正确的手段。"(同上:187)明智使原来类似德性的品质成为严格意义上的德性,"离开了明智就没有严格意义的善";同样,"离开了道德德性也不可能有明智"。(同上:190)这样,在强调道德的习惯养成和意志努力成分的同时,亚里士多德以"明智"这一概念来说明其中认识的作用——主要是考虑具体怎么做才是适度的、合德性的,才是使我们好并且使得活动完成得好的。说到底,道德是通过道德行为而实现的,而道德行为从根本上又由人们实践的理性(即明智)所具体决定。要指出的是,由于亚里士多德认为道德认识是实践理性的具体运用,也就没有考虑其中是否存在普遍的、一般性的内在机制,更没有试图做出理论解释。这就给后人留下了巨大的发挥空间。此外,在道德发生的根源问题上,亚里士多德完全归结于主体自身,而忽略了社会或者说与社会相互作用的方面。亚里士多德认为人之所以要行为适度,合乎道德德性,从根本上是因为人生的终极目的就是获得幸福或最高的善,而"人的善就是灵魂的合德性的实现活动"(同上:20)。这就是说,其推理链条是:人生的终极目的是获得幸福,并且幸福是德性的实现;所以,人要实现其德性,使行为适度。这一以德性自身实现为目的的道德发生学解释,对后世的道德学说产生了深刻影响,比如康德关于自由自律的道德主体的学说,再如人本主义心理学的自我实现理论都多多少少带着它的影子。

三、规范伦理学对道德认识的解释

狭义的规范伦理学,又称"应该伦理学",只涉及主体间的行为规范问题,而不包括古代伦理学中对个人而言什么是真正的善、什么是真正的幸福的根本问题。规范伦理学主要以边沁、密尔等人的功利论和康德的义务论为代表。与古代伦理学把道德的规范和价值维系于外在的、不依赖于人的意志而存在的客观宇宙或上帝之上的做法不同,功利论和义务论都试图从人身上寻找行为正当的标准。于是,功利论和义务论对各自行为正当之标准的论证,其实也是对人类主体如何进行道德认识的解释。

边沁、密尔等人的功利论认为人类行为的全部动机就在于趋乐避苦,能否得到最大的快乐或幸福是衡量行为善还是恶的唯一标准。换句话说,所谓道德认识其实就是权衡行为的后果能否给自己或相关者带来最大的快乐或幸福(即最大幸福原理)。然而,"什么是快乐或幸福的最大化","如何衡量快乐或幸福的大小"却是非常棘手的问题。边沁认为所有的快乐或幸福没有质的区别,而只有量的差异。他提出用"幸福计算"的方法计算一种行为带来的苦乐价值的大小。即先依据强度、持久性、确定性或不确定性、时间上的远近、继生性、纯度、范围大小等七个因素对某个行为首先产生的快乐或痛苦的价值进行计算,然后对那个行为的初次快乐或痛苦以后产生的每一快乐或痛苦的价值进行计算,最后总计所有快乐的一切价值和所有痛苦的一切价值,将这两个方面加以衡量。如果快乐的价值量大于痛苦的价值量则为好,为善;反之,为坏,为恶。对个人的行为是如此,对社会的总的行为也当如此计算和衡量。边沁把社会利益看成是所有个人利益的总和,每个人在追求个人利益时,自然就增加了社会利益,只要每个人都在追求他的最大利益,也就达到社会全体的最大利益,由此,真正应该重视的是个人利益。

密尔修正了边沁单纯从量上衡量快乐的观点,认为快乐有"高级快乐"和"低级快乐"之别,人的心智快乐高于物质快乐且更持久,"宁可做一个不满足的人,也不做一头满足的猪;宁愿成为不满足的苏格拉底,也不愿成为一个满足的白痴"。(密尔;叶建新,译,2006:25)于是,在他看来德性不仅是一种求幸福的工具,而且也变为幸福目的本身。"由于它(德性)有利于满足我们的原始欲望,要不就是与这种满足相关联,它自身就成为快乐的来源,而且不仅在永久性程度上,在它所能包括的人生范围上,甚至在强度上,都比原始的快乐更为可贵,否则生活就成了一个很缺少幸福来源的可怜的东西了。"(John Stuart Mill,1962:132)对德性幸福的认同,自然导致密尔倾向公益论,赞同为共同利益而自我牺牲。"功利主义决不是不主张自我牺牲的道德不是它所有的,而只是未把斯多亚派或超验派的道德看成是正当合理的。功利主义的道德认识到在人们之中为了其他人的利益牺牲他自己的利益的力量。它只是拒绝承认牺牲本身是一种善。一种牺牲如果不增加或不能有利于增加幸福的总量,功利主义则把它看成是浪费。只有这种自我舍弃是值得赞扬的:它是致力于其他人的幸福,或达到其他人的幸福的工具,或者是致力于人类集体的幸福,或者是在人类集体利益限度内的个人幸福。"(John Stuart Mill,1962:118)这样,通过区分快乐或幸福在质上的差别,密尔在功利主义伦理学中融入了美德论的观点。道德认识不再仅仅是衡量一己的幸福,使之最大化,而是衡量与此有关系的一切人的幸福,并使之最大化。

康德的义务论认为,真正的道德行为是主体实践理性发显的结果。实践理性是给人的行为规定先天道德律令的先验理性。这种先天的道德律令是客观普遍的规定,因而只能是理性自身形式的规定。这条形式规定就是"要只按照你同时认为也能成为普遍规律的准则去行动"(康德;苗力田译,2002:38-39)(可普遍化原则)。这条形式规定是检验具体的行为准则是否道德的标准。换句话说,只有一种具体的准则能从特殊的命题引申为普遍的命题而不自相矛盾、自我取消,它才是道德准则。比如,"不要骗人"就是这样一条合乎可普遍化原则的道德准则——因为骗人一旦普遍化以后,就意味着没有人再会相信别人,因而终因无人可骗而自我取消。再如,"要帮助别人"也是一条合乎可普遍化原则的道德准则——因为人总是希望得到别人帮助的,不去帮助别人就会最终导致自己得不到别人的帮助,而与自己的意愿自相矛盾。

在康德看来,道德主体就是听从自己先验的实践理性所规定的"绝对命令",履行自己的道德义务,义务就是"出于尊重规律而产生的行为必要性"(康德;苗力田译,2002:16)。他抛弃一切功利的算计,以自由意志战胜情感和欲望,坚定地履行自己的道德义务。"根据客观原则我们应当被命令去行动,尽管我们的全部癖好、爱好和自然性情都反对它。事实上,义务的命令的崇高和内在尊严越是明显,主观冲动越是少赞成它、越加反对它,虽然丝毫不能削弱规律的强制力或消除其有效性。"(康德;郑保华等译,1997:84-94)由于主体遵从"绝对命令"需要约束甚至排斥自己的自然情欲,这里就产生了现实生活中德行与幸福的矛盾。即德行与幸福常常是背离的,有德行者未必有幸福,享受幸福者多是恶徒。德行与幸福既不是逻辑上的同一关系,也不是因果联系。要实现德福一致的"至善",就要假设"灵魂不死"和"上帝存在"。于是,道德理想暗含了信仰上帝的要求。除了信仰,要使实践理性的法则进入人心,使之在人的主观方面成为实践的力量,必须从培植道德意识入手。但是,这不能依靠利害的劝诱,也不能诉之于感情的浪漫冲动,而要凭借对于"义务"概念的理解。康德认为,只要清除掉行为中各种不纯的动机,最为充分地揭示出动机的纯粹性,就会对人的心灵产生最大的影响,从而唤起对"义务"的敬重之心,这将给人以鼓舞的力量。

功利论和义务论对道德认识和道德选择的解释几乎是截然对立的。功利论将之归结为对行为后果的利益算计;义务论则将之归结为人类不计后果的超验的道德理性和自由意志的显现。然而,两者实质上在异中趋同。无论是最大幸福原理,还是可普遍化原则,都蕴含辩证地处理人我关系的道德真谛。在此,明智地利益算计与义无反顾地履行道德义务竟然趋于一致。实际上,功利论和义务论各自反映了道德认识的一个侧面:功利论是总体的发生学考察,解释作为总体的社会的道德认识何以产生;义务论是个体的心理学考察,描述个体在认同社会道德基本架构的前提下其道德认识中最基础、最本质的心理过程。因为它们都采用了本质主义、还原主义的方法,就难免偏颇和片面;对现实生活中异常复杂和多样的道德认识的心理过程,也就无法做出充分和全面的解释。

四、道德认知发展心理学对道德认识的解释

道德认知发展心理学试图揭示个体道德判断和道德推理发展的客观规律。因而,这里面既有对道德认识一般形式的描述和解释可供我们参考,也有对不同发展阶段道德认识差异性的描述和解释,从而提示我们道德认识不是划一的、固定的,而是多样的、发展的。本书从中采撷关于道德认识一般和特殊形式的解释加以评介。

皮亚杰认为儿童的道德认知是一个基于自身的图式或认知结构对社会因素进行积极建构的过程。道德图式或认知结构决定了主体看待和应用道德规范,解释道德行为的一般倾向。皮亚杰所梳理出的道德认知发展的阶段性脉络实质上就是道德图式或认知结构优化的阶段性脉络。这几个阶段依次是:

第一阶段:前道德阶段(1~2岁)。儿童处于感觉运动时期,行为多与生理本能的满足有关,无任何规则意识,因而谈不上任何道德观念发展。

第二阶段:他律道德阶段(2~8岁)。儿童主要表现为以服从成人为主要特征的他律道德,故又称为服从的阶段。又可细分为两个亚阶段:(1) 自我中心阶段(2~5岁),这一阶段儿童处于前运算思维阶段。其特点是单向、不可逆的自我中心主义,片面强调个人存在及个人的意见和要求。(2) 权威阶段(5~8岁)思维正由前运算思维向具体运算思维过渡,以表象思维为主,但仍不具备可逆性和守恒性。因此,这一

时期儿童的道德判断是以他律的、绝对的规则及对权威的绝对服从和崇拜为特征。他们了解规则对行为的作用,但不了解其意义。他们常以表面的、实际的结果来判断行为的好坏。认为服从成人就是最好的道德观念,服从成人的意志就是公正。如果违背成人的法则,不管动机如何都应该受抵罪的惩罚,而且惩罚越厉害越公平。

第三阶段:自律或合作道德阶段(8~11、12岁)。儿童思维已达到具有可逆性的具体运算阶段,有了自律的萌芽,公正感不再是以"服从"为特征,而是以"平等"的观念为主要特征,逐渐代替了前一阶段服从成人权威的支配地位。意识到准则是一种保证共同利益、契约性的、自愿接受的行为准则,并表现出合作互惠的精神。开始以动机作为道德判断的依据,认为公平的行为都是好的。关于惩罚,认为只有回报的惩罚才是合理的。

第四阶段:公正道德阶段(11、12岁以后)。这时儿童的思维广度、深度及灵活性都有了质的飞跃,此时才真正到了自律阶段。这一阶段的儿童开始出现了利他主义。他们基于公正感作出的判断已经不再是平等基础上的法定关系,而是人与人之间的道德关系。将规则同整个社会和人类利益联系起来,形成具有人类关心和同情心的深层品质。

从四阶段的划分及其特征的描述可见,皮亚杰强调道德认知与思维能力,特别是逻辑思维能力之间的相关性,将儿童道德认知的发展与儿童思维能力的发展对应起来。例如,将道德上的他律阶段与自律阶段间的差别,对应于前运算思维阶段与具体运算思维阶段间的差别。即他律道德实质上就是自我中心、实在论的前运算思维特征在人际关系处理中的具体体现;自律道德则是去自我中心、可逆的具体运算思维特征的具体体现。皮亚杰基于思维能力的道德认知,实际上就是主体对人与人之间、个人与群体之间付出与回报关系的运算。儿童道德认知的发展,就是这种运算在深度、广度上的发展。他律阶段的儿童只注意行动的外部结果,不考虑行为的动机;只知道服从大人的命令或规定以避免惩罚。自律阶段的儿童能意识到行为的动机并作为判断行为好坏的依据,能从平等互惠的角度理解和自觉遵守主体间或群体中的道德规则;进而能将规则与更广泛、更抽象群体的利益联系起来,自觉地从同情、关心出发选择利他行为。

皮亚杰进而推论,要想使儿童的道德认知由他律性转变为自律性,就要帮助儿童从自我中心(把别人看成和自己一样)和实在论(把主观经验同客观现实混同,如把梦境看成是现实存在的事物)中解放出来,理解到别人有着与自己不同的看法,从而发展出自己与别人不同的自我概念。因而,与同伴互动是儿童道德认知最重要的途径。在与同伴的交往中,儿童才会把自己的观点与别人的观点相比较,从而认识到自己的观点与别人有别,对别人的观点可以提出疑问或更改意见。也只有在与同伴的交往中才能认识到同样的行为也许会被别人以不同的方式所理解,导致不同的结果。同时,正是在与同伴的交往中,他们开始摆脱权威的束缚,互相尊重,共同协作,发展了公正感。

柯尔伯格在继承皮亚杰研究思路的基础上,进一步明确道德认知发展理论的基本观点。他以公正作为道德认知的核心,"在界定道德的范围方面,理所当然,公正是最基本的",(转引杨韶刚,2007:168)并将公正运算的发展水平作为衡量道德认知发展水平的核心标准。柯尔伯格认为"社会互动中的互惠与平等的公正运算"就类似于科学和数学中可逆与平衡的逻辑和数学运算,是逻辑思维与社会观点相互结合的产物。在道德认知发展的各个阶段都贯穿着这种公正运算,所不同的只是作为运算内容的社会观点。"互惠的最基本形式(阶段1)来自权力和惩罚的互惠,也即服从和避免惩罚的互惠。其次(阶段2)是基于朴实的交换,然后(阶段3)认可家庭和其他积极的社会关系是基于感激以及两个社会合作者对期望的互惠性维持的互惠系统。在阶段4,这种互惠范畴发展成'因工作和遵奉而获得期望,一个人必须信守他的诺言和交易契约'这一社会秩序观念。在阶段5,社会秩序的观念发展成一种自由和平等的个体间灵活的社会契约或协议观,仍是互惠(平等)的一种形式。在阶段6,道德原则被阐述为互惠性角色承担的普遍原则,例如,黄金定律或绝对命令。"(柯尔伯格;郭本禹,等,译,2004:75)

柯尔伯格围绕公正运算构建的道德认知发展六个阶段是:

前习俗水平:
第一阶段:以惩罚和奖励为定向,并且服从于体力和物质上的力量。
第二阶段:以对人类关系的工具性观点和享乐主义为定向。开始有了互惠的概念,但是强调恩惠的互换,"你替我抓背,我也帮你抓背"。

习俗水平:
第三阶段:以"好孩子"为定向;重视社会的期望,获得他直接所在的团体的赞赏;道德是由人与人之间的关系决定的。

第四阶段:以权威、法律和义务为定向,维护固定的秩序,而不管是社会秩序还是宗教秩序,因为它们被看作是首要的价值。

后习俗水平,也称原则水平:

第五阶段:以社会契约为定向,但这是在通过民主方式建立起来的秩序内强调平等和相互间的义务,可以用美国的官方道德为例子。

第六阶段:以逻辑综合性和普遍性的个人良心为原则的道德,最高的价值在于人类的生命、平等和尊严。

在这里,柯尔伯格显示出了与皮亚杰大同中的小异:同是以公正感或公正运算的发展为主线,皮亚杰以思维能力来解释不同阶段的公正感,柯尔伯格则突出价值观念、社会观点在公正运算中的作用(逻辑推理能力仅被作为道德发展的一个前提条件)。"每一个阶段本身是以进入道德决定的价值和问题决定的。以生命的价值为例,在阶段 1,生命是从当事人的力量和财产的角度上理解的;在阶段 2,生命的价值在于满足当事人或他人的需要;在阶段 3,生命是从个人对别人的关系以及别人对他的评价的角度上理解的;在阶段 4,生命是从社会法则和宗教戒律上理解的。只有到了第 6 阶段,除了其他方面的考虑之外,每个人的生命才被认为具有内在的价值。"(柯尔伯格;魏贤超,等,译,2000:6)

基于这样的道德认知发展观,柯尔伯格认同知识与学习有益于道德发展。主体的"他人观"(view of persons)和"社会透视水平"(social perspective level)特别重要,每进入一个新的阶段,这两项都变得更为复杂、更为成熟。他人观可以理解为主体对其他人心理的领会,可以描绘成一张光谱:在第一阶段完全没有其他人的观点,而第六阶段完全社会中心。同样,社会透视水平包括对社会领域的理解,对社会规范的领会。此外,柯尔伯格还强调更为直接的教育干预,如道德两难问题的课堂讨论、公正团体建设对于个体道德判断和道德推理能力发展的作用,这一假设也得到一些实验证据的支持。

以后的研究者对道德认知发展理论予以批判和发展、补充。批判之一是忽视道德发展情感方面的因素。彼得斯批评皮亚杰把智力发展作为道德发展的唯一动力,批评皮亚杰—柯尔伯格只注意到道德发展高级阶段中公正原则的运用。他认为除了公正原则,至少还有考虑他人的利益原则的运用;对道德发展而言,同情、考虑他人等积极动机以及羞耻感、犯罪感等消极动机也同样重要。吉利根批评柯尔伯格构建的道德推理发展阶段完全以公正这一道德价值为考察依据,忽视了与女性有关的关怀道德,存在一定的男性偏见;为此,她以关怀为道德价值取向,描绘出女性道德发展的三个渐进的阶段。L.霍夫曼的移情理论认为,对道德原则有"冷"认知和"热"认知的差异,道德判断、道德推理和道德原则是"冷"认知,而移情与道德原则相联系使这些原则"热"起来,即使之具有道德意义,并促进相应道德行为的产生。移情不仅促进了道德行为,而且促进了道德判断和道德原则的发展。成人的诱导更有利于促使孩子产生道德移情。这些诱导措施可能包括:允许儿童有正常的痛苦经历的体验,而不是保护他免受痛苦;为儿童提供角色承担的机会、帮助他人以及负责地关心他人的机会;鼓励儿童设身处地地为别人考虑;长期接近那些表现出利他行为的受人爱戴的榜样。

总体而言,道德认知发展心理学是从心理发生学的角度对康德义务伦理学的具体演绎。它说明康德理想中严格自律、纯粹理性自觉的道德主体是如何一步一步发展而成的:逻辑推理能力的发展与逐渐扩展、加深的他人观和社会观的联合作用的结果。这是道德认知发展心理学的重要贡献所在。然而,在道德认知发展心理学中没有给道德情感留下位置,难道它仅仅是道德认知的副产品而可以忽略不计?或者它是道德认知的动机,抑或与之平行发展、但相互影响的另一因素?更或者,关心、同情等根本性的道德情感,就如吉利根所主张的,本身就代表不同于公正道德的另一种道德类型?这是道德认知发展心理学遗留的问题之一。

此外,仅就理智方面而言,道德认知发展心理学的解释也是不令人满意的。皮亚杰主要从逻辑推理能力的角度解释道德认知的发展。柯尔伯格则加上了社会观点的角度,然而,这一补充并不完善。他所提出的道德认知发展六阶段的模型集中暴露了其中的矛盾。第三、四、五阶段的差异实际上反映了主体认同的社会的权力结构:第三阶段的主体认同个人集权的权力结构,他把自己依附于那个集权者;第四阶段的主体认同社群主义式的权力结构,他把自己依附于某个社群组织,极力维护其秩序;第五阶段的主体认同民主的社会权力结构,具有了根据道德原则解释、修改道德规范的意识和能力。这种将社会权力观与道德认知阶段简单挂钩的理论建构,具有很大的文化局限性。因为,在与美国现代民主社会不同的社会结构中,个体即使认同所处社会的权力结构——个人集权的或社群主义式的,他也很可能达到原则性道德的水平——他能够根据道德原则解释所处社会的道德规范,中国传统社会中的儒家学者、各种宗教组织中的释经者都是这样的例子。不仅如此,第六阶段的"以逻辑综合性和普遍性的个人良心为原则的道德"是一切原则性道德的特征,而不是一种可以与特定的社会道德理想相分离的、最高的道德境界。柯尔伯格将之单列出来,置于道德认知发展的顶端是与他整体的阶段模型不相匹配的。实际上,原则性道德主体总是预期着某种社会道德理想(在其中普遍性的道德原则或者由其派生的道德规范被人们广泛认同、遵守,社会和谐,德福一致)。这就是说,道德认知中必然包含对社会道德性的判断或预期。当主体认为社会普遍的道德水平不高并预期它必然如此下去时,他就倾向于不采取原则性的道德思考,而仅仅权宜性地遵守道德规范。反之,亦然。

第二节 实践视域中道德认识的心理过程

不从特定的理论立场、理论视角、理论预设出发,而是把道德认识还原到道德认识的实践情境中,"如其所是地"看待它、解释它,从而为教师理解、进而干预每个学生具体的道德认识过程提供合理的框架,就是笔者所要完成的任务。

道德认识由浅入深,由具体到抽象,有两个层次。一是基于道德规范的道德认识,一是基于道德原则的道德认识。前者往往先由外界教授一条条具体的道德规范,逐渐得到主体理解之后,主体再据此解决道德问题、进行道德决策。这是由外在力量发动的,然后经由主体内化的道德认识发展的途径。一般发生在道德教育的早期阶段。后者则往往需要主体具有一定的道德知识和经验,形成一定的价值观念和社会观念。在这个基础之上,当主体遇到复杂的、简单运用道德规范难以解决的道德问题时,他会凭借自身理性发展出依靠抽象的道德原则进行道德推理和道德判断,以解决疑难问题的理智模式。这是由问题驱动的,主体自主建构式的道德认识发展的途径。一般发生在道德教育的后期。一般而言,基于道德规范的认识为基于道德原则的认识奠定了基础:对道德规范的理解以及运用道德规范解决问题的经验,为主体基于原则的思考提供了基本的方向和素材。同时,基于道德原则的认识又是对原来基于道德规范认识的提升:主体从道德原则的层次对道德规范加以反思和运用,使之具有更加充分的理由,运用得更加灵活明智。

一、基于道德规范的道德认识

一般而言，道德规范用以明确规定特定类型的行为在道德上是被许可的或是不被许可的。前者如守时、助人、节俭，后者如不欺骗、不偷盗、不酗酒，等等。各种社会组织对其未来成员的道德教育往往都是从教给道德规范开始的。教给道德规范一方面是从行为训练着手，即通过行为塑造法（对合乎道德规范的行为给予正强化，对违反道德规范的行为给予负强化，从而养成期望的行为习惯）、榜样示范法等，培养未来成员特定的道德行为习惯；另一方面是从思想教导着手，帮助他们正确理解这些道德规范的意涵及其伦理价值。这样，通过正确理解道德规范的意涵，他们能够在不同的情境下正确地合规范地行动；通过理解道德规范的伦理价值，他们能够出于理性自觉地合规范地行动。

（一）对道德规范意涵的理解

一条道德规范首先指涉一类或几类具有一定特征的行为。比如"不欺骗"的道德规范指涉"欺骗"行为。理解道德规范首先意味着弄清楚其指涉的行为"是什么"或"是怎样的"，即把握行为的基本特征。这里面运用的基本思维方法是抽象，即从行为样例中抽象出行为的关键特征，比如先给教育对象呈现小孩子欺骗大人的典型事例，让他从中抽象出欺骗行为的"故意隐瞒真相"的关键特征，以便借之辨别不同情境下的同类行为。当然，在教育实践中，有时也会采用先提示行为特征，再给出行为样例的做法。尽管如此，其"抽象"的思维实质并没有改变。抽象可以使人把握住行为的显在特征；对于那些隐含的关键特征，往往还需要借助比较的思维方法。即通过对行为正例、反例的比较，分析出行为隐含的关键特征。比如将小孩子为了逃避惩罚欺骗大人的事例与小孩子蒙骗歹徒以自救的事例作比较，从而发现欺骗行为"为达成'坏'的目的"或"动机不良"的隐含特征。此外，由于道德规范指涉的行为往往具有比较高的抽象性，其包含的行为就不止一类，而是很多类。对它的理解就是一个随着经验积累而不断拓展的过程。还以"不欺骗"指涉的欺骗行为为例。人们可能先由最为常见的生活现象把握"故意隐瞒真相"这类行为，而随着生活阅历的丰富，他们逐渐认识到"没有正当理由地不兑现承诺"这类行为也属于欺骗行为。

其次，道德规范总是或明或暗地表达了对所指涉行为的伦理态度，这些态度或是严厉禁止，或是不认可，或是认可，或是推崇，或是高度赞赏，等等。

理解道德规范也意味着对相应态度的把握。道德规范之伦理态度的把握对主体现实生活中的行为选择具有非常重要的意义。举例而言,主体把"不欺骗"这条道德规范理解为对欺骗行为的严厉禁止,还是理解为规范意义更弱的不认可,将在很大程度上影响其遵守或违反该规范的机率:如果是前者,主体更倾向于拒绝诱惑而遵守规范;如果是后者,主体将更可能在高回报低风险的情况下欺骗他人。不同文化背景中的道德规范本身就存在约束性差异。比如不欺骗的道德规范,在世俗社会中仅具有一般性的约束力,而在宗教社会则具有强制性。再如,在西方社会,守时、诚信等公德往往被看成强制性的基本道德规范,而在中国社会,孝顺、忠贞等私德更具约束力。在价值多元、文化多元的今天,道德规范的约束性差异往往突出地表现在主体面前,从而导致其认识上的混乱。对此,我们需要整理现代中国社会的道德规范系统,区分其中的基本的道德规范与崇高的道德要求,并以各种方式使教育对象明辨两者在约束性上的差异。所谓基本的道德规范,就是对所有社会成员普遍适用的,具有很强或较强约束力的道德规范;违反它们就是"不道德的",是应该被谴责或惩罚的,因为违反它们往往对人际关系造成破坏性影响。在现代社会,这些规范最起码包括不伤害他人、诚实守信、孝敬父母、忠于职守等。崇高的道德要求是社会推崇的高标准的道德要求,其约束力弱而鼓励性强,即不要求人们普遍遵循,而只鼓励人们以之作为个人的道德理想尽力追求。这些道德要求如见义勇为、舍己为人、公而忘私,等等,遵循它们是令人钦佩、值得赞赏的;违背它们,虽不值得称道却也不应被责难。对现代社会的公民而言,明辨这两种具有不同约束力的道德规范是非常重要的:使他们自觉地恪守道德底线而成为现代文明社会的合格公民;同时,依据自己的价值观、人生观以及现实条件合理地、自由地追求更高的道德理想。反观当前的舆论宣传、道德教育常常混淆两者的区别,过度宣扬崇高的个人化的道德追求,使公众或教育对象误以为是普遍的道德要求。而过高的、不切实际的道德标准很可能导致道德的虚化——不能切实规范绝大多数人的社会行为,而沦为空悬的道德理想。

(二)对道德规范伦理价值的认识

道德规范的伦理价值就是它们对调节人际关系的作用;认识到道德规范的伦理价值,才能使人自觉、理性地遵守之,而不只是出于外部力量的控制或者长期训练形成的习惯。一般而言,对道德规范伦理价值的认识,要经历由具体到抽象的过程,即先认识到遵守/违反特定道德规范所带来的具体的伦理后果,而后再在一般意义上理解其抽象的伦理价值。

在具体阶段,人们从具体的道德事件中看到遵守某条道德规范对人际关系的增益作用,或者从中看到违反道德规范对人际关系的破坏性影响。比如,主体从"狼来了"的民间故事中能够认识到一个人撒谎会带来"人们不再信任他"的恶果;而从自己被好友欺骗的痛苦经历中,又能够感受、认识到欺骗给自己造成的精神伤害。这样,通过亲身经历或耳闻目睹的道德事件(故事),主体认识到"不欺骗"具体的伦理价值。要指出的是,道德规范具体的伦理价值与遵守/违反道德规范所产生的人为的奖惩、毁誉是不同的,它是遵守/违反道德规范在人际关系方面的实际影响、自然后果。认识到这种实际影响、自然后果,对于主体自觉的道德意识、道德理性的发展具有重要的奠基作用。一些道德哲学家、道德教育家明智地意识到,道德行为习惯的训练与主体道德理性的养成之间往往存在一定的矛盾关系;如果在行为习惯的训练过程中以灌输的方式教授道德规范,不允许主体批判性地思考,单纯依靠权威、惩罚、奖励等外部力量使主体遵从规范,将会抑制主体自身道德理性的发展,使之将来刻板地遵守规范或者走上另一极端——叛逆性地拒斥、违反规范。笔者认为,要克服这一矛盾,关键是在行为习惯的训练过程中引导主体进行反思,让主体逐渐认识到遵守/违反道德规范的自然后果,这是其内在的伦理价值,而不再仅仅是外部力量的强制性要求。这样,主体才可能更进一步发展自身完备的道德理性。

在抽象阶段,主体将由遵守/违反特定道德规范所带来的具体的伦理后果抽象出该道德规范对于维系共同体良好合作关系的一般价值。如果说在具体阶段,主体感受、认识到的主要是遵守/违反道德规范给"我"或与"我"关系密切者带来的具体影响,那么在抽象阶段,主体则以预先确立的实践目的(为维系共同体某种良好合作关系),以对所有共同体成员的共同要求(不但对方要遵守,"我"也要遵守;或者反之,不但"我"要遵守,对方也有义务遵守)来看待这一道德规范,从而将其伦理价值的认识上升到义务、良心的高度。这一由具体到抽象,由后果到目的,由功利论到义务论的"哥白尼"式转变,主要是通过换位思考和普遍化思考来完成的。所谓换位思考,相当于孔子的"推己及人",就是从自己的道德感受、道德要求出发,想到对方的道德感受和道德要求。比如由"我"自身受骗、受伤害的痛苦经历和对诚实、忠诚的道德要求出发,推知朋友在受骗时同样的痛苦感受以及同样的对诚实、忠诚强烈的道德要求,从而自觉地将诚实、忠诚作为我与朋友交往时共同遵守的规则。所谓普遍化思考,相当于康德"可普遍化原则"的具体运用,就是主体将遵守/违反道德规范具体的伦理后果加以普遍化,从而认识到这条道德规范对于维系共同体良好合作关系的价值。比如,主体将撒谎带来"人们不再信任他"的结论普遍化,得出人们要相互信任就必须彼此诚实、忠诚的结论,从而将诚实、忠诚作为一种普遍的义务加以看待。认识到道德规范一般的伦理价值,会使主体在一定程度上忽略对个人利害考虑,而从纯粹道德的角度来做出行为决策。当然,要指出的是,这时对道德规范的认识,由于有换位思考、普遍化思考的参与,实质上已经有了公正运算的成分,达到了由道德原则调节的认识水平。

(三)对道德规范的运用

运用道德规范解决具体的道德问题,也是道德认识的一个重要方面。需要指出的是,这里需要一个前提条件,就是对道德规范的运用不能纯粹出于外部力量的控制。如果一个人只是由于惩罚、奖励、权威等外部力量而遵守道德规范,其所做的就不是真正的道德决策(这相当于他律道德,还不是真正的道德)。只有在认识道德规范伦理价值的基础上自主地加以运用,才是真正意义上的道德判断、道德决策。

具体而言,当主体能够认识到道德规范具体的伦理价值时,他主要是根据原来道德情境与眼前要应对的道德问题情境的相似性来做出道德判断和道德决策的。即他要应对的道德问题情境与原来他从中感悟具体伦理价值的道德情境越相似,他越容易运用这条道德规范做出相应的道德判断和道德决策。比如,一个孩子主要从"狼来了"的民间故事中认识到"不欺骗"的伦理价值,他就比较容易运用这条道德规范否定欺骗大人的恶作剧行为;而另一个孩子主要从自己受好友欺骗的经历感受"不欺骗"的伦理价值,他就更容易运用这条规范否定欺骗朋友的行为。从这个角度讲,这个阶段的道德判断和道德决策往往带有比较强烈的情绪色彩和明显的个人偏好,其感性成分较重。而当主体认识到道德规范一般的伦理价值时,他的道德判断和道德决策就变得更加理性。一方面,他更能够克服狭隘的个人利害的考虑而一以贯之地运用道德规范,表现出贯彻道德规范的不计利害的义务感。比如,当主体意识到"不欺骗"对维系人们之间长久的信任关系的重要意义以后,他会自觉地把"不欺骗"当作自己必须履行的义务来看待,因而倾向于不顾"不欺骗"给自己带来的麻烦或造成的损失而坚决地贯彻执行之。另一方面,他也更能够灵活地运用道德规范以实现协调人际关系的道德目的,即实现道德规范实质性的伦理价值,而不会囿于其字面意思刻板地、教条化地遵从。比如,当遇到亲人罹患绝症时,主体很可能根据为对方减轻伤害的道德目的,而选择故意隐瞒病情的欺骗做法。再或者,当主体根本不把对方视为值得交往、值得信赖的对象时,他也很可能违反"不欺骗"的规范而故意撒谎。总之,当认识到道德规范的实质——一般的伦理价值时,主体的道德判断和道德决策不但会更坚决、更自觉,也会更加具有随机应变的灵活性。

二、基于道德原则的道德认识

道德原则是裁决道德问题的一般标准,是判断行为正当与否的一般理由。与道德规范不同,它不是直接规定哪些行为是正当或不正当的,而是给正当或不正当的规定或判断以恰当的、可得到普遍接受的理由。从根本上说,道德原则反映了道德规范或道德行为之所以是"道德的"的本质所在。比如,公正原则给"不欺骗"的道德规范提供了恰当理由:他人没有欺骗你,你就不应欺骗他人;你要想不被欺骗,就不应欺骗别人。这种理由辩护实质上反映了"不欺骗"的伦理本质——"不欺骗"本质上是为了建立人们相互间的信任关系,而不是对单方面的优秀品质的苛求。道德原则既然反映了道德规范的伦理本质,就对道德规范具有第二级序的调节功能:"这些原则将使他能够根据环境的相关差异巧妙地运用规则,并且根据环境变化和规则运用效果的经验知识不断地修正规则。"(彼得斯;邬冬星译,2000:28)这就是说,道德原则可以使人们避免对道德规范的刻板、教条化使用,使人们根据具体情境灵活地选择、修正和运用规则,以合理地解决道德问题。笔者认为,除了调节道德规范以解决具体的道德问题以外,道德原则还可以绕开道德规范直接用以应对疑难的道德问题,这在人们对某种做法直接做出"公正"或"不公正"的判断时,体现得尤为明显。

尽管很多学者都一致地强调道德认识领域中理性的道德原则的重要性,但在究竟有哪些道德原则上并未达成共识。比如,皮亚杰、柯尔伯格等把公正原则作为唯一的道德原则;吉利根指出除了公正道德,还有与女性相关的关怀道德;彼得斯则认为能够充当第二级序的道德原则至少有公正不偏、利益考虑、自由、尊重他人这四条。笔者认为,要成为道德原则,必须具备以下几个基本条件。一是普遍性。即道德原则是普遍适用的,不应该存在例外。在不同的文化背景中,或者经由不同的道德主体,它们被赋予不同的内容,加以不同的具体运用,但其实质并没有改变。二是基础性。即道德原则是最后的道德依据,能够为道德行为提供充分的理由,而无须更深的解释。三是伦理性。即道德原则是用来调节人伦关系的,应该能够直接指导人们如何为人处世,如何处理人际关系。按照这样的标准,基本的道德原则主要有两条,一条是旨在道德地处理人我关系的公正原则,一条是旨在道德地处理与自我关系的自我实现原则。公正原则是处理人我关系时普遍运用的原则,辅以不同的价值观和社会观,它就能够直接指导人们如何处理人际关系,并且能够为道德行为提供充分的理由。而利益考虑、自由、尊重他人等则缺乏如上所说的普遍性、基础性或伦理性,而不能作为基本的道德原则。至于关怀,或关心、仁爱,笔者认为,它们的基本形态,如对他人福利的关心,与他人保持和谐关系的愿望,已经反映在公正的道德原则之中了。"没有对他人福利的最起码的关心,就不可能有公正的道德诉求"。这就是说,人们在运用公正原则进行道德决策和判断之前,已经内在地含有对他人福利的关心,或者与他人保持和谐关系的愿望了。而关怀、关心、仁爱的高级形态,如舍己为人、慷慨无私等,则或者出于强烈的情感冲动而没有经过理性的公正运算(因而不作为道德认识的结果),或者因彻底消弭人我界限而只从他人的角度来进行公正运算(比如,主体看到对方无辜可怜,因而慷慨地帮助他,以使对方得到公正的对待,而丝毫不顾自己的得失甚至窘况)。这样,在公正原则以外,就无须增加关怀之类的原则了。除了处理与他人的关系,如何处理与自我的关系,也是事关道德的问题。很多道德规范或美德,如节俭、自制、勤奋等实际上都是对个体明智地、合理地处理与自我之间关系的要求。处理与自我的关系的基本道德原则是自我实现,这是以自我保存、自爱等人类与生俱来的天性为基础的一种普遍的超越性趋向,由之几乎可以推演出一切真正善待自己、对自己真正好、使自己真正好的道德行为和道德规范。

(一) 基于公正原则的道德认识

基于公正原则的道德认识一般是在应对具体道德问题时发生的,即面对具体的道德问题做出"怎么做是公正或不公正"之类判断和推理的活动。其外部的表现形态往往是一种对义务与权利、付出与回报是否对称的运算,而其实质则是一种涉及人际权衡比较的价值估量活动,即对义务与权利、付出与回报的社会价值进行估量(等价即为公正,不等价即为不公正),如将甲享有的权利义务、付出回报关系与乙的进行比较权衡(相同或者相近且互补,即为公正;反之,即为不公正)。

1. 形式:对称运算

基于公正原则的道德认识在形式上是一种对称运算,即对人际互动、资源分配中义务与权利、付出与回报之间是否对称加以判断和推理。与道德规范不同,它不对义务与权利是什么,付出与回报是什么做出具体的规定或要求,而仅仅对两者的关系做出形式上的判断。比如,道德规范具体规定人们有"不欺骗"的义务,但公正运算却对诸如"不欺骗"的义务与"得到真诚对待"的权利之间的对称关系做出判断和推理。与道德规范相比,公正运算反映了道德关系的本质,是道德规范运用的依据或标准;因而,在道德规范直接运用遇到困难时,往往要诉诸更高层次的公正运算。下面两种不同情境就反映了基于规范的道德决策与基于公正原则的道德决策之间的区别和联系。

情境1:儿童A有一辆遥控车,要和儿童B一起玩,儿童A按照大人教导的规范先谦让给年龄比他小的儿童B玩,儿童B表示感谢,并在玩耍一段时间后马上就让给儿童A玩。这样每次儿童A和儿童B一起玩耍的时候,儿童A都会谦让给儿童B先玩。

情境2:后来儿童A和儿童C玩赛车,一开始儿童A也是先把遥控车谦让给比他小的儿童C玩,可是儿童C拿到遥控车后就只顾自己玩,没有让儿童A玩的意思,这时儿童A就不能再用对待儿童B的那种谦让方式,儿童A要修改他的谦让原则,与儿童C建立一个谁先玩的规则。

在情境1中,儿童A直接运用谦让的道德规范——把玩具让给年龄更小的B玩,并取得良好效果——儿童B表示感谢并玩耍一段时间后马上归还作为回报。然而在情境2中,这种平衡关系被打破——儿童C根本不领情,只顾自己玩。儿童A随即意识到与C之间不公正关系的存在,于是想办法修改他原先的谦让规则。显然,在情境1中直接运用道德规范不存在问题,而在情境2中直接运用规范失效——没有形成良性的人际互动关系,导致儿童A迫不得已采取更高层次的基于公正原则的道德判断和道德决策,以应对这一复杂的道德问题情境。

2. 实质:价值估量＋人际权衡比较

(1) 在对称运算的形式之下,基于公正原则的道德认识的实质内容首先是价值估量,即判断付出与回报或者义务与权利之间的社会价值是否相同或相近。公正运算展开来就是:付出A得到B(或者履行义务A享受权利B),且A与B之间具有等价关系,即为公正;否则,为不公正。这里面,将 A 和 B 判为等价或不等价是关键,它实质上就是一种对 A 和 B 的社会价值进行估量的活动。比如民间俗语"善有善报,恶有恶报"就是将善良的、道德的行为(前一个"善")与好的、幸福的结局(后一个"善")确立为等价,将恶的、不道德的行为(前一个"恶")与坏的、不幸的结局(后一个"恶")确立为等价,从而体现人们自然朴素的公正诉求。价值估量从根本上说取决于人们的价值观念;价值观念不同,对付出与回报或者义务与权利之间所做出的价值估量也就不同。比如说柯尔伯格实验中人们对海因兹偷药行为(柯尔伯格设计的道德两难故事,故事讲的是:在欧洲,有一位妇女因患一种罕见的癌症已濒临死亡。医生认为还有一种可以救她的药,即该镇一位药剂师最近发明的一种药。药剂师以 10 倍于成本的价格 2 000 元出售该药,病妇的丈夫海因兹向每一位熟人借钱,但总共才凑得药价一半左右的钱。他告诉药剂师:妻子危在旦夕,请他便宜一些售药或允许迟些日子付款。但药剂师说:"不。"因此,海因兹绝望了,闯进该药店为妻子偷了药)的争议,其根源就在价值观的差异上。像有些人把一个人的生命权看得无比重要,就会倾向于认为药店老板只因海因兹付不起钱就拒绝挽救他妻子的生命的行为是不公正的;相反,也有人把财产权看得不容侵犯,就会倾向于赞成药店老板的行为,而认为海因兹偷药救妻的行为不可谅解。

不同社会有不同的主流价值观念。这些主流价值观会深刻地影响人们的公正运算,进而沉淀、固化为这个社会特有的道德规范。举例来说,在孔子心目中,子女必须服三年居丧之礼。这是因为子女出生时"有三年之爱于其父母"(即襁褓中得到父母三年的爱抚),所以父母去逝后,有德性的人不服丧三年,内心就不会安宁——"夫君子之居丧,食旨不甘,闻乐不乐,居处不安,故不为也。"(《论语·阳货》)孔子把子女三年的居丧之礼与父母的三年之爱看作是相近的,是等价的。这种价值估量与中国古代社会赋予"孝"以极其重要的伦理、社会价值是密不可分的,它逐渐沉淀、固化为"服丧三年"的封建礼仪规范,反过来又强化了以"孝"为核心的伦理文化。而到了现代社会,随着"孝"的伦理、社会价值的降低,这种时间上的严格对等被认为不再必要,子女只要做到虔诚的死后致哀,加上生前尽孝,也就可以回报父母的哺育之恩。价值估量变了,道德规范也变了。总之,对于一个生活于特定社会文化环境中的主体而言,这个社会的主流价值观及其相应的道德规范总是会相互配合着型塑其公正运算,在很大程度上决定着他把什么样的付出和什么样的回报看成等价的,因而是公正的。

(2) 在大多数情况下,公正运算往往不是单纯对付出与回报、义务与权利的社会价值进行估量,而是牵涉人与人之间的比较权衡。即人们往往要将不同个体或群体的付出与回报、义务与权利关系加以比较权衡,从而做出公正或不公正的判断。一般而言,当人与人之间的付出与回报、义务与权利关系是完全相同的(即同等对待),或者是相近且互补的(即合理的区别对待),便被认为是公正的;否则,便是不公正。譬如,甲以 A 方式对待乙,乙同样以 A 方式对待甲;在这里,甲的付出与回报同乙的付出与回报是相同的,因而被认为是公正的,合乎道德的。当然,这种情况是以甲和乙是同等的人,且都有以 A 方式待人的能力为前提条件的。如果缺少上述前提条件,则甲以 A 方式对待乙,乙以 A'方式对待甲,且 A 方式与 A'方式性质相近,内容互补,能够达成平衡状态,即为公正;否则,则为不公正。在这里,甲付出 A 得到 A',乙付出 A'得到 A,尽管二者的付出与回报关系不同,但由于甲和乙的地位不同、能力不同,且甲的付出与回报和乙的付出与回报在性质上相近,在内容上互补,具有平衡关系,因而也被视为公正。比如"君事臣以礼,臣侍君以忠"这一礼义结构的规定,就体现了中国封建社会君主与臣子之间有差等但又合理的权利义务分配关系。在封建社会的等级序列中,君臣的地位有尊卑之别,所应享有的付出与回报、义务与权利关系也有等级上的差异:对君主而言,仅仅需要对臣子以礼相待,就应该得到臣子忠心耿耿的回报;对臣子而言,得到的仅仅是君主起码的尊重和以礼相待,就必须付出一腔忠诚作为回报。这种区别对待以君臣生而不平等作为依据。同时,由于以礼相待与忠心耿耿在性质上是相近的,内容上是互补的,能够达成平衡状态(君主需要臣子的忠心耿耿以维护自身的统治,臣子需要君主的尊重、信任等以实现君主的统治和自身的人生价值,两者之间相互配合、相互协调,形成以道德维系的金字塔型统治格局),因而这种区别对待被看成君臣之间正当的、道德的义务与权利分配关系。当然,除了封建等级观念会导致合理地区别对待的公正观以外,现代社会的社会角色观也会导致人们寻求不同社会角色之间(譬如父母与子女之间、教师与学生之间、富人与穷人之间)相近且互补的义务与权利、付出与回报关系。总之,公正运算所涉及的人际比较权衡,既可能以人与人之间的平等对待为取向,也可能以人与人之间合理的区别对待为取向;这与人们所持的社会结构观、社会角色观有一定关系。而涉及到究竟何种区别对待为合理的问题,更是在很大程度上受到这些社会结构观、社会角色观的影响。比如,一个人认为富裕阶层更多享有了社会稳定发展所带来的好处,他就会倾向于社会向他们征收更重的赋税,就是说使他们的义务与权利比例关系更偏离穷人的义务与权利比例关系;相反,如果一个人认为富裕阶层并没有享有更多的社会公共服务,他就会倾向于更平衡的税制,使他们的义务与权利比例关系更接近一般人的义务与权利比例关系。

(3)由于人们秉持各自的价值观和社会观来确立自认为公正的付出与回报、义务与权利关系,就不可避免地要产生分歧与争议。而这种状况是有违公正运算的根本旨趣的——公正运算对义务和权利、付出与回报之间的对称性加以判断和推理,从根本上说是要达成人与人之间长期持续的,和谐、合作的交往关系。为此,公正运算必然要由仅凭直觉做出价值估量向更高层次发展——通过系统思考来进行人际比较权衡的价值估量。而道德领域的系统思考无非是普遍化思考和换位思考。

普遍化思考,即认识主体将某种具体的公正判断试着推广到所有相关主体身上,使其成为一种普遍化、一般性的公正判断,看其是否产生自相矛盾或令人难以接受的结果,进而据此修正或保持原先具体的公正判断。比如,关于海因兹偷药的事件有这样一种公正判断:让海因兹的妻子因为家庭经济窘迫而失去挽救自己生命的机会,是不公正的;因而,药店老板的行为尽管合法,却不合乎道德,是不公正的。把这一观点推而广之,就是:任何人都不应由于一时的经济窘迫而失去挽救自己生命的机会;其他人不应因为金钱的原因而见死不救。由于任何一个有理性的人都会把自己的生命看得比金钱更重要,因而上述观点不会产生自相矛盾的后果,即能够经受普遍化检验,达到了真正意义上的公正。反之,如果一开始依据直觉的判断是:药店老板的财产权不容侵犯,他有权因为对方付不起钱而拒绝施救;海因兹妻子因为没钱而丧失获救机会也就是应该的、公正的。将这一判断普遍化,就是:任何人的财产权都不容侵犯,因而有权见死不救;因而任何人都应当由于一时没钱而失去获救机会。这一观点会导致自相矛盾的结果,即人们一方面出于本能,认为自己不应由于经济窘迫而失去挽救自己生命的机会,另一方面又认为别人应该由于经济窘迫而失去挽救自己生命。由此,原先的公正判断不能经受普遍化思考的检验,不是真正公正、平等的道德决策。从根本上说,普遍化思考是要实现价值估量中真正的平等对待,消除因价值偏见而导致的公正运算的偏颇,把公正运算真正建立在人们价值共识的基础之上。

换位思考,即当认识主体站在特定个体或群体的立场确立了其应有的义务与权利、付出与回报关系之后,转而站在其他相关个体或群体的角度,设身处地地替他们考虑:所规定的义务与权利、付出与回报关系对他们产生的实际影响是什么;他们是否会认可并且接受这种规定,从而使交往能够长期、和谐地持续下去。换位思考的独特价值在于:它可以避免专断的价值估量,避免认识主体只从自身的价值偏好和刻板印象出发确立特定个体或群体的权利义务结构或果报关系;它通过转换立场和视角,力求达成各方一致认同的、总体利益最大化的人际互动规则,从而使区别对待真正成为"合理的区别对待"。举例而言,一个富人本来认为自己并没有享受更多的公共服务因而不应该承担更高的税率。如果他能从穷人的角度进行换位思考:想到穷人会因缺少公共财政的支持而得不到起码的生存发展机会,因而导致整个社会发展失衡甚至陷入动荡之中,就很可能改变自己原来的想法,而倾向于承受较其他社会阶层更高一些的税率。这里,换位思考使得公正运算变得更加理智和平衡,使得富人的权利义务结构与穷人的权利义务结构虽然不尽相同却能协调配合,从而实现彼此利益的最大化。

(二) 基于自我实现原则的道德认识

基于自我实现原则的道德认识一般分为两个部分,一是抽象地认识自我实现是对自己而言真正好的欲求对象。二是解决与自己相关的具体的道德问题时,基于自我实现原则所做的具体的道德判断和道德决策。前者是对目的的认识,后者是对手段的选择。

1. 对自我实现的认同

作为一个伦理学概念,自我实现主要指人的德性在个人行为中的实现,以达到"内在的我"与外在事物的完美统一;它是人的能力的完美发展,被认为是最高的善。笔者认为,自我实现是人们在处理与自身的关系时最根本的道德原则。其依据主要有两点:一是自我实现是一个人保障自我生存和发展的唯一一种不赖外求的凭借。在运气、财富、出身等外在条件既定的情况下,一个人只有充分保存、发挥自身的体力、智力、理性等,才能获得更大的利益或幸福。二是自我实现本身就是人类迄今为止所能得到的最大幸福,因而构成人类实践的重要目的之一。古希腊的柏拉图以诗意的笔触描述了德性实现带给人们的幸福体验,亚里士多德通过最高目的因的讨论在逻辑上论证了德性实现是人类所应追求的最高的善。而现代人本主义心理学更以实证的方法证明自我实现是人类一种高层次的成长需要,源于人类天性中成长和实现的倾向;自我实现的人往往能够得到更深刻的幸福感(获得高峰体验),达到精神安宁和内心充实。相反,缺乏或剥夺成长需要,就会使人的生活缺乏价值感,缺乏意义和充实感,甚至导致精神疾患或人性萎缩。

自我实现虽然有一定的自然根基,虽然是人们处理与自身关系的道德原则,但是要得到人们的明确意识和赞同,发挥其根本的指导认识和支配行动的力量,则并非易事。据马斯洛估计,只有百分之一成熟的成年人能够达到自我实现:"人的这种内在本性,不像动物的本能那样,是强的、占压倒优势的和清楚明白的,它是弱的、娇嫩的和微妙的,而且容易被习惯、文化压抑和对它的错误态度所压制。"(李文译,1987:2)对此,笔者的看法是,虽然**完全的**自我实现者(以自我实现作为人生主要的甚至唯一的目标,为此牺牲其他基本的生存目标)确实如马斯洛估计是非常少的,自我实现的动机确实常常受到抑制,但是通过恰当的道德教育使大多数人拥有一定的自我实现意识和自我实现智慧,还是有可能的——大多数人最终是可以意识到自身潜在的自我实现倾向,进而以之作为行动决策的原则之一。

一般而言,认同自我实现的道德原则要经过以下心理过程:

(1) 对依靠自身力量成功解决问题、完成活动任务的体验。自我实现的意识和需要是由一点一滴的自我实现的直接经验所积累、发展而来。因而,获得依靠自身力量成功解决问题、完成活动任务的体验,就是基础性、不可或缺的。马斯洛认为,童年时代家长过多的保护、限制或控制,都会对一个人今后的自我实现产生消极影响。实际上,不仅家长过多的保护、限制或控制,学校教师过多的保护、限制或控制,乃至过多的灌输、教授、训练等,都会影响到孩子自我力量的自由发挥,剥夺他们依靠自我力量获得成功的机会,从而影响他们日后自我实现意识的发展。不过,要说明的是,让孩子发挥自己的力量获得成功,并不完全排斥成人的帮助。成人有节制的、适度的帮助可以避免孩子陷入一再失败的泥淖;孩子在成人有限的帮助下获得成功,反而会增强他不断挑战自我的求胜动机。

(2) 通过反省,认识到自己的兴趣、爱好、优势或特长及其带来的愉悦感、满足感。获得成功体验之后,人们首先感到的是外部目标的实现及其带来的现实好处,包括问题解决、任务完成、胜利、奖励、赞誉,等等。然而,这些外在的、现实的好处不应过于突出和强调,因为它们只会增强人们行为的外部动机,而削弱内部动机。在此时,如果引导人们转而向内,反思在成功体验中自身力量发挥带来的愉悦感、满足感,意识到自己的兴趣、爱好、优势或特长所在,其行为的内部动机就会增强,自我实现成分就会增加,其人格的主动性、独立性也会随着增强。这一环节是自我实现意识形成、发展的关键环节。其重要性在于,通过向内转,通过反省,让"自我"显现出来。只有这样,人们才能不再听从外在权威,不再被外部要求控制,不再人云亦云,不再随波逐流,而是"倾听内在冲动的召唤",成为他自己。从这种意义上说,有着自身兴趣、爱好,认识到自身优势或特长的人,已经在不自觉地实践着自我实现的道德原则了。

（3）通过抽象及拓展,认识到潜能发挥的内在价值,并自觉地挖掘潜能,或在其他领域发挥潜能。认识到自身的兴趣、爱好,优势或特长及其带来的愉悦感、满足感,还只是一种具体的认识;只有当具体认识上升为抽象认识,即认识到这种愉悦感、满足感源于自身潜能的发挥;兴趣、爱好也好,优势或特长也好,实质上都是自身的潜能得到了发挥;潜能发挥本身就是好的、值得欲求的。在此认识的基础上,主体会自觉地挖掘自身的潜能,或者在其他领域发挥该潜能,从而在现实的任务完成、问题解决的同时,不断获得挑战自我、实现自我的巨大快乐。这样,主体就在真正意义上认同自我实现的道德原则了。

2. 运用自我实现原则进行道德决策

自我实现是抽象的,主体必须明智地运用它来处理有关自我的事务,进行有关自我的道德决策。自我实现原则的贯彻,简单地说,就是在日常生活中不断正确地认识自己并设法成为自己。

（1）认识对自己而言真正好的行为。当一个理性的人面对如何行动的问题时,他必然要考虑对自己而言,真正好的行为选择究竟是什么。当秉持自我实现原则时,主体就不会沉溺于给他带来即时而短暂满足的行为。因为他可能认识到沉溺于一时的生理满足会有害于身体健康,会让自己更加无能;依赖于他人的保护会使自己更加软弱、被动和缺乏独立性。于是,他会明智地选择延迟满足,选择克制贪欲,选择勤奋工作,选择独立应对困难和挑战。再则,当秉持自我实现原则时,主体就不会热衷于选择仅仅给他带来外在好处,而没有内在价值的行为。对于同一件事,主体可能只为得到外在的奖赏、名利等而选择便捷的途径,也可能将外在的奖赏、名利等只作为行为的副产品,而尽全力将事情做得尽善尽美。后者将会使主体的潜能得到发挥,使主体的美德得到展现,因而是符合自我实现原则的真正好的行为。最后,当秉持自我实现原则时,主体就会把全身心投入实践之中作为真正好的行为,而不是时刻考虑自我,把自我的得失、能力的确证作为实践的中心。人本主义心理学研究表明,自我实现者往往都有一个共同特征——全身心投入事业、忘我地工作,而很少将自我卷入其中。实际上,当一个人过多关注自己的表现时,他往往倾向于采取退缩、文饰等防御策略,以保护自我尊严不受伤害。因此，自我实现原则恰恰要求人们忘我实践；当人们忘我实践，努力把事情做得尽善尽美时，他的潜力才能得到最大发挥，也才是自我实现意义上真正好的行为。总之，当一个人能够基于自我实现原则选择对自己而言真正好的行为时，他实际上就自然表现出了自制、节俭、勤奋、勇敢、不慕虚荣、不贪名利、献身事业等美德。

（2）认识自己的优势和劣势所在，并设法扬长避短或扬长补短。通过努力做事，主体发挥、发展着自己的潜能，其优势和劣势所在也就得以充分显现。这时，秉持自我实现原则，主体就能够对自己做事过程的表现加以及时反思和总结，认识到自己的优势和劣势所在，进而据此设法扬长避短或扬长补短，即通过完善自己、提高自己的能力以更好地胜任所做的事情。

客观地认识自身的优势和劣势，必须首先学会从自己身上寻找失败或成功的原因，而不是简单归结于外部因素。心理学研究表明，无论是成功还是失败，主体如果简单将之归因为运气、任务难易等，都不利于其自我意识和主体性的发展。其次，客观认识自己需要对自己的素质加以细致分析，综合评估。人的素质是一个由各种因素构成的、复杂而个性化的系统。可以说，每个人的素质结构都是不同的；就某个单独的素质组成因素而言，人与人之间存在高低之别，但就整体的素质结构而言，人与人之间却只有差别，而无等级高低之分。仅就智力而言，人的智力结构就是千差万别的。加德纳的多元智力理论指出，人有八种不同类型的智力，各个人在这些不同类型的智力上各有所长，各有所短，形成各自独特的智力结构。除了智力，再加上知识、经验、气质、性格、品行等因素，每个人的素质结构何其复杂和个性化。认识自己，既需要对自己每个细微的方面进行细致分析，还需要在此基础之上综合地、整体地评估自己的素质结构，从而找到与自己的素质结构最匹配的、真正适合自己做的事情，认识到对于做这种事情而言自身的优势和劣势所在。到此为止，主体将表现出一种非常可贵的美德——自知之明。

在认识到自己做某事的优势和劣势之后，自我实现原则要求主体进一步采取有效手段发展自己的所长，同时回避或弥补自己的缺陷。就发展所长而言，主体往往做出增加这方面实践或者提高这方面实践要求等决策；就回避或弥补缺陷而言，主体则可能采取避免从事相关工作，或者加强学习、修养等措施。譬如一个人认识到自己做事有着鲁莽或懦弱的问题，他就可能在日常生活中刻意提醒自己恪守中庸之道，以逐渐改掉自己做事时勇气和自信过度或不足的毛病。总之,基于自我实现原则主体进行高度明智的自我设计和自我发展规划,这是一个人对待自我所能达到的最高的道德境界。

最后,需要指出的是,主体所要实现的自我德性或力量,不仅受自身活动经验、情绪体验及自我意识的影响,也与他所接受、认同的价值观密切相关。实际上,尽管人们普遍地认可真善美的价值标准,赞赏德智体的全面发展,但在遇到具体问题时却存在普遍的价值观差异。譬如,面对冲突,是倾向于以武力,还是以智力来加以解决?面对既有知识观念,是倾向于消化吸收,还是批判创造?对这些问题的不同回答反映了人们的价值观差异,进而会影响人们自我发展的方向。一般来说,特定文化背景下受到普遍、高度珍视的能力或品质,往往被主体优先辨识、选择出来加以发展;相反,在一个社会中不受重要、不被认可的能力或品质,也容易被个体忽视而得不到发展。从这个意义上,对主体施加正确的且符合社会未来发展趋势的价值观影响,对于主体在自我实现的大方向上做出正确和明智的选择是非常重要的。

以上描述了不同层次(基于道德规范的道德认识、基于道德原则的道德认识)、不同类型(处理人际关系的道德认识、处理与自我关系的道德认识)的道德认识所经历的心理过程,但是在这之前,其实有一个更为根本的问题。这就是这些道德认识何以发生。在现实生活中,人们也许并不缺乏理性的道德认识能力,但却并不以道德的态度认识特定问题情境和做出问题解决的决策。于是,我们需要对道德认识发生的心理根源做出补充说明。

在不受外在控制和压迫的情况下,主体纯粹出于自律而做出自我卷入式的道德判断和道德推理(即不仅包含什么是正当行为的道义判断,还包含"我必须这样做"的责任判断),其根本原因有二。一是强烈的道德情感,一是坚定的道德信念。对他人的同情怜悯之心会推动人们做出有关助人的道德决策;羞耻心、负疚感会迫使人们放弃违背道义的想法。这些道德情感都会以最为直接的方式作用于人们的道德认识,推动人们做出合乎道德的决策。不过,这些道德情感又不纯粹是感性的。它们一方面与人们的道德经验密切相关,另一方面又离不开道德认识的反作用。在这里,感性和理性是相互强化、彼此交融的。道德信念主要指主体对整个社会或者特定群体内部人与人之间以和谐、持久合作方式相处所持的信心或信仰。如果缺少这种信心或信仰,主体即使有很强的道德认识能力,他也不会在这个社会或群体中进行自我卷入式的道德判断和道德推理，而是倾向于以非道德的，甚至不道德的方式与人相处并获得自己的利益。从根本上说，人们的道德信念取决于社会或群体中整体的道德氛围。如果整个社会或群体尔虞我诈、道德沦丧，个体便倾向于随波逐流，以非道德的方式思考、解决人际问题。相反，如果整个社会或群体内部有着强大的道德共识和浓烈的道德氛围，个体便易于形成坚定的道德信念，进而以道德的方式思考和行事。从这种意义上讲，外在的道德环境的创设对于道德认识的发生具有决定性作用。

第六章　道德教学:灌输 VS 启发

在学校教育中,每一门课程的教学都有道德教育的任务,并产生不容小觑的道德影响。比如,教师会教学生遵守认真、勤奋、守时、诚实(如不作弊)、尊敬教师、友爱同学等道德规范;教师会或无意识地向学生传递自己的价值观念和社会观念。但这种意义上的道德教育、道德影响并非本书所要讨论的道德教学。道德教学应该以该门课程本身的课程内容作为依托,学生借之进行道德认识,教师借之施加有意识、有目的的道德影响。从这个意义上说,道德教学既是思想品德课、公民课的主要部分,也涉及语文、历史、社会等人文学科中部分内容的教学。比如,语文课程中有关道德决策的文学作品、历史课程中有关道德榜样的史实和史论都可成为道德教学的重要内容,借之引导学生进行道德认识,对学生施加有意识、有目的的道德影响,便成为道德教学。

决定道德教学是启发还是灌输的关键,在于教师是否发挥学生道德认识的主动性,允许学生自主、自由地思考道德规范的合理性、实用性,允许学生自由地表达交流自己独特的道德判断和道德决策;也在于教师是否遵循道德认识的心理机制,为学生复杂、深刻、成熟的道德认识(基于原则的道德认识)留下空间、创造条件。

第一节　灌输的道德教学面面观

道德教学是最容易落入灌输、说教的陈腐套路的。英国教育哲学家彼得斯对灌输的道德教学的界定最为切中肯綮:"所谓灌输的方法实质是指一种特殊类型的教学……这种教学迫使学生接受一种既定的规则体系,而这一规则体系对儿童来说是不能以批判的态度来审视的。""它通过运用某些使儿童无法对一套既定的规则采取一种自主批判态度的方法,而迫使儿童接受它们。"(邬冬星译,2000:246-247)这就是说,凡是不允许,或不鼓励、不引导学生以批判性思维进行道德认识的道德教学,就可视为灌输的道德教学。批判性思维不一定等于怀疑和否定,其实质在于凡事必须经过自己经验(包括直接经验和间接经验)、体验和彻底思考的检验,凡事必须尽力寻求充分的原因、理由和全面的结果。就道德认识而言,笔者在前一节所描述的主体对道德规范之道德价值的理解、基于公正及自我实现原则的道德判断和决策,都是这种批判性思维的具体体现。我们的道德教学如果缺少了这些核心成分,即使看起来再生动活泼、再感人肺腑,也是不完整甚至带有灌输性和蒙昧性的。

灌输的道德教学不允许学生进行批判性思考,于是有关真实道德问题真诚自由的思考和发言便往往被虚与委蛇、刻意逢迎所代替。这一点在下面的一段教学日志中有着突出表现:

[案例6-1]

一堂公开课,教学内容是"公民享有监督权"。教师精心设计了如下教学步骤,即知识大拼盘、道理你我说、方法仿效行、关注你我他,还使用了多媒体课件。在最后环节"关注你我他"中,教师出示了一段文字素材《我和爸爸》:一位老乡来到某市政法委书记家做客,给了书记女儿一个"红包"作为礼物。客人走后,女儿不同意收取红包。教师提出问题:政法委书记女儿的做法对不对?让学生讨论。课后,教师的感觉是虽然"顺利",但却"沉闷"。学生始终处在被动地与教师一问一答的状态中。一段偶然的学生对话引发了教师的思考。

走在楼梯上的两个女生说着刚上完的思想政治课:

——"刚才上课时,你举手了吗?"

——"我看很多人都举手了,我也举手了。"

——"我觉得收红包很常见,谁会拒绝呢?"

——"是呀,我认为现实生活中红包还是收下的情况多。"

——"我认为收下也可以。"(麻晓春,2006)

这一段教学日志反映的问题非常普遍,也非常耐人寻味:我们上的思想品德课往往很"顺利"(学生非常配合,反应一如教师所愿得正确),但又很"沉闷",其实际教育效果很差,与学生真实的所思所想相支离。这里的根本原因就在于,教师尽管设计出真实的道德问题,但却没有真正鼓励和引导学生说出真实的想法(在我们的品德课上,有谁敢于说出"收红包很常见""我认为收下也可以"之类的冒天下之大不韪的实话呢?),更没有能力引导学生由这些真实的想法出发深入思考这种普遍性的不良社会现象背后的制度原因和道德风险(这恰恰是批判性道德认识的过程)。于是,学生在课堂上说着道德上绝对正确的却言不由衷的话;于是,他们停留在原先的道德认识水平和道德境界,没有经历一个自我否定——自我建构、自我确认的道德认识提升过程。

这里面深刻反映了灌输的道德教学的实质和危害。就实质而言,灌输的道德教学总是把道德规范弄成既定的、没有理由和条件的绝对真理,学生必须不问理由、不管条件地把它们接受下来,即使它们与我们生活的实际体验完全相反。灌输的道德教学忽视了一条有关道德认识的朴素的真理,那就是道德规范是人们为了和谐生活、长期合作而后天建构起来的,而不是既定的、无理由、无条件的绝对真理;一个社会也好,一个个体也好,往往都需要经历一个由非道德甚至不道德状态发展到道德状态的过程,在这一过程中如果依靠的是自身的理性自觉,个体才能成为自律的真正意义上的道德主体,社会也才能成为道德风尚良好的真正的道德共同体。道德教学的真正价值所在,应该是引发学生的理性自觉,引起学生严肃认真的道德思考,而不是抹杀这个过程,一下子让学生成为一个奉道德规范为绝对律令的圣人(康德所说的绝对律令恰恰与之相反,它不是外在力量规定的必须绝对服从的律令,而是人类自身的道德理性先天规定的绝对律令)。就危害而言,违背道德认识客观规律的灌输教学很可能导致学生整体的道德观念和道德态度的扭曲,其典型代表就是道德虚无主义、过度叛逆或伪善。课堂教学与生活实际的巨大反差最终会颠覆学生心目中道德及道德规范的重要地位;而课堂上的言不由衷发展下来就是一个个满口仁义道德而实际上鲜廉寡耻的伪君子。

以下笔者将具体分析道德规范教学和道德原则教学中的灌输现象。

一、道德规范教学中的灌输

(一)忽视让学生自主体验、思考道德规范的伦理价值

对道德规范的理性认识,最为重要的是体验、理解其具体的伦理后果,进而是其抽象的伦理价值。然而,在实际教学中很多教师却不能真正尊重学生认识的主体地位,不能让他们自主、自由地体验、思考、表达道德规范的伦理价值,而是直接向学生说教,或者用各种"精心"预设的活动、案例等诱

导学生得出特定结论。以下笔者以小学五年级品德与社会课"诚信是金"的教学为例,分析其在道德规范教学中存在的问题。

[案例6-2]
《诚信是金》(小学《品德与社会》五年级上)
第一课时
一、谈话引入新课
从前面的学习中我们了解到了什么是"诚",什么是"信",今天我们将继续来探讨"诚信"这一话题。
二、分组讨论,续编故事
1. 课件出示(课本)第8页故事情节(漫画故事"哪个更重要"描述了一个青年人坐船时遇到风浪,必须扔掉"健康""金钱""美貌""荣誉""诚信""机敏""才学"等七个背囊中的一个,他选择扔掉了"诚信"——笔者注)。
2. 分组讨论:
(1) 那个扔掉诚信的青年人可能会成为什么样的人?
(2) 想象一个不讲诚信的人在待人处事上会是什么样?这样下去其结果会是什么样?
3. 小组合作,用表演的形式把故事续演出来。
三、交流收集,了解人们对诚信的看法
交流课前调查的情况和问卷统计结果,看看划去"诚信"的人占多大的比例,他们选择丢掉诚信的理由是什么;不愿意丢掉诚信的人占多大比例,他们的理由是什么。
四、学习(课本)第9页的案例,体会"人无信不立"的含义
1. 课件出示第九页的案例(案例记述一个在国外留学的青年在校成绩好,聪明机智,却由于有三次逃票的记录而被多家公司拒绝录用——笔者注)。
2. 讨论:
(1) 仅仅是三次逃票的记录使他失去了(工作的机会),这些公司为什么把诚信看得这么重要?
(2) 在我们生活中,人们有时常常在不经意中失去了诚信,然而当诚信被丢掉时,同时也失去了什么呢?

3. 小结

是啊，正如同学们所说的一样，人如果丢掉了诚信，即使有着聪明的大脑，出众的才学，也会因为不被社会承认，他的才学机敏无法展现，金钱荣誉无法获得，可见诚信是人立足于社会的根本，正如孔子所说的（出示孔子的话）——人无信不立。

五、作业

通过收集媒体中的相关报道，回忆自己的生活经历，调查周围人的方式，了解有关不诚信害人害己的事例。

第二课时

一、谈话引入

诚信是看不见、摸不着，然而在我们的生活中无处不在。假如失去诚信，最终受到伤害的会是谁呢？让我们在生活中调查，用事实来说话。

二、"假如没有诚信"交流会

1. 孩子们展示自己课前收集、调查到的事例。

2. 师补充一些视频新闻资料：安徽省阜阳市不合格奶粉带来的危害

3. 引导学生看书中第10页和11页的插图，结合交流的资料谈谈自己的看法或感受。

三、分组讨论、思考

1. 当社会失去诚信时，那些诚实守信的人们会受到什么影响？如果假货充斥市场时，那些诚实守信做生意的商家会受到什么影响？当人们之间失去了最基本的信任，那些诚实守信的人会受到怎样的伤害？

2. 欣赏小品：《失去诚信之后》

3. 学生谈感受。

四、总结、升华

和孩子们所担心的一样，在社会生活中，一旦失去了诚信，不仅给当事人造成了直接的伤害，而且也使整个社会失去了安全感，人与人失去了最起码的信任，我们呼唤诚信，诚信是一个人，一个家庭，一个行业，一个社会所需要的宝贵品质，他像金子一样宝贵，不，他比金子更宝贵，所以人们常说（板书课题：诚信是金），生齐读。

五、作业

收集古今中外有关诚信的经典故事。

总体上说,教师用两个课时无非要传递两个观点,一是人无信不立,一是诚信是金。在第一课时,教师用一个扔掉"诚信"背囊的隐喻和一个青年因不诚信记录而应聘失败的故事,力图告诉学生:一个人如果丢掉了诚信,他的才学机敏无法展现,金钱荣誉无法获得,诚信是人立足于社会的根本。这里的问题是,青年因不诚信记录而应聘失败的故事是不是仅仅是个案,或者仅仅是发生在特定文化背景中的事例,而并不能由之抽象出一个普遍性结论:一个人如果丢掉了诚信,就会一无所有,就无法立足于社会。其实,如果情况果真这么简单的话,就不会有隐喻所表现的人们往往不舍金钱、荣誉等而丢弃诚信的现象了。而且,这与下节课的内容——在第二课时,教师用学生收集的事例以及自己补充的阜阳不合格奶粉事件说明不诚信的行为往往给诚实守信的人造成伤害,也存在一定的矛盾。在我们的现实生活中,人们最为直观的感受往往是不诚信者得利,诚信者受害;这才是鼓励许多人不诚信的根本原因。在该教学案例中,教师用一个个"精心"选择的事例来证明有关诚信的伦理价值的论断,结果却陷入自相矛盾之中。归根结底,这种可笑状况是由灌输道德规范的冲动所导致的。设想,如果教师先鼓励学生自主自由地权衡不诚信的利弊,或者对调查反映的人们给出的诚信及不诚信的理由进行比较评析,就可以避免自相矛盾——现实生活是复杂的,诚信的需要与不诚信的诱惑往往同时并存,还可以由此引发学生进一步思考以下问题:诚信为什么要成为人们的必然选择?除了良心以外,是否还需要其他条件?这样,经过自主的批判性思考过程,学生对道德规范的理解才可能免于肤浅、片面和偏颇。

(二)忽视让学生体会道德规范运用的复杂性

在现实生活中道德规范的运用往往是复杂的。简单、教条式的运用常常无助于问题的完满解决。教师在教学时却为了传递特定道德规范的方便,而给学生提供极度简化的道德问题情境,让学生直接加以运用。比如讲"助人"时,就创设诸如路上阿姨丢钱包的情境,公交车上老奶奶找不到位子的情境,行人溺水的情境,让学生表述或表演自己的行为选择。在这里,这些问题情境是不会作为学生认真严肃的道德认识的对象的,它们被提出来的价值仅仅在于提醒学生在日常生活中要践行相应的道德行为罢了。而复杂的道德问题,往往也是现实生活中的真实问题——如,同桌做作业时不爱动脑筋,一遇到难题就问,是不是应该一直不厌其烦地帮助他呢?或者,同桌一直喜欢欺负同学,劝他、对他好都没用,他遇到困难求助时,是否还应该帮助他呢？——却不仅仅是让学生机械、教条式地运用特定道德规范,而是邀请或促使学生进行真正意义上的道德思考,即在自我的各种利益与他人的各种利益之间进行权衡,全面考虑、权衡每一种行为选择的可能后果。而只有经历这样的道德思考,他们的道德理性主体地位才能逐渐得以确立,道德认识水平才能逐渐得以提升。

二、道德原则教学中的灌输

(一) 诱导学生接受特定的公正观

基于公正原则的道德判断和道德决策是涉及人际权衡比较的价值估量活动。它本质上是形式性的——对付出与回报、义务与权利之间是否对称的权衡,至于怎么权衡、权衡的结果是什么则取决于认识主体所持的具体的价值观、社会观。于是,由形式性的、普遍性的公正思考就衍生出各种具体的、多样化的公正观。比如关于分配问题,就有根据需要分配的公正观、根据贡献分配的公正观、根据付出分配的公正观等。道德原则教学不应诱导学生不加批判地接受特定的公正观,而应该引导学生自主地思考各种公正观的合理性和局限性所在,在多方权衡的基础上做出明智的、综合性的公正判断和决策。但道德教学的实际却并非如此。在下面的教学片断中,两位教师执教的都是"社会合作需要公平(我国中小学德育教材中的"公平"大抵相当于本书所说的"公正"——笔者注,下同)"(八年级《思想品德》)。他们实际教授的内容和方式不尽相同,但其实质都是以某种具体的公正观的教授代替学生对各种公正观的比较鉴别及自主的公正思考。

[案例 6-3]

《社会合作与公平》(八年级《思想品德》)

教学片断一:

师:合作制度的制定要公平。举例来说,两个人各以50%的比例投资,收益却按30%、70%分配,这公平吗?

生:不公平。

师:因为不公平,所以合作就不可能长久。再看所得税的征收问题。怎么收才公平呢？是不是每个人征收工资的10%就公平呢？觉得不公平的同学举手。

(一半左右的学生举手,教师指示一位举手的女学生回答问题)

生:不公平,因为有人收入高,有人收入低。

师:是的。课本上说,对高收入者征收高税收体现了公平,一个经理年收入6 000万,收两三千,剩下的也够花了;而很多人收入很低,比如一个月100元,再收10%怎么生活呢?对这些弱势人群,我们不但不能征税,还应该给予帮助和扶持。大家要知道我国的税收政策是1 600元起征,最高达45%。

教学片断二:

师:要合作,就需要公平。有一场乒乓球比赛给人们留下了深刻印象。这场比赛进行得异常激烈,瑞典选手波尔和我国选手刘国正在决胜局中比分打到13平。这时刘国正打了一个擦边球,波尔没有接到,但裁判并没有看到这个擦边球,而误判刘国正输球。正当胜负已定的时候,波尔却向裁判坦承刘国正打的是擦边球。赛后,有记者采访波尔,他说,"我也没办法,是公正让我这么做的"。

师:下面请同学看课本"角色扮演",想一想你会怎样分配黄金。

("角色扮演"的内容如下:古时候,一位父亲临终前,要把四锭等重的黄金分给三个儿子。三个儿子的情况是——大儿子精明强干,为赚取这四锭黄金出力最多;二儿子能力一般,但很有孝心,父亲生病时端茶送药,最得父亲喜爱;三儿子身残体弱,为人善良,父亲最担心他以后的生计。1.如果你是父亲,你会根据什么原则来分配这四锭黄金?2.如果你是其中的一个儿子,你希望怎样来分配这些黄金?)

(学生阅读)

师:我说说自己的经历吧!我有一个哥哥,每到吃苹果时就犯难,因为苹果往往一大一小,谁都不想拿小的,怎么分配呢?大家讨论讨论。

生1:把两个苹果切开,每个人各拿大苹果的一半和小苹果的一半。

师:万一切得不均等呢?

生2:把苹果榨成果汁,一人一杯。

生3:猜拳,赢的人拿大的。

师:我认为,合理的方法有两个:一个是猜;第二个是一个人分,然后由另一个人挑。再比如,我们在学校里吃饭,是一桌人一桶饭、一桶菜。分饭菜时先是一人一天轮流分,轮到的人总是给自己多分;再后来是选一个最公正的人来分,但时间长了,问题就来了,大伙总试图贿赂这个人,于是公正的人也不公正了,这就是"绝对的权力导致绝对的腐败";最后大家采取的办法是分的人最后挑。显然,第三种方法是最公平的。

师:社会合作需要公平,否则就不稳定。比如人们觉得不公平时,就会到市政府门前请愿。

师:复员军人请愿,是由于受到了不公正的待遇。而农民种田收益太小,也是受到了不公正的待遇,他们不愿种田,就导致我们的粮食价格上涨,影响人们的生活。可见,没有公平就没有合作,合作是需要公平的。

总体上说,这两位教师都努力以举例的方式论证"合作需要公平"观点的正确性。所不同的是他们所举例子中公平的意涵:在第一位教师所举的差额征税的例子中,公平实质上是基于补偿原则的、对弱势群体予以特殊照顾意义上的公平;而在第二位教师所举的分饭案例中,公平则是一种程序公平,是分配技术意义上的公平。由此,教师向学生传递、灌输着他们自己的、同时也是片面的公平观。

之所以把他们的教学行为称之为"灌输""传递",是因为他们并没有向学生呈现真实复杂的道德问题,引导学生对之进行自主的理性思考。在第一个教学片断中,教师列举的收入 6 000 万元的经理和收入 100 元的穷人两个极端例子,激起了学生朴素的道德情感,诱使学生进行感性的、肤浅的道德思考:"经理年收入 6 000 万,收两三千,剩下的也够花了;而一个人月收入 100 元,再收 10％怎么生活呢?"从而不自觉地、非批判地选择按照需要分配的公平观,而忽视了在解决税收问题时需要兼顾、兼取的其他公平观。在第二个教学片断中,教师本来要学生思考教材安排的黄金分配问题。这一问题涉及多种互竞的公平分配观点,如按贡献分配的观点、按亲疏分配的观点、按需要分配的观点等等。本来,通过对这一问题的思考,学生可以体会公平问题的复杂性,比较权衡各种互竞的公平观,进而在面对真实复杂的分配问题时能够以更加灵活、平衡、综合的方式进行公平判断和决策。然而,这位教师竟然将这一涉及多种公平观权衡比较的复杂问题简化、异化为平均分配的技术问题。这样,学生就失去了一个重要的审视各种公平观、进行审慎的公正判断的机会,而不加批判地接受这样的思维过程及结论:"公平分配"="平均分配"="适当的切分和选择规则"——这样的思维过程一再将复杂问题、复杂概念简单化,最终得出一个极其片面、肤浅的结论。总之,两个教学案例中,教师借助一些特设的事例、问题将学生思维限制在特定的狭窄路线上,诱导他们不加批判地接受特定公正观,而不是批判地看待多种观点,进行自主的理性的公正思考。

(二) 传递关于公正思考的抽象知识

在现行的思想品德教材中涉及一些关于公正思考如何进行的抽象知识。比如人们关于公正的感觉是不尽相同的;人们的公正判断是在比较中产生的;关于公正的判断与人们的价值观念有关。这些知识是非常抽象的,要与公正思考的恰当实例紧密联系在一起,通过对这些实例的详尽分析才能得到理解。另一方面,这些知识的价值在于帮助学生反思自己的公正判断,使之更加理性和平衡;因而,必须提供具体的、复杂的公正问题,引导学生运用这些知识来解决问题,改进自己的公正思考,从而实现这些知识的价值。然而,在实际教学中,有些教师以这些抽象知识的掌握为目的,既忽视学生对知识的充分理解,更忽视这些知识的实际运用,没有发挥这些知识对学生公正思考的改进作用。下面的一则教学片断就存在这一问题。

[案例6-4]

《维护社会公平》(八年级《思想品德》)

一、导入新课:公平意味着人们平等地享有权利和承担责任。社会稳定和发展需要公平。所以维护公平是人类社会的一个永恒的主题。今天我们就一起来探讨这一主题。

"维护社会公平"(板书)

二、开展活动,教授新课

过渡:人类社会不断地追求公平,努力维护社会公平的背后折射出人类社会总存在一些不公平的现象。我们应该如何认识和对待这些不公平的社会现象呢?先看第一部分"理智面对社会生活中的不公平"。

"一、理智面对社会生活中的不公平"(板书)

活动一:理性看待社会生活中的不公平

1. 教师播放视频《社会另一面》。引导学生思考:看了视频,你有什么感想?

学生1:与那些同龄人比我是幸福的,不再抱怨爸妈不给我买名牌衣服了。

教师小结:同学说得很好,感想很深刻。老师也谈谈自己的感想:

公平总是相对的,从比较中产生,公平受一定社会条件的制约,任何社会都存在一些不公平的现象。正是不公平的客观存在,需要我们为创造一个更加公平的社会做出不懈的努力。我们党和政府已经采取了各种措施,维护公平。播放视频《公平正义比太阳还要有光辉》。

2. 谈谈自己曾经遇到的不公平情形及当时的真实感受,讨论遇到不公平情形时我们应该怎样做?

教师引导学生思考:你们有没有遇到过不公平的情形,谈谈自己曾经遇到的不公平情形及当时的真实感受,讨论遇到不公平情形时我们应该怎样做?

学生自由发言。

教师总结:同学们说了许多对待不公平的很好的做法。我归纳为以下三种类型:

(1) 应该增强权利意识,用合法手段去寻求帮助,以谋求最大限度的公平。

(2) 调整自己的思维方式,理性地反思自己的价值观念,保持平和心态。

(3) 公平意识是道德的重要内容,崇尚公平,主持公道,要求我们同破坏公平的行为作斗争,对受害者伸出援助之手。

在这个教学片断中,教师首先播放视频《社会另一面》,让学生感受现实生活中同龄人的贫苦、艰辛,从而引发学生"与那些同龄人比我是幸福的,不再抱怨爸妈不给我买名牌衣服了"的感想,随后教师就直接推出"公平总是相对的,从比较中产生"等结论。这里面存在事例和结论之间的支离:没有具体分析以前的抱怨以及现在的不再抱怨所经历的心理过程是怎样的,是怎样进行人际比较的,又是怎样得出公平与否的判断的(由于公平与否实际上是对付出与回报之间的对称与否的判断,因而这个事例中的思考可能并不是严格意义上的公平思考——笔者注),就无法从中抽象出"公平总是相对的,从比较中产生"的观点。因而,教师给出的结论实际上就缺少了事例的支撑。我们可以想象大多数学生对这些结论的理解必然不够到位、不够深刻。此外,这位教师还引导学生谈谈曾经遇到的不公平情形及当时的真实感受,讨论遇到不公平情形时应该怎样做;但是这一环节仅仅是陪衬性的,教师的目的在于由之引出理智对待不公平的三点做法。其中第二点"调整自己的思维方式,理性地反思自己的价值观念,保持平和心态"涉及公正思考过程的合理化,尤其需要教师指导学生结合自己具体的公正思考过程加以自我调整和改进。然而,该案例中教师根本就忽略了这一方面的教学。由之,我们也能想象得出来:大多数学生根本就无法运用这一知识点调整和改进自己的公正思考过程,以得出更加理性、平衡的公正判断和决策。

(三) 道德价值观教学的低效

公正判断与人们的道德价值观有着紧密联系。引导学生做出正确合理的公正判断,往往需要与有效的价值观教学相结合。然而,这一点却每每被教师们所忽视。比如,教材提出这样一个问题情境供学生思考:某同学上课时随便说话,被老师点名批评;这位同学认为随便说话的不止他一个,老师却只批评他,因而感到不公平。对此,教师应该引导学生分析这位同学公正判断中蕴含的价值观念及其谬误之处,从而引导学生做出正确的公正判断。但是,实际教学中教师往往根本忽视了价值观分析,而只是简单地提出这位同学可以换一种想法——老师点名批评是为了自己好,因而不再感到不公平。这里的换一种想法有点类似阿Q的精神胜利法,也许它能让这位同学获得心理平衡,但他根本不是做公正判断,于他的公正意识和公正思考能力没有任何益处。除了不能与公正判断结合起来,我们的道德价值观教学本身也存在灌输、狭隘等问题,因而效率较低。下面的教学案例涉及的是有关价值判断与价值选择的理论知识,比较集中地反映了价值观教学中存在的上述问题。

[案例6-5]
《价值判断与价值选择》(人教版《思想政治》高中必修四)
导入新课(具体内容略)
一、如何做出正确的价值判断与价值选择
有的选择很简单,有的选择却异常艰难,弥显珍贵,现在让我们一起去感受李剑英的人生选择。(播放视频,背景材料略)
【探究篇】
1. 李剑英事迹深深地感动我们每个人,请说说李剑英作出的价值判断与价值选择。通过分析,价值判断与价值选择是什么关系?
学生回答。
教师总结:我们来看教材,人们对事物的客观状况及其本质属性、发展规律做出判断,可以说是事实判断,一般不涉及人的需要、喜好等主观因素,得出的是一种客观的结论。思考在这个事例中哪个是事实判断？价值判断则是对事物能够满足主体自身的需要以及满足的程度,如应不应该、值不值得、好不好等作出判断。价值判断的结论一般来说不会是唯一的,但这并不排除价值判断有正误之分。

在上述材料中,李剑英明确了飞机撞鸟、飞机出现故障,是对事物的客观状况及其本质属性和发展规律作出判断,是事实判断；在16秒的时间里,李剑英认识到以1条命换取4000条命是值得的,这是价值判断；最后他放弃了三次跳伞的机会,这是李剑英的价值选择。

2. 你是否赞同李剑英的价值判断与价值选择,为什么？

学生回答。

教师总结：李剑英自觉地站在最广大人民的立场,把人民群众的利益作为最高的价值标准,把献身人民的事业、维护人民的利益作为自己最高的价值追求。1人与4000人,权衡利弊,天平倾向了人民,这就是当代最可爱的人。李剑英的事迹告诉我们,要作出正确的价值判断与价值选择,必须站在最广大人民的立场上。

3. 李剑英是如何处理个人利益与人民群众利益的冲突的？这给我们什么启示？

学生回答。

教师总结：个人利益与集体利益在根本上是一致的。我们要把坚持个人、集体和社会的统一,作为自己选择的标准,大河有水小河满。战争年代告诉我们,没有国家的强大就没有人民的安定富裕生活。但当不同阶层、不同方面的群众的具体利益出现矛盾时,就会有矛盾和冲突,我们首先应考虑并满足最大多数人的利益要求,当个人利益与人民群众的利益发生冲突时,要自觉站在最广大人民群众的立场上进行选择,两弊相衡取其轻。要以人民利益、集体利益为重。

【实践篇】

1. 运用价值观知识分析三鹿集团破产给我们的启示？（课件）

总结：应该站在最广大人民的立场上作出价值判断和价值选择,正确处理个人利益与群众利益的关系。三鹿集团为了个人利益,忽视产品质量,危害人民群众的健康。

2. 维护人民群众的利益是价值判断与价值选择的最高的价值标准,考虑人民群众的利益是否一定会作出正确的价值判断与价值选择呢?

(举例:永动机,人民公社化的理想是美好的,但它脱离当时社会生产力发展的实际水平,是不可能取得成功的。)

总结:人们选择的目标能否实现,实现的程度如何,取决于人们的认识是否符合社会发展的客观规律。因此,要树立正确的价值观,作出正确的价值判断和价值选择,就必须坚持真理,遵循社会发展的客观规律。

二、价值判断与价值选择的特征

(一)下面我们再了解一下我国的土地政策的发展完善历程。(课件)

1. 提问:同样是遵循社会发展规律作出的价值判断和价值选择,为什么我们党在不同历史时期的土地政策会有比较大的变化?

(源于对当时的具体情况和条件的深刻研究,都是随着条件的变化而变化。)

2. 这显示了价值判断与价值选择的什么特征?

(社会历史性。)

价值判断与价值选择,会因时间、地点和条件的变化而不同。因此,评价历史和现实的价值观念,应考虑当时的条件、背景,具体问题具体分析,同时要与时俱进。例如"忠",在封建社会,它往往和忠君联系在一起,在当代中国,则表现为忠于中国共产党,忠于祖国和人民。

(二)背景材料:(课件)

桑条无叶土生烟,箫管迎龙水庙前。朱门几处看歌舞,犹恐春阴咽管弦。

1. 在这首诗中,农民的价值选择是什么?地主的价值选择是什么?

2. 为什么农民和地主的价值选择不同?它体现了什么特征?

学生讨论回答、教师点拨,明确阶级性。

(三)(课件)即使是同一阶层的人,为什么人们的认识角度不同,立场不同,作出的价值判断也会不同?如对下雨的看法不同。有人认为,价值判断与价值选择的正确与否,没有界定的标准,请谈谈你的看法。"公说公有理,婆说婆有理",你怎么看这个问题?

教师点拨,人们站在不同的立场上就会作出不同的价值判断和价值选择,因人而异。

  结束语：面对社会的转型，价值观的多元化，荡涤着我们的心灵，考验着我们的选择。青年要学会作出正确的价值判断，进行正确的价值选择，从而实现人生价值，做到"两利相权取其重，两弊相衡取其轻"。

  这节课的一个重点是引导学生懂得如何做出正确的价值判断与价值选择，这里面的内容应当是非常丰富的，并且其方式应当以学生的自主自由思考和讨论为主。然而，这位教师仅仅让学生讨论一个关于李剑英的事例，又仅仅由这个事例得出以人民利益、集体利益为重，以个人利益为轻的价值判断标准。随后，又设置了两个事例进一步强化这一观点。这里，价值观教学涉及的内容非常狭隘，在方式上也主要是教师主导、教师传授，学生被动配合和接受。与传递特定价值观相对的是，这节课的下半部分是教授"价值判断与价值选择具有社会历史性和阶级性特征"、"价值观多元"等知识。这两者之间的内在矛盾如何调和，教师根本没有涉及。这样，学生思维上的混乱得不到澄清，价值观教学的实效又难免打个折扣。

  以上所述多是品德课中的灌输现象，实际上在其他人文科目的道德教学中也存在忽略学生的批判性思考、直接或间接传递特定道德价值观和道德规范的问题。这里就不再赘述。

  道德教学何以存在这些灌输现象？以下，笔者拟从教材编写、道德教学理念及教师的教学习惯等三个方面加以反思。

  首先是教材编写方面的原因。应该说，与以往教材相比，新一轮基础教育课程改革以后编写的德育教材更多涉及了道德认识过程中关键的心理环节，如人际交往中的换位思考和结果考虑原则，公平判断中的人际比较和价值权衡，自我发展中的自我认识、自我反思、自我期待和自我规划，等等。然而，尽管涉及到这些环节，教材却没有以之为中心系统地组织材料，以遵循学生道德认识的心理逻辑，引导学生的道德认识由具体到抽象、由规范到原则、由自发到自觉不断地向上提升。以人教版的义务教育品德课程教材为例。该教材把换位思考与低层次的道德规范、处世技巧等并列起来，而没有突出它是道德规范、处世技巧成立的基础，并且是教条化的道德规范、处世技巧不起作用时它却依然管用的普遍性原则。不仅如此，有关换位思考的内容在小学阶段（六年级下"学会和谐相处"部分）和初中阶段（八年级上"换位思考与人为善"部分）都有编排，但却缺少实质上的程度的加深。这些都体现了编写者系统通盘考虑的缺失。而对于公正思考的内容，该教材一方面将其作为一种根本性的道德思考方式（或道德原则）揭示它的某些特性，另一方面又将其当作一种具体的个人美德或社会道德秩序来加以描述和说明。实际上,人们日常所称的"公正""公平"兼有这三层意思。教材应该加以区分,并基于第一层含义来系统组织道德规范的理解和检验、复杂道德问题的解决等相关内容。这样,才能避免师生在公平、公正问题上的认识混乱,引导学生的公正思考走向自觉、理性。

其次是道德教学理念方面的原因。现在的道德教学较以往更加强调贴近学生的生活实际、引发学生的情感体验。比如,在教学"谦让"这一规则时,为了"贴近学生生活""尊重学生的情感体验",教师不再仅仅使用"孔融让梨"这类的历史故事或其他伟人、英雄的故事进行说教,而是让学生自己回忆生活中发生的自己谦让别人或别人谦让自己之类的事例,交流自己对他人谦让或者得到别人谦让后的感受。小学低年级的教师为了让学习变得生动有趣,还会采用创设情境的方法:有的采用多媒体形式,设计"可爱"的卡通动画来讲述某个小朋友对他人谦让的故事;有的则用一些道具、材料在教室里布置一个场景,和学生一起表演一个谦让的故事。这样的教学无疑更加尊重学生的切身感受,有利于其道德情感的培养。但是,这仅仅是道德教学的部分任务和内容;很多教师却将之当作道德教学最重要甚至全部的任务和内容。在道德认识方面,除了让学生掌握简单的道德知识以外,几乎完全忽略对学生自主的道德思考的引导。实际上,重情感体验的同时不能也不应轻理性思考;在培养学生道德情感的同时,教师更要注重引导学生的道德思考——有了自觉理性的道德思考,学生的道德情感才会变得更加持久、稳定和理智化,学生的道德生活也才能在原来的基础上有所提升和拓展。

最后,往往也是最普遍的一个原因就是我们教师传递知识的教学惯习。这种教学惯习的实质是始终以让学生掌握特定知识点为中心。在过去,教师主要采用直接告知和讲解的方式来传递知识。随着课程和教学改革的开展,教师被要求尊重学生的主体性、给学生更多主动思考探究的机会,但是囿于自身长期的受教育经历和教育经验,他们往往以引导学生探究解决问题之名来行传递知识之实,即采用学生解决问题的方式来间接地传递规范和道理。在教学中,他们提供给学生探究的问题情境往往是为知识点而"精心"设计的,问题的解决也被人为限制而只剩下一个唯一的标准答案。石鸥(1994)在分析德育实践收效甚微的原因时指出,功利的德育所惯用的说服教育是控制性的亦即病理性的,它由控制事实真相进而控制学生的理解达到说服学生的目的。所谓控制性说服,指的是说服者并未全面准确地向被说服者展示相关信息,仅仅靠某些"道理"来主观引导对方发生行为的变化的说服。其出发点是控制受教育者的理解而不是帮助他们理解,其手段是隐瞒事实真相,只向被说服者展示一部分信息而隐瞒另一部分信息,并以某些道理加以引导从而达到改变对方行为或抉择的预期目标。这种道德教育本质上是不道德的,从长远看则是无效乃至负效果的。笔者认为,我们很多所谓的问题探究式道德教学就属于控制性说服德育:它没有提供事实真相让学生进行真实严肃的道德思考,而只是"牵"着学生的思维和情感,让学生接受特定道德观点或有关道德的知识而已。由此可见,教学形式的变革是表面化的,其传递知识的教学惯习并没有改革,这就使得我们的道德教学尽管改革不断,但灌输现象依然普遍存在。

因此,要改变道德教学灌输知识和道理的状况,实现启发的道德教学,课程编制者和教师必须从理念到行为做出系统改变,而关键就在于懂得学生道德认识的心理规律,顺势而为、因势利导地设计课程、开展教学。

第二节 道德教学的启发艺术

与灌输的道德教学相对,启发的道德教学鼓励学生自主自由的道德思考并为之提供必要的辅助和指导。道德认识既带有一般性、规律性的特点,又带有个性化、情境性的特点;因而启发的道德教学就是在遵循道德认识一般的心理规律基础上的自由创造,较之科学或技术,这更接近一门艺术。

一、道德规范教学中的启发艺术

对道德规范的理性认识,关键在于深刻地理解其伦理价值,进而根据其实际的伦理价值灵活地加以运用。因而,要启发学生对道德规范的理性认识,就要调动学生相关的感性经验,让他们在这些经验的基础上反思道德规范的伦理价值;进而引导学生具体分析特定问题情境中遵守或违反该道德规范的伦理后果,并据此做出道德决策。

(一)组织对道德规范伦理价值的讨论

学生是可以在感性经验的基础上通过反思认识到道德规范的伦理价值的。在教学中,教师要避免道德说教,激发、引导学生对道德规范的自主自由反思,完全可以放手让学生围绕为什么要遵守该道德规范的问题进行集体讨论。

[案例 6-6]

《海纳百川　有容乃大》(八年级《思想品德》)

教学环节一:情境表演,导入新课

活动一:情境表演

拥挤的公共汽车上,甲不小心踩了乙的脚。

情境一　　　　　　　　　情境二

教师:在拥挤的公共汽车上,甲不小心踩了乙的脚,那会出现什么情况呢?请同学们演一演。

(学生思考、交流2分钟,然后请学生自愿上台来表演)

学生表演、师生互动(略)

教师:通过以上同学的表演,其实就是我们身边经常发生的事情,那以后遇到类似的事情,同学们愿意采用哪种情境中的表演呢?同学们异口同声地说:"第二种。"

教师:那为什么呢?(教师步步追问)

学生:因为第二种情境表演体现了宽容。

教学环节二:深度追问　探究交流

活动二:学生提出问题

教师:那面对宽容这个词,你想问些什么问题或者说有什么疑问呢?(请思考1分钟)

学生1:怎么做才能算是宽容呢?

学生2:什么是宽容呢?

学生3:什么情况下都可以宽容吗?

学生4:为什么要宽容呢?

活动三:学生自读教材　师生交流互动

教师:没想到学生们提出的问题比我想到的还要多,既然同学们提出问题来了,那我们一块来解决吧,请同学们带着这些问题看教材第100~104页。(给大家4分钟的时间)

教师:我们先解决第一个问题,什么是宽容呢?

学生1:宽容是一种境界,是一种美德。

教师:很好,能不能再具体一些。刚才谈到的境界、美德是对宽容这种优良品质的描述,请再想一想,什么是宽容呢?

学生2:宽容是宽大有气量,原谅和不计较他人。

教师:谁能用简练的词语来概括一下宽容的含义?

学生:宽大、有气量,原谅、不计较他人。

(板书:原谅、不计较他人)

教师:同学们回答得非常棒。那请继续思考第二个问题,我们为什么要做到宽容呢?这个问题稍微有些难度,同学们再仔细看一下教材,请提炼出关键词。

学生1:有了宽容,就能赢得友谊,获得更多的朋友。

(板书:获得朋友)

学生2:因为宽容是一种境界。一个人真诚宽容别人的过失,他的境界就上升了一个层次,一个人学会了宽容,他就掌握了一种自我提高的有效方法。

教师:请提炼出一个关键词来,是什么?

学生异口同声地回答说:"境界。"

(板书:提升境界)

学生3:因为宽容是中华民族的传统美德,也是当代人必备的道德品质,宽容饱含着理解。有了理解,就会有谅解、有同情;多一分理解,就少一分误解、少一分怨恨、多一分融洽。

教师:那关键词是什么?是"传统美德",同学们继续归纳总结得出。

(板书:传统美德)

学生4:人与人之间存在各种各样的差异,需要相互宽容,需要尊重彼此的个性。

教师:请同学们具体解释一下差异。

学生5:由于每个人的生活方式、思维方式、行为习惯、个性特点不同,品德修养存在差异,人与人之间出现矛盾非常正常。我们不能因为存在矛盾就拒绝合作。"和而不同,求同存异",是我们宽容合作的基础。

教师:谁能举一个人与人之间存在差异的例子呢?

学生6:我们共同生活在集体宿舍内,每个人都有自己的生活习惯,都存在差异,我们要"和而不同,求同存异"。

(板书:存在差异)

教师:还有没有其他原因?

学生7:宽容的人,会体察他人的内心世界,诚心帮助他人,心胸开阔,与人为善,因而受到他人的尊敬。

(板书:受到尊敬)

学生8:宽容能使对方从中吸取教训,重新审视自己的行为;宽容能使自己远离烦恼、仇视,体验到宽容带来的心灵的安宁和满足。

教师引导:使对方……使自己……,那用一个词来概括是什么呢?

(板书:利人利己)

教师:还有没有其他原因,请同学们讨论一下。

学生9:现实生活中难免无意之中伤害别人,这时,我们要体谅、尊重他人的感受,真诚地赔礼道歉,对别人的"对不起"也要真诚接纳。

教师引导:实际上就是在说"人非圣贤",同学们主动说出"孰能无过",那么最好的方法是向别人道歉,说声"对不起",对别人的"对不起"也要接纳。

(板书:人非圣贤)

既然"人无完人",那容不容许自己犯错误呢?

学生齐答:容许。我们不仅要宽容他人,还要宽容自己。

活动四:学生反思　生生互动

教师:你在日常生活中有没有宽容别人的例子呢?或得到别人宽容的例子?(请思考2分钟)

(教师引导:有的同学怕说不好,没关系,同桌先互相说一下,一会儿再举手。谁来表现一下自己,你是最棒的!)

学生1:我讲一个廉颇与蔺相如的故事。战国时期,廉颇是赵国有名的良将,他战功赫赫,被拜为上卿,蔺相如"完璧归赵"有功,被封为上大夫不久,又在渑池秦王与赵王相会的时候,维护了赵王的尊严,因此也被提升为上卿,且位在廉颇之上。廉颇对此不服,扬言说:"我要是见了他,一定要羞辱他一番。"蔺相如知道后,就有意不与廉颇会面。别人以为蔺相如害怕廉颇,廉颇为此很得意。可是蔺相如却说:"我哪里会怕廉将军? 不过,现在秦国倒是有点怕我们赵国,这主要是因为有廉将军和我两个人在。如果我跟他互相攻击,那只能对秦国有益。我之所以避开廉将军,是以国事为重,把私人的恩怨丢一边儿了!"这话传到了廉颇耳朵里,廉颇十分感动,便光着上身,背负荆杖,来到蔺相如家请罪。他羞愧地对蔺相如说:"我真是一个糊涂人,想不到你能这样地宽宏大量!"两个人终于结成誓同生死的朋友。

这个故事也称之为"将相和"。后人利用这个故事,对主动认错、道歉,自请严厉责罚的人,就称其为"负荆请罪"。

(同学们主动热烈鼓掌)

学生2:一次打饭时,我不小心碰了前面已经打了饭的同学一下,结果他的饭就洒了,我急忙说:"对不起。"他冲我笑了笑,然后说:"没关系,我再打一份就可以了。"我觉得他很宽容。

学生3:一次,别人拿墨水洒了我一身,他说"对不起",我说"没关系",就原谅了他。

(同学们又热烈鼓掌)

教师:这是一个他原谅别人的真实故事,他真诚地宽容了别人,那他就是一个宽容的人,他的境界就上升了一个层次,这种宽容的品质将会伴随他一生,他的人生将会更加精彩。

活动五:你说我说　发散思维

辩一辩:宽容对方无意的伤害,不宽容对方有意的伤害。

教师:给大家3分钟的时间思考、交流、讨论。

(教师引导:说得对与错并不重要,只要勇敢发表自己的观点即可)

学生1:宽容对方无意的伤害是正确的,不宽容对方有意的伤害是不正确的。就如前面举的蔺相如的例子,廉颇也是有意的伤害,蔺相如也做到了宽容,因为人无完人,以自己的宽容心感化对方。

学生2:这句话是正确的。因为原则问题是不能让步的。比如坏人、恶人。即使是自己的父母、亲人、朋友等做了违背原则的事情也是不可以宽容的。

教师:同学们说得都非常好,就像"7·5"新疆的打砸抢烧事件,就是给人民带来了灾难,这样的事情就是不能宽容的,也就是说宽容是有原则的,原则问题不能让步。(教师出示"7·5"新疆的打砸抢烧的图片。)

(板书:宽容是有原则的)

教学环节三:归纳提升　巩固提高

教师:好,同学们,通过本节课的学习,你有哪些收获呢?对你今后有什么启示?

学生1:宽容别人,就是提高自己。

学生2:以后要做到宽容,才能交到更多的朋友。

学生3:宽容别人必须有原则。

学生4:无意的伤害别人,要向别人道歉。

学生5:今后一定要宽容别人,原谅别人。

……

教师:同学们收获了很多,让我们有感情地齐读下面这首散文诗,结束本节课的学习。

宽容是大海,能容下江河,也能容下小溪;能容下竞游的百舸,也能容下一叶扁舟。

宽容是高山,能容下鲜花,也能容下荆棘;能容下参天的大树,也能容下一棵小草。

宽容是丝丝春雨,能融化坚固的冰层,敲醒沉睡的爱心;宽容是萧萧秋风,能吹散自卑的阴云,换回遗失的良知。

宽容是涵养,是理解,是关怀体谅;宽容是给予,是奉献,是新月一弯,是彩霞一片。

学会宽容,你会友好待人,积极面对人生;宽以待人,你就多了一扇窗,拥有了一分温馨,同时净化了自己。

教师:刚才上课之初有的同学提出的"我们怎样才能做到宽容?"这个问题,我们下节课再探讨,谢谢同学们。

在这则教学案例中,教师先让学生表演了一组生活中常见的情景,自然引出"宽容"这一道德规范,也为学生完整、理性地理解其内涵及伦理价值奠定了经验基础。随后,教师让学生自由提出相关疑问,进而围绕这些疑问展开学习和讨论。其中,关于"为什么要宽容"的问题,学生的讨论是比较充分和深刻的。他们展开普遍化思考,认识到宽容对于融洽人际关系的一般价值,如"赢得友谊","受到他人的尊敬","多一分理解","多一分融洽";同时也进行了换位思考,体验到宽容对于道德地对待他人的必要性,如"现实生活中难免无意之中伤害别人","宽容能使对方从中吸取教训,重新审视自己的行为",等等。这里,学生的思考和讨论受到教材的启发,但由于教师没有作太多限制,还是比较自主和自由的(美中不足的是其中的提炼关键词环节,它对学生理解宽容的伦理价值并没有多大启发性,而且有些关键词提炼得也不甚准确)。接着,教师让学生举出日常生活中宽容别人或得到别人宽容的例子,促进了学生对前面理性认识结论的理解。最后,教师设置的关于宽容条件的辩论,其实是非常有利于学生对宽容的内涵及伦理价值的辩证、批判性思考的。然而,需要指出的是,在实际教学过程中,教师没有鼓励、引导学生展开充分自由的讨论,而只是草草得出"宽容是有原则的"含糊笼统的结论,从而过早封闭了学生深入探索的空间。这是该案例的最大缺陷。这也从反面启示我们:教师组织学生对道德规范伦理价值的讨论,其关键在于鼓励、引导学生不断澄清自己的认识,而不是匆匆帮助学生得出一个结论。

(二) 组织对违反道德规范合理性的争论

对待道德规范的理性态度是因为其伦理价值而遵守之,而不是刻板地、为了遵守道德规范而遵守道德规范。因而,现实生活中难免存在为了道德的理由而违反道德规范的情况。引导学生对这些情况加以分析思考,不仅可以使学生认识到特定场合下违反道德规范的道德合理性,更加明智地应对现实的道德问题,更可以帮助学生形成对待道德规范的理性态度,认识到道德规范的伦理价值。在下面的教学案例中,教师引导学生进行关于"说谎"的课堂讨论,使之联系切身的道德经验寻求违反"不说谎"规范的道德理由。这无疑可以增强学生明智地应对道德问题的能力,更可以促进学生对"不说谎"的伦理价值的反思。

[案例 6-7]
讨论由事例研究课中的一个分歧引发:某些学生正在试图争取认可那个说谎的人,其理由是这实际上只是一个"善意的"谎言,而且,这种谎言是很普通的;另一些学生坚持认为,这完全不是一个"善意的"谎言,而是一个很严重的不诚实的过错。

教师在开始这个讨论时问学生,一个"善意的"谎言是什么,它与一个普通的谎言有什么不同。学生很快明确,"善意的"这个形容词是与清白和善良相联系着的,它实际上仅仅意指,运用这个词的人赞同那种具体的谎言。接着,教师要求学生提出一个善意的谎言的例子,也即一个几乎人人都赞同的谎言。学生提出了诸如借口有一个"事先的约会"而谢绝邀请、赞扬一个平庸的厨师或艺术家、对祖母说你喜欢她的新帽子等等。这些讨论使多数学生开始认真采纳以下看法:某些谎言是可接受的——虽然其他谎言是不能赞同的,在这两者之间作什么样的选择是个人的事情。教师也暗示,他赞同在特定情境下说谎,但同时表示,在其他情况下则质疑这种做法。

考虑了人们通常会赞同的各种不同的谎言例子后,这种具体的讨论就发生了一种奇妙的转变。有学生说,父母对他们的孩子说谎"当然"是对的,例如父母告诉他们的孩子关于圣诞老人、复活节的兔子和传说中仙女的事就是对的。但是,有学生认为,父母给予儿童的明显是不正确的知识,而且这又是完全不必要的。最后,学生达成一致意见:对儿童说那些虚假的事也许是必要的,但是,一旦儿童开始发觉真实情况,这种做法就会导致儿童不相信和不信任他们的父母。

在学生形成关于说谎的一般观点的基础上,教师抛出以下事例促使学生在具体情境中整合、发展这些分立的观点。"假设美国在东京有一个秘密的导弹基地。如果一个潜在的敌国并不知道这事,这个敌国就不会对这些导弹准备防御措施。但是,如果敌人发现了它,这个基地在军事上就变得无实际用处。如果参议院外交委员会得知这一基地,就几乎可以肯定,这一基地的存在将立即变成公开的消息。当这个委员会的成员问,在东京是否有美国的导弹基地时,总统或他的代表和国务卿应如何回答呢?"(霍尔、戴维斯;陆有铨,等,译,2003:165-171)

在这个教学案例中,教师抓住学生试图认可某些谎言——"善意的"谎言的契机,组织学生讨论这类谎言的含义和可接受性。在教师提出"'善意的'谎言是什么,它与一个普通的谎言有什么不同"的问题及举出一个"善意的"谎言的例子的启发下,学生结合自身的道德经验建构起"善意的"谎言的道德意义——"善意的"谎言是与清白和善良相联系的,是几乎人人都赞同的谎言,是可接受的谎言。不过,随着讨论的深入,学生更辩证地意识到虽然有些"善意的"谎言也许是必要的,但却损害了人与人之间的信任。这些讨论虽然都是围绕违反道德规范而展开的,但可以想象,它们也从反面促进了学生对遵守道德规范的伦理价值的理解——"不说谎"之所以是道德的,是因为在特定情形下(而不是所有情形下)它是善意的,是人人赞同的,是维系人际信任、和谐的,而不是因为它被权威或舆论宣称是道德的。这无疑有利于培养学生对待道德规范的理性态度。在这个教学片断的最后部分,教师又抛出了美国总统应该如何应对议员对秘密导弹基地的提问的问题,以帮助学生整合、发展前面提出的观点,学会利用这些观点进行明智的道德决策。经过前面深层次思考的学生,不会认为总统应该仅仅为了教条化地遵守道德规范而把军事机密和盘托出,当然,也不会简单地同意出于眼前利益考虑而欺骗议员的做法,相反,他们进行道德决策时会综合利益考量和规范遵守的双重需要,因而变得更加复杂、审慎。总之,引导学生关于违反道德规范的思考,不是去解构、颠覆道德规范的道德必然性,而是从反面深化学生对道德规范的理性认识,培养学生对道德规范的理性态度。

(三) 引导对道德两难问题的思考

所谓的"道德两难"是指,主体面临对立、互竞的伦理规范——选择遵从其中的一条规范,就势必违背另一条规范——而难以做出两全其美的选择。处于这种道德两难情境中,主体必须上诉更为根本的道德价值观,找到遵从某一伦理规范而违背另一伦理规范的道德理由。柯尔伯格发现运用道德两难故事讨论不仅可以测量被试所处的道德认知发展阶段,而且还可以促进被试的道德认知发展水平向更高阶段发展。笔者认为,像柯尔伯格所区分的六个道德认知发展阶段未必存在,因而道德两难故事讨论对于道德认知发展阶段的提升作用也就未必存在;但由于道德两难故事的特征,对它们的思考和讨论将有利于促使决策者反思道德规范背后的价值观以及可能具有的伦理价值,从而加深对道德规范的理解。在教学中,教师如果对学生的道德两难判断或决策给予一定的引导,就更可能实现道德两难故事对于道德认识的促进作用。在下面的案例中,教师不仅鼓励学生表达对道德两难故事的自主判断,更予以积极引导,起到了促进学生道德认识的作用。

[案例 6-8]

两难故事

前几天法庭审理了一桩案件,被告名为琼斯,他家发生了一个意外事故,他的儿子迈克胸部受伤,出血很厉害,他的鞋子和裤子都被血浸透了。迈克吓坏了,他开始拼命地喊叫,直到最后失去知觉为止。

他的家长也吓坏了,他的妈妈开始时惊叫,大哭,她想她的孩子要死了。他的父亲琼斯不再犹豫;他抱起迈克,跑下楼梯,走到门外希望能叫到一辆出租车去医院。他原以为叫出租车可能会比叫一辆救护车要快。但是,街面上根本没有出租车,而迈克失血似乎更厉害了。

突然,迈克的父亲看到一男子正在停放他的车辆。他跑过去请求那人带他们去医院。那人回答说:"唉呀,我因一件重要的工作与一个人有约会。我实在不得不准时,我十分愿意帮助你,但是没有办法。"因此琼斯说:"那就把车借给我。"那人回答:"呀,我不认识你,我不能相信你。"琼斯让琼斯太太抱迈克。她照着做了。接着琼斯先生用拳头打了那人,痛打了他一顿后,拿走了他的汽车钥匙,把汽车开到医院去了。那人从街上爬了起来,他叫了警察,并带他们去了医院。警察因琼斯先生偷车和挑起攻击而逮捕了他。

教学过程:

布莱特先生(以下称"布先生"):你将会那样干吗?

A学生:不(不清楚的回答)。

布先生:一个个上前回答,什么?

A学生:他本应该叫救护车。他不能让别人干别人不愿意做的事。(听不见的回答)

布先生:那么说,那个拒绝借车给琼斯先生的人,难道他做得完全正确吗?

B学生:他对于他的车子当然可以爱怎么干就怎么干了(大家表示同意)。而且,他可以自己顾自己,或者如他所愿,他也可以帮助琼斯先生,但这只是当他愿意时才行。

布先生:那好。琼斯先生偷了车子,琼斯先生在法律上有权痛打那人并开走汽车吗?

B学生:他在法律上无权这么干。没有。

布先生:是的,因为这人有权拥有自己的财产,琼斯先生显然无权伤害那家伙。那么,这里涉及到了什么?琼斯先生的难处在什么地方?(齐声说:"那个男孩子。")这里是一个有关一个人的生命问题,对吗?(齐声答:"对。")那家伙有权拥有财产和这家伙有权生存相冲突。

C学生:是的,法律没有说关系到人的生命时你就可以偷盗。法律说你不能偷盗。

布先生:所以你所说的是,按法律,偷盗不存在差异,偷盗就是偷盗,是错误的,对吗?(齐声说:"对。")

A学生:他把车开走是错误的。

C学生：他偷盗总算是有理由的。

布先生：假设你没有钱,你因为肚子饿而偷食物。

A学生：这是违反法律的。

C学生：但这是有理由的。

A学生：你会被捕,我敢打赌你会被投入监狱,不是吗？偷汽车也同样如此。

B学生：但此人偷车确实有充分的理由。

A学生：对你来说有充分的理由,但这对别人可就不是这样了。

B学生：你流着血,你父亲抱着你跑着,他试图打那个人,并带着你去医院,你知道你只得无可奈何地希望你父亲去揍那个混帐,并且开走他的汽车,是吗？

A学生：不！不这样。

B学生：是的,你会。否则你会静静地躺在那里,任血流干,直至死亡。不是吗？你难道会这样让自己死去？

A学生：但我的意思是,那样干是犯法的。你拿走了不属于自己的东西。

布先生：好,让我来问问你,"法律的目的是什么"？（二三人回答："保护。"）是为了保护人们及他们的财产。在这一事件中,假设你这里有个人处于危险之中。你说法律的作用是保护人们。那好,现在它得保护生命。……

A学生：但财产部分如何办？其他人如何办？他也应受到保护！

布先生：你说的是不仅这个人要受到保护,其他人也得受到保护。好,这是对的。但假如这人有权拥有财产和那人有权生存相抵触,财产和生命同等重要吗？

A学生：那辆汽车可能是那人生存的依靠,他得找到一份工作。如他得不到工作,他可能死掉。你得明白什么是一个人认为较有价值的,一辆汽车或一个生命。

布先生：你现在所说的是,背景条件无关紧要。偷盗就是偷盗,而不管你有何借口。（齐声说："不",另一个齐声说："是"。）

A学生：我不会改变主意。为什么要酌情对待？为什么要区分？请给我一个可靠的理由。这好像告诉医生：他可以拿一个人的生命去挽救他最要好的朋友的生命。如那个好朋友需要一个心脏,那医生就可以去杀死一个人。

D学生:这是错误的。我宁可让我的朋友死掉。拿别人的心脏去救自己的朋友,这可是……

布先生:这样你就剥夺了别人的生命。你难道说生命和财产同等重要吗?

A学生:他有充分的理由,并不意味着这是正确的。

布先生:你现在谈的理由是什么样的?(议论)

E学生:一个道德上的理由。

B学生:从法律上来说这是错误的,但从道德上来说这是正确的。(议论)

A学生:我们在争论法律而不是道德的。

布先生:我希望你把法律和道德两者均加考虑。(柯尔伯格;魏贤超,等,译,2000:252-254)

在这个案例中,很多学生开始时是完全反对琼斯的行为的,他们认为这是偷盗,是违犯法律的。教师引导学生更全面地考察问题,考虑琼斯的难处——为了救孩子的命而迫不得已偷车,并提示问题的核心是财产与生命之间的冲突。一些学生随之改变了自己的想法,而A学生却始终坚持琼斯的行为完全不可接受的看法。教师和其他同学都试图帮助他更深入地看待偷盗的问题——偷盗是违犯法律的,而法律的宗旨是保护人们及其财产;在这里,偷盗尽管侵犯了他人的财产,但却是为了保护生命,因而是有一定可接受性的。在争论过程中,A学生一方面充分展开、表达了自己的思想,另一方面也吸纳了老师和同学们的部分意见,认识到琼斯的行为尽管不合法,却在道德上有充分的理由。这就是说,他已经不再把"不偷盗"看成绝对的行为准则,而倾向于考虑更广泛的行为规范,并根据它们背后的价值观来做出选择和决策。这显然意味着他对道德规范理解的加深,也意味着他道德决策能力的渐趋成熟。

二、道德原则教学中的启发艺术

启发的道德原则教学的宗旨在于,引导学生在处理人际关系时进行更加自觉的、平衡的公正思考,引导学生在处理与自我关系时自觉地基于自我实现原则做出决策。一般而言,道德原则教学的途径有二。一是直接教学,即直接教授有关公正运算、自我实现决策的知识,对学生的公正运算、自我实现决策予以直接指导。其启发性在于:基于学生自身的公正运算或自我实现决策的感性经验,教授相关知识,特别是策略性、方法性知识,促使学生运用这些知识改进、提升原先的公正运算或自我实现决策。二是间接教学,即师生着力道德问题的讨论和解决,在其间为使问题获得更好解决而引发或改进学生的公正运算或自我实现决策。这里,教师并不直接教授公正运算或自我实现决策的知识,也不直接指导学生的公正运算或自我实现决策,而是在寻求道德问题的解决过程中间接地提高学生公正运算或自我实现决策的能力。其启发性在于:着眼具体问题的解决,引导学生进行换位思考或普遍化思考,以提高学生的公正运算能力,或者引导学生的自我反省,以提高学生的自我实现决策能力。

(一) 引出学生的公正运算并加以直接指导

[案例6-9]
《公平是社会稳定的"天平"》(八年级《思想品德》)
一、我(指教师,下同——作者注)的社会经历
教师:在到我们学校工作之前,我是在一所农村中学教书。说实话,我是喜欢那些农村的孩子的。虽然他们的基础比较差,性格比较腼腆,但都非常淳朴,也大多比较好学。然而,我却很难再待下去。一来我的职称问题拖了好几年解决不好,原因不是我工作成绩、工作态度不好,而是管理部门根本没有给这所农村学校名额。二来学校的待遇实在太差。不但没有奖金、津贴,而且工资常常拿不全。另外,学校的生源越来越少。请大家说说,在这种情况下,我们这些农村教师会有什么感受?又为什么纷纷离开呢?
学生:不公平。
教师:公平与不公平是一种感觉,在什么时候产生?
学生:是在比较中产生。把城里教师的待遇和农村的进行比较,就产生了不公平的感觉。
学生:付出和回报不成比例的时候。
教师:对,公平是付出与得到的一种平衡。
教师:后来,我通过教育局的公开招聘考试,被我们学校录取。这样,凭借优异的成绩,我由农村中学调进城市中学。请问在我的经历中,哪些地方体现了公平?
学生:在公平竞争中获得名额,是公平的。
学生:考试,是公平的,付出得到了回报。

学生:教育局的公开招聘,过程是公平的。

总结:公平的招聘制度给了老师机会。所以,公平又表现为机会的公平、过程的公平。

学生:老师你调到城市,对农村的孩子是不公平的。

学生:我反对上一位同学的观点,老师是凭自己的努力调到城市,是公平的。其他老师没有留在城市,是因为他们不够努力。

学生:对你是公平的,对农村的孩子是不公平的,老师能够为农村的孩子作贡献。

教师:农村,更需要我这样的老师。似乎我们看到,任何一项制度都不完全是公平的,世界上没有绝对的公平。比如高考制度,一张试卷也不能反映学生的全面素质。目前,也没有再好的制度取代高考制度(高考制度也在改革)。所以,公平是相对的。

教师:不同的人对公平的理解不一样。不同的历史时期对公平的理解也不一样。

孔子:有教无类,不分贫富贵贱都能接受教育,追求教育权的平等。

伏尔泰:人生来是自由和平等的,政治上追求公平和自由。

孙中山:平均地权,使耕者有其田。

马丁·路德·金:我有一个梦想,为黑人争取自由平等和就业。

总结:自人类社会诞生以来,人们就从没停止过对公平的追寻。公平是人类孜孜以求的目标,虽然人们对公平有着不同的理解,但都体现着他们对自由的追求、对权利的尊重,对自身力量的肯定,实现社会的公平更是我们现代社会的一个永恒主题。

下面就让我们带着对公平的理解(渴望)一起点击我们的现实生活吧。

二、融入生活

探讨:请同学们一起来聊聊在你们的学习生活中,经历过、听到过、看到过的公平和不公平的事,就其中的1~2方面进行讨论,并谈谈造成的影响。

形式:合作学习探究单

内容1:生活中公平与不公平的事情

内容2:这些公平与不公平产生的影响

交流:学生举例,老师补充或者点评。(具体内容略)

教师总结:通过刚才的交流,同学们我们对公平和不公平的事例各讲了3个。生活中,还有很多这样的现象,希望大家课后再去了解。的确,公平和不公平的现象对社会的发展都带来了很大的影响。

结论:因此,公平,也是社会稳定的基石。国家也在尽力维护这架天平的稳定。

延伸:面对社会生活中的不公平的现象,我们每个公民个人也应为创造一个更加公平的社会作出不懈努力。你会如何维护社会的公平?我们下节课了解。

三、课外探究

目前在网上有个热议的话题:云南取消统一中考

不同看法:

政府工作人员:新的中考制度的改革和实施,对每个学生都一样,是公平的。

家长:实行综合评价容易受老师个人喜好的影响,很难做到公平。

学生:还是以前的有公平性,分数就是硬道理,有能力就上,没能力就下。

教师:以前一考定终身,如果学生发挥失常,三年的努力就白费了。现在以综合考评为依据,相对来说更公平。

问题:你怎么看?公平还是不公平?怎样让它更公平?

这则案例是围绕公正运算的直接教学。其启发性在于,以教师几段亲身的社会经历引发学生自主的公正判断;在此基础上,教师再引导学生抽象出"公平与不公平是一种感觉",它"在比较中产生","公平是付出与得到的一种平衡"等关于公正判断的知识。这样,有着感性经验作为基础,学生对公正运算的理解是自主的、深刻的。随后,教师又要求学生运用上述知识分析生活中遇到的公平或不公平现象,以使学生更加自觉地进行公正运算。不过,遗憾的是,教师尽管在教学过程中让学生感受到"人们对公平的理解或感受不尽相同","没有绝对的公平",却并没有进一步和学生一起思考如何处理这种公平感觉不尽相同的问题,因此,对于课外探究的问题,学生很可能只能凭借个人好恶做出判断,而不能借助妥善的方法理智、平衡、有效地加以应对。

(二)在问题解决中促进公正运算发展

使公正运算更加理智、平衡的关键在于换位思考和普遍化思考。教师在辅助学生解决道德问题的过程中,采用道德情境创设、道德决策程序指导等方法,可以引发学生的换位思考和普遍化思考,使得道德问题获得合理解决,也使得学生的公正运算能力有所发展。

1. 道德情境创设法

道德情境包括鲜活生动的道德榜样、道德事例,或者有待道德救助的真实场景、问题情境,等等。在教学过程中,创设道德情境往往可以激发学生的道德情感和道德敏感性,促进学生转换道德思考的角度,有效启发学生对相关道德问题的解决;而这往往也是学生公正运算能力提高的过程。

[案例6-10]

教师引出探究话题"消费之我见",然后要求各小组派代表把本组最想解决的一个疑惑问题写在黑板上。

代表一(板书问题一并解释):(略)

代表二:从我们组调查展示的内容可以看出,有的人膳食不讲科学,烟酒无度,滥吃乱补,结果造成营养失调,出现许多"富贵病"。他们的消费习惯明明不健康、不文明,还口口声声地说"我有钱想怎样花就怎样花"。这些人虽然富起来了,却有钱不会花、有钱胡乱花。

所以,"我有钱想怎样花就怎样花"是我们组想讨论的问题。(代表二边说边板书问题二)

教师:第二组同学观察问题非常敏锐,提出了一个带有普遍性的问题。"我有钱想怎样花就怎样花"确实代表了社会上一部分人的消费观念。

代表三展示中学生消费状况调查结果并加以解释。(内容略)

代表四:大家刚才有没有注意,在我们的调查内容展示中,有一项是关于名牌消费的调查,它在各项具体内容的消费中所占的比例尽管不同,但大约都在38%左右,有消费名牌意愿的同学占78%左右。对中学生是否该消费名牌,我们组进行了激烈的争论,但最后没有达成共识,今天想听听大家的看法。

"中学生是否应该消费名牌?为什么?"(代表四边说边板书问题三)

随后,教师指导学生围绕上述三个问题进行组内和组际讨论。最后,在全班范围内,交流讨论结果。

关于问题一的讨论:(略)

关于问题二的讨论：

同学 E：我们组认为"我有钱想怎样花就怎样花"并没有什么错误。只要钱是自己正道挣来的，当然有怎样花钱的支配权了。

同学 F：我不同意 E 的看法。我曾经看到过一份材料说广东增城盛产荔枝，其中极品出自名曰"西园挂绿"的百年古树，此树每年仅结果数十颗，甚为稀罕。于是便有人献策为这些"珍果"举行专场拍卖会。果不其然，拍卖会上 10 颗荔枝换得 131.5 万元，其中一号"珍果"拍得 55.5 万元的高价。这样的荔枝你有钱也买吗？去年广州一酒店推出的年夜饭标价竟有 11 万的，这样的年夜饭，你有钱会去吃吗？

同学 E：如果我有很多很多的钱，也未尝不可。

同学 G：请问你这种消费是出于什么心理？你真的需要吗？如果不是真的需要，就大可不必这样消费了。

同学 H：如果是毒品，你有钱也可买吗？我认为消费也要考虑到安全和健康。

同学 I：大家还记得我们组刚才在汇报调查结果时，展示的被剥光了皮的藏羚羊图片、美丽的丹顶鹤以及它们的悲惨遭遇的图片吧。它们之所以有这样的悲惨遭遇，就是因为有些人有钱想怎么花就怎么花，不考虑国家的法律和环保，想吃它们。

其他同学发言：（略）

教师：认领这一问题的第四学习小组，你们什么观点？

同学 J：我们组开始也认为有钱是可以想怎么花就怎么花的，但听了刚才几个同学的发言，我们感觉到我们组刚才想的是不周到的。

同学 E：听了大家的发言，我感觉到刚才我们的思路是有点狭窄，看问题应该看得更全面、更长远些。有了钱花钱的时候，我们不但要从自己的实际需要出发，还要符合法律、符合安全健康、符合环保、符合绿色消费、符合可持续消费。

教师：大家同意 E 的观点吗？

学生：同意（几乎是异口同声）。

教师：现在我想和大家一块看一看某些名人是怎样花钱的。

屏幕展示：

材料一：美国富豪洛克菲勒家族，对年幼的子女在经济上却"吝啬"得很，七至八岁的孩子每周给零花钱三角，十一至十二岁每周一元，十二岁以上每周给三元。且每周发一次，还发给每人一个小账本，要他们记清楚每笔支出的用途,领钱时交家长审查,钱账清楚,用途正当,下周增发五分,反之则减。洛克菲勒通过这种办法,使孩子从小养成不乱花钱的习惯。学会精打细算当家理财的本领,其用心之良苦,招数之独特,确实令人感慨,促人深思!难怪其后人成年后往往都成了企业经营的能手。

材料二:世界船王包玉刚对自己及家人花钱非常吝啬,而在支援内地建设、办学校、赈灾捐款等方面,却慷慨大方,总是数目惊人。

(教师不要把观点强加于学生,而是让学生自己去感受有钱怎样花更有价值。目的:用"一棵树摇动另一棵树,一个灵魂触动另一个灵魂"。)

关于问题三的讨论:(略)

学生观点归纳:中学生追求穿名牌,有不利的地方,但只要是从自己的家庭、身份、实际需要出发也是无可厚非的。

教师:我认为刚才大家的说法很有道理,你们是很有思想的。现在我想和大家一块来欣赏一张图片和一首优美的小诗。

(此时,教师并没有生硬地教育学生,而是转到把买名牌的钱捐献给希望工程等更有意义的事情上去,展示了如下的材料,给学生以触动,引发学生思考)

屏幕展示:

材料一:希望工程600元就能救助一个失学儿童完成小学的学业。(图片和文字形式)

材料二:
当我们吃着麦当劳的时候,
山区贫穷人家的孩子正忙碌在田间地头,
割猪草、打柴,辛勤的汗水只为了能换回一两百元。
那可是一年的学费,
那可是通往校园的路。
请伸出你我的手,
帮助他们实现那或许简单的梦想。
坐在明亮的教室大声朗读他们的今天,
把小小的梦想实现。

(看完这两段材料后,教师和学生都没有说话,教室里静默了半分钟,学生在自由感受、体验和思考,达到了"此处无声胜有声"的效果。

目的:把理论观点寓于社会生活之中,既可避免教师口头说教,把观点强加于人带来的逆反心理和抵触情绪,又有利于学生自我教育、主动发展,在体验、感悟中认同所学知识,提高自己的道德意识,以便在将来的社会实践中践行。)

教师:现在我们思考"穿名牌与艰苦奋斗、勤俭节约是否矛盾"?

学生回答:(略)

结论:两者并不矛盾,勤俭节约但不抑制消费,要舍得花钱但不铺张浪费。艰苦奋斗是正确消费观的本质和核心所在,它不仅是一种消费观念,也是一种社会风气和道德修养。艰苦奋斗表现在物质消费上,不同时期内容不同,表现在精神风貌上,任何时期都不能少。(赵爱香,2006)

在上面的课例中,围绕"是否我有钱想怎样花就怎样花""中学生是否应该消费名牌?为什么?"等问题,师生展开了思考和讨论。应该说,相当一部分同学一开始是认同"有钱想怎样花就怎样花"的做法的,其理由是:钱是我自己正道挣来的,我当然拥有怎样花钱的支配权。这是一种初级的、直觉式的公正运算。随着讨论的深入,这种公正运算的局限性逐渐暴露出来。对此,教师并没有直接予以评议,而是引入洛克菲勒家族培养孩子不乱花钱的习惯以及船王包玉刚生活节俭却慷慨做慈善等事例,随后又呈现希望工程资助失学儿童的文字和图片、号召捐助失学儿童的小诗。这些材料构成了一个个真实鲜活的道德情境,可以激发学生的道德敏感性(在学生看来,怎么花钱原来仅仅是一个个人问题,现在却涉及他人的福利),启发学生的道德思考(学生可能会从失学儿童的角度考虑他们的需要和希望,也可能会一般化地考虑所有人想怎么花钱就怎么花钱的道德合理性),促使学生的公正运算更加理智和平衡(公正运算不再仅仅从自己的角度进行价值估量,不再仅仅局限于周围人之间的比较;而是把自己的权利与遥远但却真实存在的贫困儿童的权利进行比较,从整个社会的角度考虑权利与义务的对称性)。其对道德认识的影响作用是间接的,隐性的,但却往往是深刻和巨大的。

2. 道德决策程序指导法

现代西方道德教育由于崇尚自由的文化传统,往往尽力避免特定价值观、道德观的传递,而把重点放在形式化的道德问题决策程序的指导上。其支持者认为,充分认识各种可能的行为选择及其可能产生的后果,反思各种行为选择背后的价值观基础,有助于人们做出更加理智的道德决策。因而,教给学生理智的道德决策的程序既有效,又不会产生政治和道德上的风险。美国学者霍尔和戴维斯提出的"事例研究法"就是这种教学理念的具体代表。该教学方法一般包括以下步骤:第一步,事例的陈述。教师向班级或讨论组陈述一个假设的情境,在其中,要求一个人做出某种行为决策。第二步,找出各种可能的选择。即促使学生寻找某个问题上的各种可供选择的行为方式。第三步,估计各种后果。即考虑各种行为选择的所有后果,包括来自行为本身(方式)的无论怎样的非故意后果,也包括直接被看作行为目的或目标的那些后果。第四步,"苏格拉底式的"探究。即通过区分事实与价值、找出"最好的理由"(道德理由)、将决策看作普遍的原则、联系观念和价值等环节,对各种可供选择的决策加以检验。第五步,做出一个决策。显然,这样的教学步骤是借助具体道德问题的解决(事例研究),帮助学生掌握理智的道德决策程序。以下是一则采用"事例研究法"教学的典型案例。

[案例 6-11]
一、教师陈述事例:
邻近的零售店店主
一群孩子每天放学后都要去附近的一个糖果店,开始他们的表现都是好的,不久他们就开始不付钱拿东西了。有一天,店主抓住了他们,而且他们也承认,一段时间以来,他们偷了他的糖果。这个店主该怎么办?为什么?

二、学生讨论后提出下列选择:
(1)告诉他们的父母。
(2)报警。
(3)要他们为他工作以赔偿损失(既不告诉他们的父母,也不报警)。
(4)警告他们,如果他们再这样做,就告诉他们的父母(换句话说,即给他们一个警告)。
(5)打他们的屁股,然后送他们回家。

三、在列出各种选择之后,学生估计行为的后果:
(1)告诉这些孩子的父母,可能对这些孩子并无多大帮助。有些父母有时会过分严厉地惩罚孩子(特别是对那些在邻居面前使他们觉得窘迫的事情);另一些父母则不顾具体情形为他们的孩子辩护。
(2)报警似乎太严厉了;警察可能会过分认真地处理此事。

（3）要求孩子们为他们所偷的糖果劳动以赔偿损失，可能也是无效的。孩子们可能会拒绝这样做，或者说，让孩子们在店铺里劳动，无论如何是不能放心的。

（4）警告有时是有效的，但是，如果它们是无效的，那么，店主将不得不另找办法。

（5）店主没有合法权利打邻居孩子的屁股，同时，这样做可能会给他带来麻烦。

四、进行"苏格拉底式的"探究。

在对各种选择加以检验的过程中，学生逐渐明确了其作为决策基础的价值观：如果强调店主对自己店铺的权利，那么报警可能会更好地保护他的店铺；而另一种看法则是，孩子的父母有权了解这一事情并以他们自己的方式予以处理。

为了引导学生依据普遍的原则做出决策，教师可以向学生质询这一判断是否适用于类似情境中的所有人（好的道德判断都具有适用于类似情境中的所有人的一种"金科玉律"式的性质）。如果学生说这个店主应该报警，教师就可以问，如果他作为家长，他是否会赞同这种选择。如果他说这个店主应该考虑要求孩子们为他工作以偿还损失，教师就可以问，这样做在孩子们看来是否合理。

引导学生思考该行为决策是否与自己对自身特性的认识以及对自身愿意生活于其中的那种社会的认识相一致。倾向于报警的学生，往往赞赏安全和社会生活的既定组织；而主张亲自处理这些孩子的学生，往往赞赏自由和社会变化。

五、在经过上述后果检验之后，做出决策。（霍尔、戴维斯；陆有铨，等，译，2003：140－149）

在这个教学案例中，教师首先引导学生就事例提出各种可能的选择，并估计各种选择可能的后果，以此让学生意识到自己决策的价值观基础。这其实是公正运算的自我反思过程。在此基础上，教师再引导学生依据普遍的原则和自身的价值信仰做出决策（即第四步"进行'苏格拉底式的'探究"）。这一步骤的实质是引导学生采用换位思考和普遍化思考，使原先的公正运算更加平衡、理智，并与自身一般化的价值诉求（这些价值诉求是抽象的、一般化的，都有自身的合理性，它们相互竞争，又共存共生）相一致。由之可见，这种"事例研究法"表面上是指导学生在考虑各种行为选择及其后果的基础上做出决策的程序，实质上是引导学生反思自己公正运算的价值观基础，进而通过换位思考、普遍化思考和价值信仰联系来改进自己的公正运算。在促进学生的公正运算过程中，教师主要担任"精神助产士"的角色，以诘问的方式发挥作用。比如，为了引导学生依据普遍的原则做出决策，当学生说这个店主应该报警时，教师就问如果他作为家长，他是否会赞同这种选择；当学生说这个店主应该考虑要求孩子们为他工作以偿还损失时，教师就问这样做在孩子们看来是否合理。这种诘问尽管不导向抽象的道德概念内涵的澄清，但在激发学生自身的道德理性以自主寻求问题解决的意义上，与苏格拉底的产婆术是一脉相承的。

（三）指导自我反思以培养自我实现意识

自我实现原则的体认必须通过主体的自我反思才能形成。在教学过程中，引出学生以往的成功经验并指导学生加以自我反思，可以有效培养学生的自我实现意识。这是一条自我实现道德原则的直接教学路径。

[案例6-12]
《发现自己的潜能》（七年级《思想品德》）
导入：以"爱因斯坦的脑资源被开发了多少？"为话题来激发学生对潜能的兴趣。
一、人的潜能是巨大的
（一）通过录像和资料证明人类具有很大的潜能有待开发。
（二）通过"冰山图"让学生形象地感知：什么是潜能？人的潜能是巨大的！
结论：我们每个人都有一座潜能金矿。
二、认识、发掘自我的潜能
（一）活动：慧眼识宝——认识自己的潜能
请对照7个方面的智能，以"冰山"的形式，绘制自己的潜能图。
"海平面"
语言　音乐　身体运动　人际交往　自我认识　数理逻辑　空间
思考：我最擅长的_____智能是如何形成的？
1. 活动目的
（1）让学生在客观认识自己的基础上，体会到自己巨大的潜能所在。

(2) 通过自己的成长经历，认识到特长的形成过程就是潜能被开发的过程。人的潜能是可以不断被发掘的！

(3) 明确潜能的发掘也是有一些方法的，并不神秘，通过熏陶、学习、训练、比赛等，就可以把我们的某个方面的潜能挖掘出来。

2. 活动要求

(1) 请同学们用深色的笔画图。

(2) 用发展的眼光，客观地认识自己。做个有心人，找出自己的潜能所在。

(3) 思考：我最擅长的_____智能是如何形成的？

(4) 画好的同学请举手示意。

3. 活动过程

(1) 请同学上台展示自己的潜能图。

(2) 现场采访，师生互动。采访以下四个问题：

① 海平面以上的能力是你什么能力？那海平面以下的是你什么能力？

② 从你的潜能图上可以看到，7座"冰山"是有高有低的。为什么你会这样画？请简单介绍。

③ 你觉得自己的潜能在哪儿？

④ 你最擅长的_____智能是如何形成的？

4. 活动点评

从刚才同学的发言中，我们可以得出，我们的特长是慢慢培养出来的。换句话说，特长的形成过程，就是潜能被开发的过程。由此可见，人的潜能是可以不断被发掘的！大家要做个有心人，用慧眼发现自己的潜能。

潜能的发掘也是有方法的，刚才同学讲的特长形成过程就给我们提供了鲜活的例子。发掘潜能的方法也并不神秘，通过熏陶、学习、训练、比赛等，就可以把我们的某个方面的潜能一步步挖掘出来。

(二) 举例说明

1. 列举一位普通的南外学生朱韫喆的事例，请学生根据事例，并结合书本，提炼出发掘潜能的方法。

2. 归纳总结

三、体验发掘潜能的快乐

活动：小游戏——""口'字加两笔可以写出多少个汉字？"

1. 活动目的

(1) 发掘学生的想象能力。

(2) 体验发掘潜能的方法,感受发掘潜能的快乐。

2. 活动要求

积极开动脑筋,独立思考完成。

3. 活动过程

(1) 请一位同学上台在黑板上写,其他同学在纸上写。

(2) 先给学生一定的时间,看能写多少个字。

(3) 给出明确的目标:至少写出 12 个字(具体字数根据现场学生情况可再调整),再给学生一定时间,看还能写出多少个字。

4. 活动点评

在明确目标的情况下,只要大家有足够的信心,开动脑筋,积极地去尝试,就能发掘潜能。

四、提升认识

通过一段电子相册的播放,使学生体会到高度发达的当今人类政治、经济、文化、科技成果,是人类不断开发潜能、不断创造的结晶。

五、行为作业

我的_____潜能发掘计划

要求:结合自己的实际,设计一套发掘自己潜能的行为计划并加以落实。

在这则教学案例中,教师通过活动引导学生回顾自己的成长经历,帮助他们认识到自己特长的形成过程就是潜能开发的过程。这一反思过程无疑有利于树立潜能开发的信心和信念。随后,教师又设计游戏活动让学生体验发掘潜能的快乐,进一步增强学生潜能开发的内驱力。自我潜能的自我意识和自觉开发无疑是自我实现意识觉醒的一个重要组成部分、一种具体表现形式。这一教学案例的成功之处就在于引导学生对自己特长形成、潜能开发的感性经验加以自我反思,这正符合人的自我实现意识获得和发展的客观规律,是教学启发艺术的体现。

(四)引导基于自我实现原则的自主决策

学生能否在处理与自我的关系时实实在在地基于自我实现原则进行决策、采取行动,是判断、检验自我实现道德原则教学成功与否的最终标准。在上一则案例的最后环节,教师布置了"我的_____潜能发掘计划"的制订和落实作业。这其实已经属于基于自我实现原则进行现实决策的问题了。当然,教师在该节课中的教学指导还不足以使学生很好地应对和解决这一问题(可以合理地推测,大部分学生不会因为这节课的教学就改变自己的行为习惯,就制订合理、完备、周详的自我发展计划并贯彻于自己的日常生活之中)。这里往往还需要教师进一步的启发和引导。而启发和引导的关键就在于,让学生对自己选择的行为与自身的生存和发展的关系有明智的估计和深刻的反思。有了这样的估计和反思,才算是将自我实现原则贯彻于日常的行为决策之中。价值澄清学派反对针对学生价值观的直接干预,而主张引导学生澄清自己的价值观,引导学生以"珍爱""选择""行动"来贯彻自己的价值取向。这与基于自我实现原则自主地做出决策和行动恰恰是一致的——主体依据自己确立的自我的理想形象(由自己所珍爱的品质、能力等构成)做出一以贯之的选择和行动。因而,价值澄清学派开发的一些教学技术同样适用于自我实现原则的教学。比如,一项称为"定期日记"的教学技术,要求学生如实记录下自己一周内的各种活动。这些活动往往分解为诸多半小时部分(half-hour segment)。在每个半小时部分中,学生记录发生在生活中的事情。教师并不要求查看这种记录,因为定期日记经常涉及个人隐私。但是教师的确会要求每个学生用诸如此类的问题来分析已完成的日记。

(1) 你如何看待你消磨时间的方式?
(2) 你有多少时间真正令人满意地反映了你的生活?
(3) 如果的确存在的话,在一周的活动中存在哪些矛盾之处?
(4) 你有多少时间花在你并不十分重视的事情上?
(5) 长大成人以后,你认为你会为那样度过一周而感到自豪吗?
(拉思斯;谭松贤,译,2003:182)

教师这些问题的价值在于,引起学生反思自己是否确实以自己期望的、赞许的方式生活,是否将自己宣称的价值追求形诸于自己的日常行为之中。正是借助对自身行为不断的自我反思,学生贯彻了基于价值观的行动决策,并保证了行动决策落实为最终的实际行动。以此为鉴,要促使学生基于自我实现原则做出行动决策,可以指导学生经常以类似问题进行自我反思。这些问题可以是:这一周有多少时间(或活动)发展你的特长或者弥补了你的不足,让你对自己更加满意?这一周在你身上发生了什么事,让你对自己感到自豪？这一周你有多少时间浪费在无所事事或者盲目应付上？这一周有没有选择与你自己的理想形象不符？借助这些问题，教师可以逐渐培养学生自我反思的习惯，提高其基于自我实现原则做出自主决策的能力。

除了直接针对道德认识的教学必须是启发性的——尊重学生的道德主体地位，注意发挥其道德理性来自主学习道德规范、道德原则，解决道德问题，间接地促进道德认识的教学也必须是启发性的。这些间接促进道德认识的教学包括作为道德认识基础的价值观的教学、作为道德认识动力的道德情感和道德信念的教学。它们必须把相关事实基础、各种相互竞争的观点及其依据完整地呈现给学生，在此基础上引导学生自己感受、体验、分辨、判断、推理，最终自主选择自己的价值取向，形成真实、理性化的道德情感以及坚定而不盲目的道德信念。这些教学可以在专门的思想品德课上进行，也可以在人文学科课程中开展。其启发的具体的艺术手法丰富灵活，这里就不再赘述。其中有一个基本点必须强调，那就是道德教学要有跨学科的或者整体考虑的视角，要把价值观的教学、道德情感和道德信念教学与道德认识教学有机地整合起来，发挥整体效应，从而有效促进学生实际的道德认识水平的提高。

第七章 审美活动的心理机制

首先,对审美活动属于认识活动,还是实践活动,还是另一种特殊活动的问题,人们是存在一定争议的。笔者认为,审美活动主要还是一种认识活动,是人脑对客观世界做出反应的一种独特方式,其活动的"产品"要么是独特的心理感受、心理体验等,要么是诗、画、音乐、雕塑等精神产品(即艺术品)。当然,审美活动也会与实践活动相结合,或者说渗透进实践活动中,形成马克思所说的"人也按照美的规律来塑造物体"的生产劳动。但这里,审美活动并不因此而变成实践活动,因为其根本旨趣依然是超功利的精神愉悦、而非功利性的物质改造(艺术品尽管有物质形态,其产生尽管经历了物质改造的过程,如画布、颜料等物质材料经过画家的审美创造而成为一幅美的绘画,但它的物质形态仅仅作为精神性形象的载体而存在,其物质形态的改造主要是精神性形象的表现或再现过程,因而指向美的艺术创造不属于普通生产劳动意义上的物质改造活动,而属于精神性的审美活动)。即审美活动依然是一种精神性活动,一种特殊的认识活动。只不过它和普通的生产劳动可以结合起来,统一于自由劳动——一种既按照物的尺度,也按照美的规律进行的生产劳动。而囿于本书认识论的基本视野,以下主要在审美活动作为一种独立的认识活动的意义上研究、讨论其心理机制。

第一节 美学理论中的美及审美

美学理论是对审美活动的哲学解释。梳理,进而批判性地理解其中丰富的关于美的本质、审美过程等的论述,是我们客观、深刻、全面地解释审美活动心理机制的主要凭借和必然起点。

一、中国古典美学中的美及审美

(一) 意象说、意境说中的美

意象说和意境说是我国古典美学两大根本性、系统性的学说。其中关于意象、意境的阐发,实质上是对美的本质的认识。

首先让我们来看意象。古人所说的意象既是审美创造的结果,也是审美观照的对象,就相当于现代美学中的核心概念——"美"。刘勰在《文心雕龙》中首次把意象作为一个美学范畴提出来:"独照之匠,窥意象而运斤"(眼光独到的工匠能够按照心中的形象挥动斧子加以雕琢)。其中"意象"的意思就是渗透、融合了作家主观情感、志意的事物的外观、形象,是心意与物象的统一体。以后的论者愈加强调这种统一性。如明代王夫之说:"夫诗贵意象透莹,不喜事实粘著,古谓水中之月,境中之影,难以实求是也。……言征实则寡余味也,情直致而难动物也,故示以意象,使人思而咀之,感而契之,邈哉深矣,此诗之大致也。"(《王氏家藏集》卷二十八)他认为诗歌一方面不同于"征实",不能"事实粘著",不能"以实求是",另一方面也不同于情意的赤裸裸表现。诗歌只有统一了这二者,"示之以意象",才能产生打动人心的审美效果。这里,除了指称审美创造的产物,意象作为审美观照对象的含义也得以突显。意与象的统一在中国古典诗歌中往往表现为情与景的统一。"夫景以情合,情以景生,初不相离,维意所适。截分两橛,则情不足以兴,而景非其景。"(《姜斋诗话》卷二)"景中生情,情中含景,故曰,景者情之景,情者景之情也。"(《唐诗评选》卷四岑参《首春渭西郊行呈蓝田张二主簿》评语)王夫之认为情与景是相互触发、相互包含,只有融和了主观情志的鲜明生动的意象,才能产生"兴"的审美效果(即使欣赏者的精神感动奋发)。因而,这也是诗歌与非诗歌的根本区别所在:"'诗言志,歌永言。'非志即为诗,言即为歌也。或可以兴,或不可以兴,其枢机在此。"(《唐诗评选》卷一孟浩然《鹦鹉洲送王九之江左》评语)

除了意与象、主观与客观统一这一意象的本质以外,中国古代的美学家还往往强调象必须"真",必须是"形似"与"气质"的统一,是"物态"与"物理"的统一,是理、事、情的统一。荆浩说:"画者画也,度物象而取其真。"其中的"真"是一个与"似"相对立的范畴,"似者得其形,遗其气;真者气质俱盛"。(《笔法记》)物象必须贯注"气",将"形似"与"气质"统一起来,才是活的、自然的、有生气的、"真"的象。按照老庄哲学,造化自然的本体和生命是"道",

是"气"。艺术形象只有表现为造化自然本体和生命的"道""气",做到"气韵生动",才是"真",才是"同自然之妙有"。承袭这样的思路,清代美学家叶燮认为审美对象就是由"气"贯注的世事万物"理""事""情"的统一体:"曰理、曰事、曰情三语,大而乾坤以之定位,日月以之运行,以至一草一木一飞一走,三者缺一则不成物。文章者,所以表天地万物之情状也。然具是三者,又有总而持之,条而贯之者,曰气。事、理、情之所为用,气为之用也。譬之一木一草,其能发生者,理也;其既发生,则事也;既发生之后,夭沃滋植,情状万千,咸有自得之趣,则情也。苟无气以行之,能若是乎?……吾故曰,三者藉气而行者也。得是三者,而气鼓行于其间,纲缊磅礴,随其自然所至即为法,此天地万象之至文也。"(《原诗》内篇)这是说天地万象本身就是贯注生气,统一理、事、情的,这是它们美之所在;艺术作品只需"随其自然所至",本真地呈现出天地万象的这种"美"。上述"崇真"的美学主张表面看是排斥审美主体介入、排除主观因素渗透的,实质则不然。那种贯注生气的天地万象已经不是纯粹的客观景物,而是投射下审美主体基于老庄哲学天人合一宇宙观、生态主义自然观、清静无为人生观的一种特别的情趣和心境:摆脱自我各种有形无形的束缚["堕尔形体,黜尔聪明"(《庄子·在宥》)],把自我"化"进万物,从而"以物观物",达至只见物不见我的"无我之境"。从这种意义上说,强调象之"真",并不是推崇纯客观的物象,而是追求老庄哲学观下一种特殊的意象——这种意象中"意"与"象"混然不分,而不存在对立统一的辩证关系。

接着我们再来看看意境。与意象相似,意境也是意(艺术家情意)与境的统一体,如苏轼所说"境与意会",袁宏道所说"情与境会";又如王国维所说"文学之事,其内足以摅己而外足以感人者,意与境二者而已。上焉者,意与境浑,其次或以意胜,或以境胜。苟缺其一,不足以言文学"(《人间词话》)。意境与意象的根本不同之处在于,它不再是有限的"象",而是突破有限形象的某种无限的"象",是虚实结合的"象"。刘禹锡给"境"作了一个明确规定:"境生于象外。"(《董氏武陵集记》)这里的"象外"也是一种"象",只是不再是有限的"象"。司空图称之为"象外之象""景外之景",并且引戴叔伦的话"诗家之景,如蓝田日暖,良玉生烟,可望而不可置于眉睫之前"来加以形容。(司空图:《与极浦书》,《司空表圣文集》卷三)境的本质在于虚实结合,以传达审美主体对"道"的体悟。这一审美取向源自庄子对"象罔"的阐述:"黄帝游乎赤水之北,登乎昆仑之丘而南望,还归,遗其玄珠。使知索之而不得,使离朱索之而不得,使喫诟索之而不得也。乃使象罔,象罔得之。

黄帝曰:'异哉!象罔乃可以得之乎!'"(《庄子·天地》)其中,"玄珠"象征"道"、"真"。"知"象征"思虑"、"理智";"离朱"传说黄帝时视力最好的人,象征"视觉";"契诟"象征"言辩"。这段话是说,用"理智""视觉""言辩"都得不到"道";只有用"象罔"才能得到。"象罔"象征有形与无形、虚与实的结合。吕惠卿注说:"象则非无,罔则非有,不皦(明白)不昧(昏暗),玄珠之所以得也。"(吕惠卿《庄子义》)郭嵩焘注说:"象罔者若有形若无形,故眸而得之。即形求之不得,去形求之亦不得也。"(郭庆藩《庄子集释》)据此,宗白华(1981:70-71)总结中国古代诗词、绘画、书法艺术的独特、高妙之处就在于"虚空中传出动荡,神明里透出幽深,超出象外,得其环中";这是因为"中国人对'道'的体验,是'于空寂处见流行,于流行处见空寂',维道集虚,体用不二,这构成中国人的生命情调和艺术意境的实相"。总之,审美对象由"意象"发展到"意境",从根本上说,是为了更好地表现"道",是为了更好地与审美主体对自然人生的感悟、对理想的自然人生的追求相契合。

(二)意象说、意境说中的审美

意象说、意境说中涉及大量关于审美活动(包括审美欣赏和审美创作)心理过程的论述。粗略梳理,可以发现以下关键的几点。一是把"虚静"作为审美欣赏活动和审美创作活动之所以发生的共同的心理基础。老庄哲学讲"涤除"(即排除主观欲念和主观成见,保持内心的虚静)、讲"心斋"(即空虚的心境)、"坐忘"(即从人的各种生理欲望、是非得失的计较和思虑中解脱出来),以观照作为万物本体和根源的"道",实质上是强调主体有意识地以"无我"的方式达至物我交融、物我契合的自由的审美境界。承续这一传统,我国古代的美学家每每把"虚静"之心态作为审美活动主观方面的前提条件。如宗炳所说"贤者澄怀味象",刘勰所说"是以陶钧文思,贵在虚静;疏瀹五藏,澡雪精神"(《文心雕龙·神思》)。宋代郭熙更是将这种审美心态形象地称为"林泉之心","看山水亦有体。以林泉之心临之则价高,以骄侈之目临之则价低"(《林泉高致·山水训》)。并以诗歌欣赏为例阐述这个道理:"余因暇日,阅晋、唐古今诗什,其中诗句,有道尽人腹中事,有装出目前之景。然不因静居燕坐,明窗净几,一炷炉香,万虑消沉,则佳句好意,亦看不出,幽情美趣,亦想不成。"(《林泉高致·画意》)实际上,暂时从凡事俗务中抽身,从利害考虑中解脱,确是审美活动发生的前提。但基于老庄哲学的主体彻底的"虚静""无我"的心境,则只是无功利审美心态中的一种极端的特例。它所导向的是一种复归自然、由自然而自由的审美境界,而不是将"我"

投射于"物"、主客观辩证统一意义上的自由的审美境界。

二是意象或意境的铸就有"按实肖象"与"凭虚构象"之分,并分别经历"应目——会心"、"感兴——神思"的过程。刘熙载将"象物"分为两种,一是"按实肖象",即模仿,一是"凭虚构象",即虚构。相同的是,王国维也区分出"写境"与"造境"这两种不同类型的诗歌意境。而实质上,这种区分是相对的,没有纯粹的模仿,也没有纯粹的虚构;模仿中往往有主观构造的成分,虚构中也往往有对客观的模仿。这就如王国维所说,"有造境,有写境,此理想与写实二派之所由分。然二者颇难分别。因大诗人所造之境,必合乎自然,所写之境界,亦必邻于理想故也。"(《人间词话》)不同的美学家往往偏重于其中之一种。首先,推崇"按实肖象"者如张璪。他将审美意象的创造规律概括为"外师造化,中得心源",即先得静观自然万物,而后心领神会,得自然万物之真象。又如王夫之。他强调直接取自然之象:"两间之固有者,自然之华,因流动生变而成其绮丽。心目之所及,文情赴之,貌其本荣,如所存而显之,即以华奕照耀,动人无际矣。古人以此被之吟咏,而神采即绝。"(《古诗评选》卷五谢庄《北宅秘语》评语)这是说,自然本就是美的,诗人直接观照自然之美,通过情景契合,如实表现自然本身之美。"按实肖象"的心理过程包括"应目"、"会心"这两个环节。"夫以应目会心为理者:类之成巧,则目亦同应,心亦俱会,应会感神,神超理得,虽复虚求幽岩,何以加焉!"(宗炳《画山水序》)"应目"就是感知物之形,"会心"则是领会物之神。这样,方能得物之真"象"。实际上,这里的真"象"已经不是一开始感知所得到的"象",即所谓"胸中之竹,并不是眼中之竹",而是经过提炼、概括等主观加工而成的"象"。荆浩提出"绘画六要"之一的"思",就是指这个加工感知之"象"而为"意象"的关键步骤:"思者,删拨大要,凝想形物。"(荆浩《笔法记》)比较而言,陆机、刘勰等则更为看重"凭虚构象"。陆机在《文赋》中指出作家创作构思的心理特点是"精骛八极,心游万仞","观古今于须臾,抚四海于一瞬"。即突破有限时空和直接经验的限制,进入自由的艺术想象的状态。刘勰将这种创造性想象称为"神思":"文之思也,其神远矣";"思理为妙,神与物游"。(《文心雕龙·神思》)"神思"可以创造不在目前之"象",是铸就审美形象——意象的关键环节。其产生则往往依赖于外物的感兴;因感兴而产生情感,触引了艺术想象的驰骋。刘勰在《物色》篇中说:"物色之动,心也摇焉。""是以献岁发春,悦豫之情畅;滔滔孟夏,郁陶之心凝;天高气清,阴沉之志达;霰雪无垠,矜肃之虑深。岁有其物,物有其容;情以物迁,辞以情发。"(《文心雕龙·物色》)这些都是说外物触发了主体的情感,由此产生了艺术创作（特别是艺术想象）的冲动和灵感。当然，在创作想象的过程中，当初由外物感应而生的情感会变得更加鲜明。即"情瞳昽而弥鲜，物昭晰而互进"（陆机《文赋》），情感越来越鲜明，而物象也越来越清晰。两者相互融合，最终合而为一。

三是对于艺术创作而言，形成胸中的审美意象之后，还有一个创造性的"外化"过程。在这个环节，艺术家借助言辞、笔墨、音符等物质性媒介，将胸中意象呈现出来，构成艺术作品。清代大画家郑板桥以画竹为例，简洁明了地描述了艺术创造中意象生成、表达的过程。"江馆清秋，晨起看竹。烟光、日影、露气，皆浮动于疏枝密叶之间，胸中勃勃，遂有画意。其实胸中之竹，并不是眼中之竹也。因而磨墨展纸，落笔倏作变相，手中之竹又不是胸中之竹也。"（《郑板桥集·题画》）这其中，由"眼中之竹"到"胸中之竹"，是一个目应心会、提炼取象的过程；由"胸中之竹"再到"手中之竹"，又是一个形诸墨色、线条、空间布局的表现过程。这两次审美创造过程在性质上是不同的。

四是艺术欣赏作为一种审美活动，也是一个意与象、情与境遇合的过程。王夫之非常敏感地捕捉到艺术审美中美感的差异性、丰富性："'诗可以兴，可以观，可以群，可以怨。'尽矣。辨汉、魏、唐、宋之雅俗得失以此，读《三百篇》者必此也。'可以'云者，随可以而皆可也。……作者用一致之思，读者各以其情而自得。故《关雎》，兴也；康王晏朝，而即为冰鉴。'訏谟定命，远犹辰告'，观也；谢安欣赏，而增其遐心。人情之游也无涯，而各以其情遇，斯所贵于有诗。"（《姜斋诗话》）归根结底，读者对诗歌创作的意象"各以其情遇"，才产生兴、观、群、怨等不同的审美体验。这种对艺术欣赏的理解，较之仅仅把艺术欣赏视为被动接受或者理性解读的观点，要深刻得多。

二、德国古典美学中的美及审美

德国古典美学指从 18 世纪末到 19 世纪初，由康德为始，到黑格尔之间形成的一股强大的唯心主义美学潮流。德国古典美学是对西方以往美学思想和理论的全面总结，集理性主义美学思想于大成。

（一）康德美学对审美判断的分析

康德认为审美判断（主体进行审美判断所运用的是"反思的判断力"）不根据概念，而只根据对象的形式判定对象是否引起自身的愉快。这是审美判断区别于知性和理性之根本所在。比如说"玫瑰花是美的"，这里的"玫瑰花"是指普遍的玫瑰花，是一个概念；这里所做的判断是根据概念进行的判断,因此运用的是"规定的判断力",得出的是知识。而"这朵玫瑰花很美",则不是从概念出发,而是根据眼前具体的事物(的形式)作出的判断,它运用的是"反思的判断力",属于审美判断,与知识无关。通过审美判断所获得的愉快的情感,与生理上的快感和道德上的满足感有着本质的不同。"在这三种愉快里只有对于美的欣赏的愉快是惟一无利害关系的和自由的愉快;因为既没有官能方面的利害感,也没有理性方面的利害感来强迫我们去赞许。"(康德,1987:46)审美不是要实现什么实际的目的,即具有一种"无目的的目的",是在无利害关系的状态下产生一种自由的愉悦。

反思判断力之所以会把对象的形式判定为引起愉快情感的,从根本上说是因为想象力与知性或者与理性相协调,具有一种"主观的合目的性"。康德首先将美的主观根源归之于人的知性——人们之所以对事物的形式感到愉快,感到美,是因为通过想象力直观到事物与自己知性的协调一致。"这愉快所能表达的就无非是客体对那些在反思判断力中起作用的认识能力的适合性,而就它们在这里起作用而言,那么这愉快所能表达的就是客体的主观形式的合目的性。……现在如果在这种比较中想象力(通过先天直观的能力)通过一个给予的表象而无意中被置于与知性(作为概念的能力)相一致之中,并由此而唤起了愉快的情感,那么这样一来,对象就必须被看作为对于反思的判断力是合目的性的。"(转引章启群,2004:363-364)由此,他认为纯粹美是"希腊风格的描绘,框缘或壁纸上的簇叶饰等等",是不与刺激与感动混合的。除了美,康德还提出"崇高"作为审美判断的另一重要范畴。"但对由反思事物的(自然的和艺术的)形式而来的愉快的感受性不仅表明了主体身上按照自然概念在与反思判断力的关系中诸客体的合目的性,而且反过来也表明了就诸对象而言根据其形式甚至无形式按照自由概念的主体的合目的性。"(转引章启群,2004:380)康德认为人们之所以感受到崇高,是因为他们在超感官的对象上反思到自己先天立法的实践理性(即道德理性)的无限性。如看到体积巨大或者势力强大的对象时,就唤起人们心中的理性——超感性的能力,以藐视眼前的对象,这就是超越这个对象的自信、自豪、使命感、崇高感。"事实上,若是没有道德观念的演进发展,那么,我们受过文化熏陶的人所称为崇高的对象,对于粗陋的人只显得可怖。"(转引章启群,2004:388)这里崇高感被认为是文化熏陶的结果,是道德理性在客体形式中自我反思的结果。

康德认为,由于审美判断从根本上拒绝概念,而艺术美作为人的理性的产物必然涉及概念,因此艺术美的创造必然需要一种自然精神,"在一个美的艺术成品上,人们必须意识到它是艺术而不是自然。但它在形式上的合目的性,仍然必须显得它是不受一切人为造作的强制所束缚,因为它好像只是一自然的产物。""美的艺术须被看做是自然,尽管人们知道它是艺术"。(转引章启群,2004:391)这里,艺术创造内在地沟通了自然和自由,而不是对自然的忠实模仿。

康德用主体内在的、先验的知性和理性来解释审美判断主观方面的深刻根源,是极具启发性的。不过,将审美判断的主观根源局限于知性和理性这个方面,明显犯了唯理主义错误。

(二)席勒美学对审美本质的解释

席勒美学继承了康德美学的基本架构,但把人的感性冲动与人的理性冲动相提并论,认为此二者的统一协调即产生审美体验,从而在某种程度上修正了康德美学的唯理主义偏向。

席勒认为,完满的人性是感性冲动和形式冲动的统一。感性冲动来自人的物质存在或人的感性天性,把人当作个人放在时间之中,要求变化和实在性。形式冲动来自人的绝对存在或人的理性天性,把人当作类属,超越一切感性世界的限制而达到人格的自由,在认识中要求真理,在行动中要求合理。这两种冲动都强制人心,一个通过自然法则,一个通过精神法则。而游戏或审美却可以使人们从这两种强制中解脱出来,获得自由。"在这种情调中感性与理性同时活动起来,但是因此他们就彼此扬弃了其决定能力,而且通过一种对立产生否定。这种中间情调尤其配称为自由的情调,因为心灵不论在物质方面或精神方面都没有受到压迫,但是仍然在这两方面自由活动。假如我们称感性决定的状态为物质状态,称理性决定的状态为逻辑状态或道德状态,那么这种真实的和主动的可定性的状态就应该称为审美状态。"这是说,在审美状态中,感性与理性都在起作用,它们的对立统一,解除了两者的强制性,给人带来真正的自由,"什么地方这两种特性相统一,人在什么地方就会把最大的独立性和自由同生存最高的丰富性结合在一切"(席勒;冯至,等,译,2003:105)。他举了一个例子来说明这一点:"当我们怀着情欲去拥抱一个理应被鄙视的人,我们痛苦地感到自然的强制;当我们敌视一个我们不得不尊敬的人,我们就痛苦地感到理性的强制。但是如果一个人既赢得我们的爱慕,又博得我们的尊敬,感觉的强迫以及理性的强迫就消失了,我们就开始爱他,也就是说,同时既与我们的爱慕也与我们的尊敬一起游戏。"(同上:115)席勒正确地看到人是感性与理性、欲望与理智的混合物,人在现实生活中的痛苦往往来源于"所欲"非"可欲",或者"可欲"非"所欲";而通过审美活动,通过与"假象"的游戏,可以实现两者的协调统一,从而获得自由,获得精神上的巨大愉悦。不过,人在现实生活中痛苦的根源不止于此,其可能获得的审美超越也不止于统一感性与理性之一途。席勒的解释还是失之偏狭。

(三)黑格尔美学对美及审美本质的解释

黑格尔延续席勒的思路,明确将审美看作感性与理性相互沟通、统一的活动。他提出"美是理念的感性显现"的著名论断。其中,理念又称精神、绝对精神,实质上就是意识和自我意识的理性主体。他一方面认识,因而也是构造着世界(即"自我异化"),另一方面又要观照自身、认识自身、思考自身。当他在感性形象上直观到自身时,他就产生了审美的愉悦。黑格尔阐述了艺术的根源就在于理念的自我观照的需要:"艺术的普遍而绝对的需要是由于人是一种能思考的意识,这就是说,他由自己而且为自己造成他自己是什么,和一切是什么。自然界事物只是直接的,一次的,而人作为心灵却复现他自己,因为他首先作为自然物而存在,其次他还为自己而存在,观照自己,认识自己,思考自己,只有通过这种自为的存在,人才是心灵。"(黑格尔;朱光潜,译,1979:38-39)他曾经举了一个例子,一个小男孩向水里扔石头,惊奇地看到水中激起的波纹,就觉得欣喜。因为这是他自己的活动的结果,也就是他的一个作品。审美欣赏、艺术创作的本质就在于此。"艺术表现的普遍需要所以也是理性的需要,人要把内在世界和外在世界作为对象,提升到心灵的意识面前,以便从这些对象中认识自己。当他一方面把凡是存在的东西在内心里化成'为他自己的'(自己可以认识的),另一方面也把这'自为的存在'实现于外在世界,因而就在这种自我复现中,把存在于自己内心世界里的东西,为自己也为旁人,化为观照和认识的对象时,他就满足了上述那种心灵自由的需要。这就是人的自由理性,它就是艺术以及一切行为和知识的根本和必然的起源。"(同上:40)当然,审美所观照的对象必须是具体个别的感性的形象(外形),而不仅仅是抽象普遍的概念。黑格尔把艺术表现的理念称为"理想"。"理想之所以有生气,就在于所要表现的那种心灵性的基本意蕴是通过外在现象的一切个别方面而完全体现出来的,例如仪表、姿势、运动、面貌、四肢形状等等,无一不渗透这种意蕴,不剩下丝毫空洞的无意义的东西。"(同上:221)"理想"是概念与个别现象的统一;艺术以"理想"为手段和目的。在这一点上,艺术与哲学——以概念为手段和目的,有着根本不同。由此,黑格尔证成了审美活动中感性和理性的统一;只是与席勒通过两者的对立而统一的途径有所不同,黑格尔是以理性将感性统摄于自身,实现自我观照的方式来统一理性与感性的。因而,黑格尔美学中的审美主体是一个完全理性的主体。但是,正如现代美学家所质疑的,主体的意识与自我意识、观照与自我观照的根源在哪里?或者说,主体的理性之下难道没有更深刻的非理性的基底吗?这个问题并不因为黑格尔的回避而消失,它总是潜伏在深处,随时可能颠覆其恢弘的理论大厦。

另一方面,黑格尔所指的审美中自我观照的理念、理性,其实质是道德性和神性。他说:"人类心胸中一般所谓高贵、卓越、完善的品质都不过是心灵的实体——即道德性和神性——在主体(人心)中显现为有威力的东西,而人因此把他的生命活动、意志力、旨趣、情欲等等都只浸润在这有实体性的东西里面,从而在这里面使他的真实的内在的需要得到满足。"(同上:247)这就是说,主体在感性形象中直观到自身的本质——道德性和神性。这种道德性和神性是有实质内容的,而康德美学中自我反思的知性、理性是纯形式的,这是两者最大的不同之处。

三、现代非理性主义美学思潮中的美及审美

作为对理性主义美学的反拨,现代涌现了一股强大的非理性主义美学思潮。这股思潮以唯意志论美学、直觉主义美学、表现主义美学、精神分析美学、存在主义美学等为主要代表。其非理性特征有二:一是强调美、艺术、审美的本质在于人是某种非理性存在,是受生命意志,或者权力意志,或者性本能等原始力量控制的非理性存在。人要观照、释放自己的原始力量,实现自身的非理性的本质,就有了审美的需要;而通过观照、释放自己的原始力量,人产生物我两忘的美的感觉或体验,进入艺术创造的迷狂或沉醉状态。二是突出非理性的、整体性的直觉或直观作为审美及艺术活动的基本方式,以区别于认识与实践活动中运用的理性的分析性思维。以下重点分析唯意志论美学和表现主义美学对审美的解释。

(一)唯意志论美学对审美的解释

叔本华把生命意志看作人的本质。"意志是第一性的,最原始的;认识只是后来附加的,是作为意志现象的工具而隶属于意志现象的。因此,每个人都是由于他的意志而是他,他的性格也是最原始的,因为欲求是他的本质的基地。"(叔本华;石冲白译,1982:424)而生命意志本体是完全非理性的,

是一种盲目的冲动,一种永无止境的向前挣扎。于是,受之控制的人生就只有挣扎、冲突、永远不满足的痛苦。当然,这里也有例外,即认识停止为意志服务的某些瞬间。在这些瞬间,主体"已不再按根据律来推敲那些关系了,而是栖息于,浸沉于眼前对象的亲切观审中,超然于该对象和任何其他对象的关系之外"。这时发生的就是"审美的观审"。"审美的观审"所认识的"不再是如此这般的个别事物,而是理念,是永恒的形式,是意志在这一级别上的直接客观性"。(同上:249-250)这就是说,审美直观在个别事物中看到意志本身,看到实现了最完美客体性的意志。依据这种审美本质观,叔本华认为音乐与其他艺术门类之间存在等级差别。音乐是"全部意志的直接客体化和写照",它跳过了理念,也完全不依赖现象世界;而其他艺术则凭借理念,间接地来把意志客体化。"因此音乐的效果比其他艺术的效果要强烈得多,深入得多;因为其他艺术所说的只是阴影,而音乐所说的却是本质。"(同上:356-357)叔本华把音乐看成意志显现的最直接,也是最高形式,究其原因,是音乐既不依赖概念,也不依赖事物的表象,而直接表达、宣泄人们的情感。而人的情感可以看成就是意志,或者意志在世界中的"现身"。

尼采对叔本华的生命意志加以改造——将之"肉身化"和"强力化";摈弃对它的悲观主义态度,而极力颂扬其非理性、无限度的自我扩张。尼采认为,"肉身化"的意志是生命之力,是感性的、流动的、生成的,而不是抽象的、固定的、自在的本体。"强力化"的意志即"权力意志"或"强力意志",是意志的意志,它支配一切、统治一切,行施权力,有强权暴力的倾向,从不知道什么是怜悯、同情,也不知道什么是宽恕。作为艺术本原的"酒神精神"实质上就是这种"肉身化""强力化"的生命意志的奔突放纵。尼采考察古希腊酒神节的酒神音乐,认为它是冲破一切束缚和禁忌,释放奔突放纵的生命意志并加以象征化表现的产物。"在酒神颂歌里,人受到鼓舞,最高度地调动自己的一切象征能力;某些前所未有的感受,如摩耶面纱的揭除,族类创造力乃至大自然的创造力的合为一体,急于得到表达。这时自然的本质要象征地表现自己;必须有一个新的象征世界,整体躯体都获得了象征意义,不但包括双唇、脸面、语言,而且包括频频运动的手足的丰富舞姿。然后,其他象征能力成长了,寓于节奏、动力与和声的音乐的象征力量突然汹涌澎湃。为了充分调动全部象征能力,人必须已达到那种自弃境界,而要上述能力象征性地表达出这种境界来。"(尼采;周国平,译,1986:9)在酒神状态,个体毁灭同时回归本原母体,即不是作为个体,而是作为众生一体,仿佛与原始的生存狂喜合为一体。而原始生命力勃发,也释放了巨大的创造表象的能力。尼采认为"酒神精神"是一种最本原的艺术本体,而与之对立的"日神精神"——以纯粹观审来看待这世界上的所有现象则是派生性的。这里我们可以看到尼采与叔本华的根本分歧:尼采用生命意志的涌动、自我象征性表现来解释艺术的本原,而叔本华则用生命意志的暂时撤退,对之加以客体化和纯粹观审来解释审美活动。实际上,前者比较适合于原始艺术和现代表现型艺术的解释;后者则适合于古典再现型艺术的解释。可以这样说,迷狂与观审,"我"进入"物"与"物"融化"我",是两种不同的审美发生方式,尼采和叔本华从意志论出发分别给予了有启发意义的解释。

(二)表现主义美学对审美的解释

克罗齐美学的核心原理是直觉即表现,表现即艺术。直觉是一种基本的、普遍的人类心灵活动,它与逻辑的理性认识是截然不同的,它的基本功能是赋予事物以心灵的形式,使之由不可认识的东西上升到可认识的东西,由非人性的性质上升到人性的性质。"在直觉界线以下是感受,或无形的物质。这种物质就其为单纯的物质而言,心灵永不能认识。心灵要认识它,只有赋予它以形式,把它纳入形式才行。……物质和形式并不是我们的两种作为,相互对立;它们一个是在我们外面的,来侵袭我们;另一个是在我们里面,常常吸收那在外面的,把自身与它合为一体。物质,经过形式打扮和征服,就产生具体形象。这物质、这内容,就是使这直觉品有别于那直觉品的:这形式是常住不变的,它就是心灵的活动;至于物质则是可变的。"(克罗齐;朱光潜,译,1987:12)直觉作为心灵赋予事物以自身形式的活动,当然同时也是表现:"每一个直觉或表象同时也是表现。没有在表现中对象化了东西就还不是直觉或表象,就还只是感受和自然的事实。心灵只有借造作、赋形、表现才能直觉。若把直觉与表现分开,就没有办法把它们再联合起来。"(同上:14)总之,克罗齐强调审美认识源自人类一种非理性的直觉能力,尽管其中的解释还非常粗略,但它提示出理性主义美学普遍忽视的审美活动一个极为重要的方面——审美本质上是一种形式创造,而这种形式创造能力不能被化约为任何一种理性功能,它就是人类一种不可分析的、原始的、非理性的直觉能力。

科林伍德继承了克罗齐艺术即表现的观念,认为艺术的本质是通过为自己创造一种想象性经验或想象性活动以表现自己的情感。表现情感不同于描述情感,描述是一种概括活动,是将事物置于概念之下并加以分类,而表现却是一种个性化活动,要将情感当作一个特殊的实例去加以把握,从而呈现它的全部独特性和使它充分个性化。值得重视的是,科林伍德认为在表现之前情感不可能是明确的,艺术家也不可能机械地,或明确地对他所拥有的一切作出选择,任何决定表现这一情感而不是另外一种情感的理性决断都是非艺术的。也就是说,审美情感的表现是没有任何先在的清晰的标准,也不可能有提前设计好的条件,它是在表现莅临时才发挥出来的,也只有当表现的工作完成时,我们才可以说我们对它有所了解,而在表现的时候,关于我们的感情我们只能说:"我感到……我不知道我感到了什么。"他说:"'表现'情感和唤起情感,当然不是同一件事情。情感在我们表现它之前就已经存在了。但是在我们表现情感时,我们赋予它另一种不同的情感色彩。因此,表现以某种方式创造了它所表现的东西,因为确切地说,这种情感、情感色彩以及诸如此类的一切,只有在得到表现的情况下才会存在。最后,只有当我用'情感'所指的那类东西,在我们谈论的那种场合得到了表现时,我们才能说'情感'是什么。"(科林伍德,1985:156)这一看法是深刻的,它提示我们艺术创造不是对已有的心理内容的表现,而本身就是心理内容的生成和创造过程,即把模糊的、未定形的心理内容加以明确、定形的过程。科林伍德将情感的表现和创造归功于人的想象活动——一种介于思维活动与单纯的感觉活动之间,连接思维世界与纯心理感觉世界的活动。"想象是感觉被意识活动改造时所采取的新形式。"(同上:222)借助"想象"这个概念,科林伍德力图表明艺术创造出自一种独特的心理过程——它介于感觉与思维之间,同时融感觉与思维于一身。"想象通过折射、凝缩和扩散的无穷作用,就为自己创造了无穷的情感"。(同上:245)与克罗齐完全非理性、神秘主义的"直觉"概念有所联系又有所不同,"想象"既有非理性、不可分析、不可把捉的一面,又有理性的一面(科林伍德认为想象是一种意识活动,是一种思维的初级形式)。

四、形式主义美学、符号学美学中的美及审美

各种理性主义—非理性主义美学理论侧重从内容、内涵上解释美及审美的本质,比较忽视从形式的方面加以解释。而实质上,美及审美与形式的特征及形式的感受、创造密不可分。早在古希腊时期,人们就发现了"杂多中的统一""黄金分割"等形式美的规律,提出了"美的主要形式是秩序、对称和比例的原则"(亚里士多德语)等看法。而随着现代抽象艺术的勃兴,把美、艺术从对内容的依附中解放出来,强调其本质在于形式的美学理论也得以涌现。这些美学理论的代表就是形式主义美学、符号学美学。

（一）形式主义美学对美及审美的解释

形式主义美学最为著名的论断是，艺术品（主要指视觉艺术品——笔者注）就是"有意味的形式"。"有意味的形式"即线条、色彩以某种特殊方式组成某种形式或形式间的关系，它是艺术品整体性的、不可分割的特征，而不是能指（形式）与所指（意味）的结合和统一。它排斥一切指称性的因素，它的意味是非指称性，与现实或对象世界没有任何关系，而只是形式本身的意味。换句话说，"有意味的形式"是表现的和自身呈现的，它完全不同于再现的形式，也不是传达任何思想的工具。据此，贝尔认为，凡是具有指称性的绘画都不是真正的艺术。"我们都很清楚，有些画虽使我们发生兴趣，激起我们的爱慕之心，但却没有艺术品的感染力。此类画均属于我称为'叙述性绘画'一类，即它们的形式并不是能唤起我们感情的对象，而是暗示感情，传达信息的手段。具有心理、历史方面价值的画像、摄影作品、连环画以及花样繁多的插图都属于这一类。显然，我们都认识到了艺术品与叙述性绘画的区别。……按照我们的审美假说，它们算不上艺术品；它们不触动我们的审美情感。因为感动我们的不是它们的形式，而是这些形式所暗示、传达的思想和信息。"（贝尔语，转引牛宏宝，2002：293）根据这样极端的形式主义立场，贝尔认为真正的艺术必须割断与对象世界的关系，它们把我们从实践活动领域带入审美的领域，带入生活之外的迷狂中；相反，再现性的东西却只能把我们带到尘世的生活中。那些体察不到纯粹审美情感的人，往往只能记住画的主题，而能够感受纯粹审美情感的人却往往对一幅画的主题是什么没有印象，他们从来不注重作品的再现因素，只考虑各种形状的形式、色彩用量以及它们之间的关系，在真正的艺术家和艺术作品中，最主要的是线条、色彩及它们的相互关系、用量及质量。这些方面能够得到远比事实、观念的描述所能给予的更深刻、更崇高的感情。由于割断形式与内容之间的任何联系，贝尔只能用一个形而上的概念"终极实在"来解释人们对形式的审美需要："所谓'有意味的形式'就是使我们可以得到某种'终极实在'之感受的形式。"（贝尔语，转引牛宏宝，2002：295）实际上，尽管我们不应否认形式本身具有独立的审美价值，更不应把艺术局限于再现客观事物的死胡同里，但我们还是必须承认形式与内容（这里的内容不仅仅是事物、观念，还应包括情感、情绪、心境等）永远有着或明或暗、千丝万缕的联系，形式之美往往来自于这种只可意会不可言传的联系。此外，贝尔在总结现代主义实践经验的基础上，提出创造"有意味的形式"的方式有"简化"和"构图"两种。

前者以对实物形象的抽象为创作手段,后者则完全是主体的凭空想象和构造。

(二) 符号学美学对审美的解释

卡西尔把人定义为"创造符号的动物",认为人的精神具有一种符号化能力,即赋予事物、纷繁不定的感性材料以形式的能力;这种赋形能力并不是理性的,而是原创的、本原的、前理性的(理性其实是从这种赋形能力中生发出来的)。神话、艺术、自然语言、数学、符号逻辑都是符号化的产物,都是符号系统。就艺术而言,这是"一个纯粹形式的王国","它并不是一个由单纯的颜色、声音和可以感触到的性质构成的世界,而是一个由形状与图案,旋律与节奏构成的世界。从某种意义上可以说一切艺术都是语言,但它们又只是特定意义上的语言,假如一个人不懂得这些直觉符号,不能感觉到颜色、形状、空间形式、图案、和声和旋律的生命,那么他就同艺术作品无缘"。(卡西尔语,转引丁枫主编,1992:821-824)

卡西尔认为,神话和艺术的赋形方式是一致的,都使用符号的"表现功能"——符号被用来呈现一个对象,符号与其所呈现的对象是"同一"的。神话—艺术符号形式与科学符号形式有着根本的不同。后者依靠理论思维:这种思维主要目的是将感觉或直觉经验的内容从最初发生时的孤立状态解放出来,并以某种确定的序列在一个涵概一切的联系整体中把它们连锁起来。理论思维的运作方式是推演的,它把直接内容仅仅看作是出发点,由此可以沿着不同的方向遍及整个印象领域,直至这些印象统统被"安装"到一个统一的概念、一个封闭的体系之中为止。前者与此正好相反。它并不是使这些印象材料彼此关联,互相比较,而是被突然呈现在面前的直觉所俘获,并滞留在这直觉经验中。这时,可以感知到的"现在"是如此巨大、如此不可释怀,以至于其他万事万物在它面前统统萎缩变小了;一个人的领悟力被这直觉迷住,以至于没有任何其他事物与之并存,或者独立于它而存在;自我将其全部能量、全部精神都统统倾注在这个唯一的对象上,生活在这个唯一的对象上,沉迷于这个唯一的对象上。在这里,我们发现的不是直觉经验的扩展,而是直觉经验的终极界限;在这里,我们所具有的不是促发我们去经历那不断扩大着的存在国度的扩张冲动,而是趋于凝集的冲动;不是广泛分布的冲动,而是高度集中的冲动。聚集所有力量于唯一的一点,正是全部神话运思和神话表述的前提。神话就爆发于这样的顷刻:当主体与其客体即外部世界之间有着最大限度的张力时,当外部世界不单单是被观察、被观照,而是以单纯的直接性征服了人,使其全心充满了恐惧或希冀、惊恐和希望等情绪时,电光击穿介质,主客体之间的隔膜被打破,张力得以释放,与此同时,主体的存在状态客观化,变为神或怪出现在心智面前。这其实就是一种审美的最高境界。在神话—艺术经验中,构形与表现紧密相连。没有构形,就没有表现,而构形总是在某种感性媒介中进行的。因此,艺术经历媒介而构形的表现过程中,情感在本质和特征上都经历了某种质变:情感本身解除了它们的物质重负,沉淀为形式并使形式本身获得自身的生命,我们感觉到的也只是形式和它们的生命,而不是它们的精神负重。这样,虽然艺术使我们看到人的灵魂最深沉和最多样的运动,但这些运动的形式、韵律、节奏等是不能和任何单一的、赤裸的情感同日而语的。这样,卡西尔把表现主义和形式主义的美学主张创造性地结合起来。

苏珊·朗格(1983:108)以音乐的创造经验为基础进一步发展艺术符号理论,她认为"艺术是创造出来的表现情感概念的表现性形式"。所谓"情感概念"就是人类情感生活的本质,这种本质往往是难以捉摸、不可言传的,"只能为感觉和直觉把握"。艺术之所以能够表现情感概念,就在于它对人的情感生活加以形式抽象,是人类情感的一种逻辑形式,即艺术形式与人的情感之间具有逻辑类似性。以音乐为例,音乐的音调结构与人类的情感形式——增强与减弱,流动与休止,冲突与解决以及加速、抑制、极度兴奋、平缓和微妙的激发,梦的消失等等形式——在逻辑上有着惊人的一致。可以说,音乐是情感生活的音调摹写。总之,"艺术形式与我们的感觉、理智和情感生活所具有的动态形式是同构的形式。……形式与情感在结构上是如此一致,以至于在人们看来符号与符号表现的意义似乎就是同一种东西。正如一个音乐家兼心理学家说:'音乐听上去事实上就是情感本身'。同样,那些优秀的绘画、雕塑、建筑,还有那些相互达到平衡的形状、色彩、线条和体积等等,看上去也都是情感本身,甚至可以从中感受到生命力的张弛。"(苏珊·朗格语,转引吴风,2002:121)同时,朗格还强调,艺术抽象和解释都是通过直觉即直接的洞察达到的,"形式以及形式的意味或含义,也都是通过直觉发现的"(苏珊·朗格;刘大基,等,译,1986:438)。通过某些典型的、已经形成的直觉,即对形式本身的认识,是自发而又自然的抽象;而对某些直觉的隐喻价值的认识,则是自发而又自然的解释,这种隐喻价值是从这些直觉形式中产生的。与克罗齐的直觉概念不同,朗格认为直觉作为一种符号活动过程,兼具感性和理性。"在我看来,所谓直觉,就是一种基本的理性活动。由这种活动导致的是一种逻辑的或语义上的理解,它包括着对各式各样的形式的洞察,或者说包括着对诸种形式特征、关系、意味、抽象形式和具体实例的洞察或识认。"(苏珊·朗格;滕守尧,等,译,1986:62)在直觉中,理智和情感不再相互对立,相反,它导致人们对情感的理解。此外,朗格还强调直觉的整体性,即将艺术品作为一个整体直接洞察或顿悟其意味;强调直觉与直接经验的联系,即直觉不能与经验相脱离,本质上它是对经验材料的赋形活动。

五、实践论美学中的美及审美

实践论美学是以马克思主义的实践观点为基础,并且随着时代在不断发展的中国当代美学流派。其核心命题是"美是人的本质力量的对象化"。其包含的观点主要有:第一,这里的"对象化"既指自由的物质实践活动,也指对自然的静观、对艺术品的欣赏、艺术创作等精神实践活动;美是人的本质力量的对象化,就是说,人在这些实践活动中把自己的本质力量,全面地在对象当中展现出来。这样的实践活动就是审美活动,从这种活动中人们感受到的就是美。第二,"美只能是充满了生命力的本质力量的对象化,而不可能是本质概念的对象化。""抽象的概念可以对象化,但对象化出来的,或者是抽象的理论思维,或者是这一理论思维的图解,而不可能是富有生命力的活的形象。"而"美离不开活的形象。"(蒋孔阳,2007:168)第三,人的本质力量是非常丰富的。蒋孔阳认为人的本质力量是一个多元的、多层次的复合结构。这里既包括自然力和生命力,自然禀赋和能力,情欲和需要,也包括人的思维力量、意志力量、感情力量等精神力量。在审美关系中,人是作为一个整体,全面地扑在对象上。处于审美关系中的人,才是全面的人,丰富的人,完整的人。李泽厚同样强调人的本质力量的丰富性。他用"积淀"这一概念指称主体文化心理结构的生成,"人类(历史总体)的积淀为个体的,理性的积淀为感性的,社会的积淀为自然的"(李泽厚,1984:435)。在美学理论中,它主要指内容向形式积淀,外在实践向内在心理结构的积淀,包括五官感觉的社会化和动物性快感的社会化。审美关系作为人与现实的关系的一种,是通过感官来建立的、自由的、作为整体与世界发生的关系,从中全面展开人的本质力量,最终化为一种情感的关系。第四,审美的对象实质上就是"人化了的自然界"或"自然的人化"。这既包括通过物质实践改造的自然,也包括通过自由想象和幻想改造的自然,还包括寄托人的情感的自然。这样的自然都打上了人的本质力量的烙印。实践论美学比较准确地揭示了审美活动中主客体关系的实质,其"本质力量"的概念也较具综合性,但未能深刻揭示出审美活动"对象化"的特殊性,未能把审美活动与一般物质实践活动区分开来。

第二节 综合视野下审美的心理机制

美学理论一般是理论家在特定理论假设的基础上,对自身审美经验加以系统解释的结果。这里面,由于理论家自身审美经验的有限性,又由于其特定的理论立场和理论追求,他们对美及审美的解释往往是局限的、片面的、偏颇的。即反映了美及审美某一方面的真相,而没有反映美及审美全部的真相。以下,笔者力图在把握前人理论精髓的基础上,通过尽量扩展审美经验,摈弃特定理论立场和理论追求,对各种审美经验做出总括性的,同时也是"如其所是"的解释。

一、审美体验直接来自表象与感知偏好、情感意志的形式符合

首先,从审美经验最直接的层面看,人们之所以感受、体验到美,是因为人们通过感知、想象所获得的表象,与其感知偏好的形式、情感意志的形式相互符合,由此产生意与象相互契合、融合的审美快感。这一论断包含以下要点:

(一)审美愉悦是意与象相互契合、融合带来的愉悦

中国 20 世纪五六十年代关于美的本质的大争论把焦点放在美在主观,还是客观,或者主客观统一上,这其实已经把问题偷换为美的根源——从根源上说,美是来自主体,还是客体,还是主客体的统一?笔者认为,研究美的本质,其起点应该在于:在主体产生美感的瞬间或者时间段中,即人们感到心旷神怡、振奋迷狂、沉醉忘情的时候,主体内部世界发生了什么根本性变化。通过对各种审美经验的反思性理解,笔者认为,这种根本性变化就是意与象的突然契合或者逐渐融合。当然,这里说的"意""象"的内涵及"意象统一"的含义与中国古典美学意象说中的有所不同。其中,"象"是指主体通过感知、想象所获得的表象;"意"则是指主体感知偏好的形式、情感意志的形式等,而不是指传统意义上的思想情感等。

《易经》最早提出"立象以尽意"的命题,是指用具体形象传达某种思想观念,这就类似运用比喻的修辞手法或象征的表现手法。但是审美意义上

的"意象统一"却不是为了借表象表达思想观念或者思想感情,而是停驻于表象本身,即创造动人的表象本身或者被表象本身所打动。在审美活动中,人们专注的只是表象本身的感性形式,而不是其背后的抽象实质或者借它表达思想观念、思想情感;人们之所以感到愉悦,不是由于自己内心某种思想观念或者思想感情的内容在对象身上得到表达,而是由于自己偏好的感知的形式或者拥有的情感意志的形式与对象的感性形式相互契合。这样的"意象统一"实质上就是纯粹的人的感性生命的自我确认、自我观照或自我表现——主体在对象身上直观到或者创造出自己所偏爱的感知的形式以及所拥有的情感意志的形式,从而获得精神上的极大满足。即一方面是感知到偏爱的感知形式,获得所爱的满足,另一方面是内在的、不定形的情感意志得以显形,真实的、超越性的自我得到自由、充分显现的满足。意象说的主要不足在于,把"意"宽泛地理解为主体的情感,而没有精确地分辨出与"象"契合、融合的只能是情感意志的形式,如忧伤这种情感低沉、阴暗的形式,而不是"因……而忧伤""为……感到忧伤"这样的有具体内容的情感。朱光潜(1987:214)曾经这样描述美感产生时的心理状态:"于是我的生命和物的生命往复交流,在无意之中我以我的性格灌输到物,同时也把物的姿态吸收于我。"这里,"我""灌输到物"的"性格"实质上就是审美主体情感意志的形式——坚强乐观那种"向上""明亮"的形式,而不是具体的、有实质内容的"在……上的坚强"、"对……的乐观";由于"我"的这种心理倾向,便会被诸如松树挺拔向上的姿态、向日葵绚丽绽开的笑脸所深深触动,即"把物的姿态吸收于我"。这样,"我"的情感意志的形式在物象上鲜明生动地显现着,"我"便有了意象契合的感觉,有了美的感觉。

(二) 审美的关键是形式抽象

审美活动关键的心理环节是形式抽象。就审美感知而言,主体必须停驻于表象的形式——由色彩、光线、形状、声音等构成的表象的形式,而不是对表象的内容加以理解、判断和推理。如果他从表象的形式中感觉到诸如色彩、光线搭配和谐,线条流畅,形状对称,声音变化富有节奏和韵律,等等,而这些又恰恰是他的感知偏好所在,他就会觉得悦耳悦目、心旷神怡,即产生审美愉悦。感知偏好形式——这种美就是康德所说的"纯粹美";之所以称为"纯粹",就因为这里没有任何概念的成分。也就是说,感知的审美愉悦只能来自感知对象的形式,而不是感知对象的内容。因为如果来自感知对象的内容,就有利害算计在其中,就不是纯粹的审美愉悦。譬如说"我"看到并认识到对象是一朵玫瑰花,并感到高兴,因为玫瑰花价值高,寓意好,这种高兴显然就出自利害算计,并非纯粹感知的、审美的。而如果"我"注视着眼前这朵花,并不在意它是不是玫瑰花,是不是属于"我"的,而只是被它的色泽、姿态所吸引而感到愉悦,这就是纯粹的感知的、审美的愉悦。康德将"纯粹美"解释为想象力与知性的一致,这是由他的理性主义理论立场、本质主义方法论所决定的。这种解释有一定道理:因为主体对感知的形式偏好大多合乎对称、匀称、黄金分割、多样统一等形式规律,因而似乎可以从中找到人的知性作为根源。但实际上我们也可以将之归于人的其他根性,比如生命运动节律。并且,人们的感知形式偏好,是具体的,变异的,与人们的感知经验、求异欲望相关,并不能被完全归结为主体的某种先验本质。

就情感而言,审美主体不再停留于情感意志纯粹内在、无形式的状态,而是赋予无定形的情感冲动、意志品质以直观的表现形式,或者从具体鲜明的表象中直观到自身情感意志的形式。这就是将情感意志外在化、抽象化、形式化的过程。人的情意具有两面性。即一方面它是内在的、无定形的,另一方面它又可以显于形,成为一种可以直观的表象。譬如声音的高低、长短变化,身体的姿态、运动,色彩、光线的明暗对比,等等,都可以是情意的形式表象。《诗·大序》形象地描述了情意外化、显形的过程:"情动于中而形于言。言之不足,故嗟叹之;嗟叹之不足,故咏歌之;咏歌之不足,不知手之舞之,足之蹈之也。"显然,较之言传,嗟叹、咏歌、手舞足蹈更为直接地表现了情意的形式,使情意直接显形于外,而不是借助概念,经过理性思维去间接地表达情意(主要是情感意志的内容)。情意的形式抽象,较之感知的形式抽象更为复杂。因为前者不但涉及外部感知,还需要联系内部感觉。即需要把外部感知的表象的形式转化为内部的感觉(情意直观),如从一串串流淌的音符中直观到情感的起伏变化,从人物的眼神、姿态中直观到意志的强大或消沉;或者反过来需要把内在的感觉转化为外在的感知或身体运动形式(情意直观化地表现),如把情感的起伏变化转化为悠扬的旋律、动人的舞姿、跌荡的情节,把意志的强弱转化为或明朗或暗淡的色彩,或昂扬或低垂的姿态。在审美实践中,感知偏好的形式符合与情感意志的形式符合常常相互叠加,即表象的形式既是"我"的感知偏好所在,又是"我"情意的外化。不过,两者分离的情况也属正常:"我"可能纯粹由感知偏好的形式符合而愉悦,与这种审美愉悦相伴随的往往是内心的平和宁静;"我"也可能单纯因情感意志的形式符合而产生审美快感,这时表象的形式可能是丑、怪、恐怖的,与之相应的情意则是异常激烈、具有破坏性或者变态扭曲、具有嘲讽性的。

形式抽象可以走两条路径。一条是由象到意的路径，审美时往往采用"按实肖象"的方式——按实刻画物象之形，显现物象之神，而物象之神同时也是"我"之"意"，形神兼备的表象也就是"我"偏爱的感知形式或本真的情意形式；另一条则是由意到象的路径，创作时往往采用"凭虚构象"的方式——主体根据自身偏爱的感知形式，或者受心中激荡的情意所驱使，主动寻找、构造表象以实现自己的偏好，投射、表现自己的情意，最终形成与感知偏好形式、情意形式相吻合的表象。不过，在很多情况下，创作者往往是既"按实肖象"，又"凭虚构象"：由物象触引，由感知偏好导引，由情意激发，既肖象又构象，形成虚实结合的表象；即物象、感知偏好、情意相互磨和，最终统一而成感知偏好的、表现情意形式的表象。

二、审美直觉以超功利态度为前提，以形式感为基础，以内容理解为辅助

美感产生，即意、象契合、融合的瞬间或时间段，主要依靠的是整体性的、顿悟式的直觉，而不是渐近式的、线性的逻辑思维。苏珊·朗格认为"一切真正的艺术都是抽象的"，"艺术中的抽象过程却又完全不同于科学、数学和逻辑中的抽象，艺术中抽象出来的形式不是那种帮助我们把握一般事实的理性推理形式，而是那种能够表现动态的主观经验、生命的模式、感知、情绪、情感的复杂形式，这样的形式不能通过逻辑中使用的渐近式概括手法得到，这就使得整个艺术的发展和它使用的一切技术与推理性思维的发展及其使用的技术有了根本的不同"。(转引蒋孔阳，2007：289)这就是说艺术创造的关键环节——使情意获得自身适合的形式的形式抽象，主要是通过直觉瞬间或短时间内完成的。蒋孔阳把美的产生过程称为"多层累的突创"。即美是空间上的积累与时间上的绵延，相互交错，所造成的时空复合结构；同时，美的产生具有从量变到质变的特点，我们还来不及分析和推理，它就突然出现在我们面前，一下子抓住我们。(蒋孔阳，2007：131)这一描述是准确的：审美一方面确实是直觉性的，顿悟式的，另一方面它又需要各种主客观条件，特别是各种主观条件的酝酿、成熟。以下，笔者将着重分析究竟需要哪些主观条件，这些条件如何酝酿、成熟。

（一）超功利的审美态度

超功利的审美态度是审美发生的前提条件。康德(1987：46)以是否有利害考量来区分审美愉悦与生理上的快感、道德上的满足感："在这三种愉

快里只有对于美的欣赏的愉快是惟一无利害关系的和自由的愉快;因为既没有官能方面的利害感,也没有理性方面的利害感来强迫我们去赞许。"审美不是要实现什么实际的目的,即具有一种"无目的的目的",是在无利害关系的状态下产生一种自由的愉悦。

那么,如何才能获得超功利的审美态度呢?一种方法是"忘",忘掉一切道德规范的束缚,忘掉一切现实利害,忘掉身体欲望和理智考虑。这就是庄子所说的"坐忘"。庄子认为,人生要想获得自由,实现"逍遥游",就必须"去累""坐忘"。何谓"坐忘"?首先是"忘礼乐""忘仁义"。"仁义""礼乐"都是教导人怎样获取功名利禄的,是"累"的罪魁祸首,要忘。不过,仅仅做到这一步还不够,还要做到"堕肢体,黜聪明,离形去知"。庄子认为,"仁义""礼乐"一般是忘不掉的,因为功名利禄直接涉及人的肉体享受,只有"离形"才能从根本上做到忘掉"仁义""礼乐"。但"离形"不易,因为人有灵知,所以最后归结到"去知"。"知",这里指理智。理智是自我意识高度发展的产物,有了理智,就有了主体与客体的区别,会重视物质上的享受和精神上的荣耀。做到"离形去知",主客体的区别就没有了,享受和荣耀也没有了,物我两忘,"同于大通(即大道)",最后达到与天地精神相往来,"逍遥游"也就实现了。庄子的本意是由"坐忘"而"体道",而他的"体道"本质上属于一种审美活动,因而,"坐忘"就可以看作获得超功利的审美态度的一种自我解放方式。另一种方法是拉开与对象的距离。20世纪初英国美学家布洛提出心理距离说。所谓"心理距离"就是"介于我们自身与我们的感受之间"的距离,是我与物在实用观点上的隔绝。"距离是通过把客体及其吸引力与人的本身分离开来而获得的。也是通过使客体摆脱了人本身的实际需要与目的而取得的。正因为如此,对客体的'静观'才能成为可能。"(《美学译文》第二期:96)"是距离使得审美对象成为'自身目的'。是距离把艺术提高超出个人利害的狭隘范围之外,而且授予艺术'基准'的性质。"(《美学译文》第二期:93)实际上,很多时候,当主体不再把对象与自身的得失利害联系在一起,而是刻意拉开与对象的心理距离时,反而能够发现以前没有发现的对象的美。比较而言,这两种方法一个重在修身,是根本性的,用于涵养审美性的人格,实现审美性的人生;另一个则重在处世,是技术性的,是通过暂时的心理调节获得审美的态度。

(二) 形式感

形式感就是主体身上一种稳定的、与感知的形式抽象和情意的形式抽象相关的素质。换句话说,它属于外部感知和内部感知(即对情意的感知)的高级能力。良好的形式感使主体能够充分地感知表象的感性形式,敏锐地把握其特征,进而做出普遍有效的审美判断(康德认为审美判断虽然是主观的,但由于建立在共通感基础上,因而是普遍有效的);良好的形式感使主体能够赋予内在、无定形的情感冲动、意志品质以确定的、适合的形式,或者将无定形的情感冲动、意志品质与适合的表象形式融为一体。丹纳准确地抓住了艺术家身上的这种非同一般的形式感:"艺术家在事物前面必须有独特的感觉;事物的特征给他一个刺激,使他得到一个强烈的特殊的印象。换句话说,一个生而有才的人的感受力,至少是某一类的感受力,必须又迅速又细致。他凭着清醒而可靠的感觉,自然而然能辨别和抓住种种细致的层次和关系:倘是一组声音,他能辨出气息是哀怨还是雄壮;倘是一个姿态,他能辨出是英俊还是委靡;倘是两种互相补充或连接的色调,他能辨出是华丽还是朴素;他靠了这个能力深入事物的内心,显得比别人敏锐。"(傅雷译,1963:27)他所说的"感受力"就是审美的决定性素质——形式感,他所描述的"能辨别和抓住种种细致的层次和关系"其实是感知的形式抽象能力,而"能辨出气息是哀怨还是雄壮"、"能辨出是英俊还是委靡"、"能辨出是华丽还是朴素"等等,则属于情感意志的形式抽象能力。

  形式感一方面来自先天禀赋,另一方面来自后天濡染。一般而言,那种首创性的、极其独特的形式感知和情意赋形能力,往往只能用先天禀赋来解释。康德认为艺术创造必然依赖天才。这是由于"美的艺术不能为自己想出它应当据以完成其作品的规则来",而"没有先行的法规一个作品就仍然绝对不能唤作艺术的,那么大自然就必须在主体里面(并且通过它的诸机能的协调)给予艺术以规则,这就是说,美的艺术只有作为天才的作品才是可能的"(转引章启群,2004:392)。这是说,美的艺术总是符合形式美的规则的,但却不是通过演绎的方式获得的,而是有天赋才能的艺术家直接创造出来的——艺术家诸机能协调的天赋本身就代表形式美的规则;其发挥,就诞生了符合形式美规则的美的艺术。当然,一般意义上的形式感更多依赖于后天环境的濡染。一个富于感觉刺激且符合形式美的规则的环境,对于形式感的涵养是至关重要的。马克思说:"只是由于人的本质客观地展开的丰富性,主体的、人的感性的丰富性,如有音乐感的耳朵,能感受形式美的眼睛,总之,那些能成为人的享受的感觉,即确证自己是人的本质力量的感觉,才一部分发展起来,一部分产生出来。""不仅五官感觉,而且连所谓精神感觉、实践感觉(意志、爱等等),一句话,人的感觉、感觉的人性,都是由于它的对象的存在,由于人化的自然界,才产生出来的。"(马克思,2000:12)音乐、绘画、建筑等等都是人的本质力量对象化的成果,都是人化的自然,是它们反过来养成了"有音乐感的耳朵"、"能感受形式美的眼睛",涵养了人丰富的感性。日常生活中,我们不难看到,美好的自然环境和高雅的艺术环境的熏陶,往往使孩子具有非同一般的审美能力和审美趣味。可以设想,丰富的、符合形式美规律的感知表象和富有表现力的情意表象,使人的形式感知和创造变得更加敏锐、有品味,更加丰富细腻、富有表现力。刘勰把"博观"视为提高审美鉴赏力的根本途径:"凡操千曲而后晓声,观千剑而后识器;故圆照之象,务先博观。阅乔岳以形培塿,酌沧波以喻畎浍。无私于轻重,不偏于憎爱,然后能平理若衡,照辞如境矣。"(《文心雕龙·知音》)这是讲"博观"有利于比较优劣、鉴别得失;实际上,这里预设了一个前提,即"博观"必然有利于提高一个人对形式美的感受力。因为比较鉴别的根本还在于对各个作品形式美的表现力的比较鉴别。

(三)审美理解

如果对感知对象的内容、情意的内容的理解促进了主体的审美活动,促进了主体对形式美的感受,那么这种理解就可称为审美理解。格式塔心理学认为,人的知觉是整体性的、顿悟式的,其间有理解的成分,有基于理解而加以建构、创造的成分。由此可见,对感知对象内容的理解,可以帮助主体调动记忆储备中相关的感知经验或表象,丰富当前获得的感知表象,从而更好地把握感知对象的形式及其特征。比如说,当主体意识到眼前看到的是玫瑰花时,他会不自觉地联想起以前看到的玫瑰花或玫瑰花的绘画作品;这些储存的表象突出了玫瑰花的形式特征,如娇艳的色泽、动人的姿态,使主体把注意力更多集中在眼前玫瑰花这些形式特征上;于是他便更容易感受到其形式之美。当然,对感知对象内容的理解应当以不引起依托概念的思维活动为限。如果理解引发了依托概念的判断、推理活动,那么很可惜审美活动就此终止了。"由于概念的侵蚀,我们的感觉渐渐地衰退了,至少也显得迟钝起来——我们装得像一个洞明一切的旁观者,仅仅启动自己的判断力,对眼前发生的这一艺术事实持一种自以为是的态度,却忘记了艺术之所以被缔造出来,主要不是供判断的,而是为了纠正判断的。我们洋洋自得于日益变得老练的判断能力,却把那种与生俱来的感觉能力悄悄地放逐了。应当把感觉拯救出来,应当恢复儿童式的对大千世界的最初新鲜感,这样才能使我们的眼光保持常新,免使我们面对着的艺术品在概念判断的冷观下黯然失色。"(吴亮,1992:281)概念判断不管是为了认识评价的目的,还是为了实用的目的,其结果都是对形式观审的偏离,都是感知的钝化。因而是审美必须避免的。

就情意内容的理解而言,情况有所不同。那就是对情意内容的理解往往要借助于概念。一方面,通过概念,"我"理解了抒情主人公的情感状态或意志品质(主要指情意的内容,包括因……而起、对……产生的情感,或者因……而起、对……产生的欲求,等等)。这种理解往往是同情式的——"我"仿佛也体验了同样的情感过程,拥有了同样的意志品质;于是,借助概念的理解最终促进了"我"对情意形式的同情式体验。当然,这一由理性到感性的回归,有赖于具体生动的情意形象以及主体对它持驻式的品味感受。另一方面,通过概念,"我"对情意的内容加以善恶真假的价值判断。而一旦判断是正面的,那种道德价值实现的愉悦感与审美的愉悦感会产生叠加、互动效应,从而使主体获得更深、更强、更持久的精神愉悦。孔子欣赏尽善尽美的《韶乐》,三月而不知肉味,原因大概就在这里。总之,因为情意是内容与形式的统一,所以对情意内容的理解和评判往往会促进对情意的感性形式的感受和品味;反过来,对情意形式的品赏也会在潜移默化之中影响主体对情意的理解和判断,影响主体的思想价值观念。而后者其实就是审美寓教于乐功能的内在机制。

此外,就艺术创作而言,创作主体对对象内容的理解和表现,往往有利于他对表象形式的创造。就自然存在的事物以及人的情意而言,它们总是内容与形式的统一。因而,当创作者把握事物的内容、情意的内容并加以表现时,往往也有利于他对形式的理解和表现。不过,艺术的辩证法是,有时过于滞留在内容的层面,就会忽视形式美的感受,影响对形式美的表现。相反,现代抽象艺术刻意舍弃对内容的表达,反而获得了形式表现的自由,创造出更为纯粹、多样的形式美。

最后,要补充的是,除了超功利的态度、形式感和审美理解以外,审美的发生往往还依赖于主体的联想和想象。在审美活动中,联想和想象的作用主要在于形成不在目前、不在耳前的表象。比如音乐欣赏,主体往往不但聆听耳前的乐音,还借助联想和想象,在头脑中浮现相应的视觉形象——由柔和、轻盈的旋律想到乡村田野里姑娘们的轻歌曼舞,由欢快红火的吹打乐仿佛看到农民们欢庆丰收的热闹场面,由清新跳荡的和弦好似泛舟在波光粼粼的水面上。这样,主体就得到了听觉与视觉的双重享受。就审美创作而言,情况同样如此。主体如果采用"按实肖象"的方式构象,需要的主要是超乎寻常的敏锐的感知能力,即形式感;而如果采用"凭虚构象"的方式,则不但需要形式感,还需要丰富的联想、想象能力以构造不在目前、不在耳前的表象。总之,联想和想象虽然不是审美直觉产生的必要条件,但却是一个重要的辅助条件。只是联想和想象所形成的表象必须与开始感知的表象保持内在联系,比如音乐欣赏中构造的视觉表象必须始终与听觉表象保持内在一致。

三、美感的根源是对自身本质力量的直观

表象与感知偏好、情意状态的形式符合何以会引发主体巨大的精神愉悦?这里的根本原因在于,对自身偏好的感知形式、本真的情意形式的直观(包括直接观地表现),实际上就是对自身本质力量的直观。

(一)对感知形式的偏好及本真的情感意志是人本质力量的集中体现

人的本质力量是相对于人的非本质力量而言的。那种与动物共有的自然力量,如在纯粹食物的意义上感知食物,就是人与动物共有的,因而并非人的本质力量所在。马克思说:"五官感觉的形成是迄今为止全部世界历史的产物。囿于粗陋的实际需要的感觉,也只具有有限的意义。对于一个忍饥挨饿的人说来并不存在人的食物形式,而只有作为食物的抽象存在;食物同样也可能具有最粗陋的形式,而且不能说,这种饮食与动物的饮食有什么不同。忧心忡忡的穷人甚至对最美丽的景色都没有什么感觉;贩卖矿物的商人只看到矿物的商业价值,而看不到矿物的美和特性;他没有矿物学的感觉。"(马克思,2000:12)对食物,如果只是以纯粹实用的态度加以感知,就与动物无异,就不是人的本质力量的体现;同样,对景色,对矿物等等,如果只是以纯粹实用的态度加以感知,也都没有真正超越动物性的自然存在。只有以非实用的态度感知事物的形式,感受事物的美,才体现了人的精神性存在需要,也才是真正人的本质力量的体现。

从根本上说,对感知形式的偏好之所以是人的本质力量所在,是因为对形式的感知和欣赏,是人的生理机能与心理机能相互协调、对必然的需要与对自由的需要相互协调的直接反映。感觉心理学的研究表明,人们对色彩、声音等的好恶是有生理基础的。刺眼的色彩、噪音等会引起人们身体的不适,而居于感觉阈限中段的色彩、声音等往往让人感觉舒适。另一方面,对感知形式的偏好又不纯粹是生理性的,这里面有深层次的心理方面的原因。康德认为,审美愉悦源自想象力与知性的一致,即想象力直观到自然的合规律性,使自身的知性得到满足。这种说法是有一定解释力的。审美实践的

情况往往是，人们从表象中感受到诸如图画的色彩搭配关系，光线的对比关系，线条的浓淡、粗细、曲直变化，声音的节奏、韵律变化，等等，如果这些关系、变化恰恰是合乎形式美规律的，人们就会把表象判断为美的。而美学家所总结的对称、匀称、黄金分割、多样统一等形式美规律确实打上了人的知性的烙印。不过，要补充的是，形式美规律毕竟不同于自然界的必然律，它是必然与偶然的统一，折射的是主体对必然的需要与对自由的需要的统一。总之，对感知形式的偏好绝不单纯是人的生理感觉需要和能力的反映，而是人整体的、和谐的生命力量的体现。

人的情感意志系统同样是人本质力量的集中体现。这是因为情意系统直接代表每个人在客观世界的主观欲求状况——意志从根本上说是主体对自身欲求或选择或坚持或放弃的自我控制能力，情感则是主体对自身欲求在现实世界实现情况的主观反应，因而情意系统一方面是每个人最真实、最完整的存在，另一方面也是每个人最具超越性、最富理想性的存在。

首先，人的情意系统是他作为一个完整的人与现实世界打交道时所展现出来的全部力量——他的认识能力、实践能力，以及他自然的、社会的、物质的、精神的全部欲求，等等，都共同作用、相互叠加、凝聚、浓缩在他的情感反应以及意志品质之中。譬如说一个人怀抱社会公正的理想，并且认识到现实社会的阴暗不公，却又缺少改变社会现状的能力和渠道，因而产生痛苦悲愤的情感反应或者进入消极沉沦的意志状态。这里的情意就他完整的生命存在方式，就是他的社会认识、道德认识以及道德实践能力的全部体现。可以说，处于情意状态中的人就是完整的人，而不是认识能力、道德理性或者实践能力这些人的分裂的碎片。其次，情意系统是一个人本真的存在。人是一种复杂的存在。弗洛伊德认为人的心理结构由三层构成，一个是本我，由本能的冲动支配，只按照"快乐原则"行事；一个是自我，服从理性支配，按照"现实原则"支配；一个是超我，向宗教、道德、审美等理想升华，遵循"道德原则"。确实，人总是既有原始的本能欲望，又有现实的利益诉求，也有精神性的追求；既是感性的存在，又有工具理性，更有价值理性。现实生活中，他时而感性的一面占上风，时而工具理性或者价值理性的一面占优势。那么，真实的他到底是怎样的呢？是他的"本我""自我"，抑或"超我"呢？实际上，决定一个人到底是谁的，一定是他的情感意志，而非他单纯表现出来的那一面。譬如，同样是行善，一个人是出于算计，内心有种无奈和不甘；另一个人则纯粹出于同情心，因而从中得到极大的安慰和满足。显然，是这两个人的情感意志状态，而不是他们的言行，甚至也不是他们的思想意识,代表了他们的本真存在,反映了他们的本质力量。最后,情意系统往往代表一个人的超越性、理想性存在。从根本上说,欲求意味着人对现实某种程度的不满;情感状态和意志品质作为与欲求相关的心理反应和心理力量,必然具体真实地显示着一个人对现实超越的维度。如果说一个人的认知系统必须最大限度地忠于现实,以"必然"为目的;那么,情意系统则恰恰相反,它要超越现实,以"自由"为目标。朱光潜(1980:353-354)说:"我们有美术的要求,就因为现实界待遇我们太刻薄,不肯让我们的意志推行无碍,于是我们的意志就跑到理想界去寻慰情的路径。美术作品之所以美,就美在它能够给我们很好的理想境界。所以我们可以说,美术作品的价值高低就看它超脱现实的程度大小,就看它所创造的理想世界是阔大还是窄狭。"这里,朱光潜说的是评价美术的标准,实际上却反映了所有审美对象超越现实的本质所在。审美对象必须具有超越现实的根底——与我们的欲求相关,从而可以使我们的情感和意志从中得到共鸣或投射。当然,要说明的是,审美对象有超越现实的根底并不意味着它一定是理想主义风格的,它也可以是现实主义的(很多伟大的现实主义作品有着深厚的超越现实、批判现实的底蕴)。这里所说的审美对象的超越性,是指它总是从根本上与我们的欲求相关,而不是创作的具体的风格。总之,审美对象具有超越性,恰恰与我们情感意志具有超越性相对应,而超越性、理想性恰恰最能代表一个人的本质力量。

(二) 直观自身的本质力量给人以直接的精神愉悦

人的本质力量对象化有两种方式,一是直观的方式,另一种是非直观的方式。直观的方式使得自我确证、自我肯定成为直接的,因而带来的精神愉悦也是直接的。非直观的方式则反之:它带来的自我确证、自我肯定是间接的,带来的精神愉悦也是间接的。

就表象符合感知的形式偏好而言,主体在对象身上直观到自身的感知形式偏好,直观到自身感觉能力与认识能力的协调,直观到自身对必然需要与对自由需要的统一。这种直观所带来的自我确证、自我肯定不经推理、无须事实检验,是无条件的、即时性的。因而愉悦也是直接的。反之,在科学认识活动中,主体本质力量的对象化一般是以非直观的方式进行的:主体把自己的认识能力融入到事物客观规律的发现或规律背后原理的解释之中;在这个过程中,他直观不到(往往只能反思到)自己力量的存在。这就是说,认识活动的自我确证、自我肯定一般要等到检验过后,以自我反思的方式获得。这样带来的精神愉悦自然是有条件的、间接的。

再就直观自身的情意形式而言,其对情意的肯定,因而也是对自己完整的、本真的、超越性生命存在的肯定,同样是无条件的、直接的。因为不管情意的内容,就不用对情意做出价值判断,也不用考虑情意的压迫能否解除,主体通过直观自己的情意形式,便在自身之中获得了彻底的自由:主体自由地肯定自我,肯定自我与客观世界相互作用中完整的、本真的、超越性的存在。这是对主体本质力量最大限度的肯定和确证!这样产生的精神愉悦何其直接、何其巨大!相反,实践活动中人们努力推行自己的意志,卷入具体、现实的情感旋涡中,或者冷静、冷酷地反思、评价自己的情感和意志,因而享受不到纯粹直观情意形式所带来的无条件、无负担的愉悦或者震撼。总之,直观本质力量,与实现本质力量相比,没有功利的压迫,因而能够获得直接的、自由的审美愉悦(实践中直观本质力量与实现本质力量也可能得到统一,譬如科学认识产生了既正确又具有形式美的认识成果,这样,科学家既实现了自身的本质力量,又能在这一认识成果中直观到自身的本质力量)。

最后,要补充说明的是,在审美欣赏和审美创作中,有时候我们在体验他人(作品人物或作品创作者)的情意,直观他人的情意形式,但同时又似乎感同身受——好像在体验自己的情意,直观自己的情意形式,即产生所谓的"情感共鸣"。其实,只要产生"情感共鸣",这种"我"作为他人而体验的情意就是"我"自身的情意,就是体现了"我"自身本质力量的本真的情意;只不过这时的"我"是作为类的存在而体验着"我们"共同的情意,直观着"我们"的本质力量。由"我"到"我们",这是艺术"群"的功能;它使我们不再局限于作为个体的自我的确证和肯定,而是扩大到作为类的自我的确证和肯定,因而极大地拓展了审美享受的范围。

以上对审美的心理机制做出了由表及里、由浅入深的三个层次的解释。从审美活动最直接、最表面的层次看,审美愉悦直接来自表象与感知偏好、情感意志的形式符合。从审美直觉产生的深层的心理机制看,主体需要具有超功利的审美态度、敏锐的形式感及对内容的审美理解(有时还需要审美联想和想象)。而从哲学的角度进行本质追问,就会发现审美的源头是人们对自身本质力量的直观。这样的三个层次的追问和回答,其实也是符合人及其审美活动本身的存在方式的:人既有他的本质所在,又经历潜能—孕育的过程,最终产生完满的现实表现;而作为人完整生命存在样式的审美活动,同样既有根植人的本质的深层存在原因,又必须经历一个潜能—孕育的心理过程,最终迸发出瞬间完满的现实表现。

第八章 审美教学:空悬 VS 启发

审美教学是审美教育的下位概念。学校的审美教育所涉范围极广:它既应渗透于学校的各种正式课程,包括学科课程、活动课程之中,也应渗透于学校的潜在课程之中。比如,学校开展的各项节庆活动、文体活动、团体活动,布置的校园文化环境、班级文化环境,乃至教师的穿着打扮、举止言行等等,都应该具有审美教育的目标,发挥审美教育的功能。而审美教学的范围则相对窄得多。它只涉及正式课程,并且仅指以该门课程本身的课程内容为依托,以培养学生的审美意识和审美能力为目的,以学生获得审美体验和审美理解为过程的教学活动。从这个意义上说,审美教学是文学艺术类课程的重要任务和主要内容(但不是唯一任务和唯一内容),也是一些非文学艺术类课程非核心的任务和内容之一。譬如,科学课程中关于数理逻辑之美的教学,公民社会课程中关于社会习俗风尚之美的教学,等等。不过,鉴于这些学科的审美教学的任务和内容不居重要地位,本书主要研究的是文学艺术类课程的审美教学。

从逻辑上讲,应该是先有审美教学,再来讨论其是否启发或灌输的问题;然而悲哀的是,我们发现实践中文学艺术类课程出的问题还不仅仅是不能尊重学生审美的主体地位,遵循学生审美的心理规律,给予有效的激发、引导的问题,更有审美教学目标缺失的问题。于是,我们看到文学艺术类课程中的审美教学有着从目标缺位,到内容偏差,再到技术失误的系统性问题;审美教学因而每每处于似有实无、有名无实、被空悬、被搁置的状态之中。以下,笔者将先分析空悬的审美教学的各种表现及原因,在解决了文学艺术类课程的目标定位问题的前提之下,再来研究审美教学的启发艺术问题。

第一节 空悬的审美教学面面观

文学艺术类课程应该以审美为核心。课程标准对这些课程的审美教学目标和审美教学内容大多有明确规定。比如,我国2011年新修订的义务教育语文课程标准在十条总目标中第一条就规定在语文学习过程中培养学生健康的审美情趣;又在分学段课程目标和内容中具体规定了涉及识字写字、阅读、习作等多个方面的审美教学任务和内容。再如,义务教育艺术课程标准在前言部分就提出艺术学习对学生美感形成具有重要价值和意义,规定艺术课程必须使学生学会欣赏艺术,获得审美体验,并在审美体验的基础上进行审美创造和表现,形成健康的审美观念和审美情趣。然而,现实中文学艺术类课程却常有抓不住审美这一核心的问题——教学并没有真正使学生产生美的感受、美的体验,进行美的表现、美的创造。这里面的原因比较复杂:既有教学目标和内容本身的偏离,也有审美对象选择的偏差,更有教学手段、方法等技术方面的失误。

一、教学目标和内容:偏离审美这一中心

文学艺术课程的教学目标和内容是多样丰富的。既有审美方面的目标和内容,又有知识技能方面的目标和内容,还有思想情感、人文素养方面的目标和内容。这就有一个如何处理三者之间关系的问题:是努力将三者统一起来?还是将三者分割开来,片面强调其中某个方面?显然,我们应该追求的是前者;并且应该以审美为核心组织相应的知识技能教学和思想情感教育,即知识技能教学和思想情感教育是为学生获得审美体验、进行审美创造服务的,同时也是学生审美活动开展的自然结果,而不是相反。这是由文学艺术的本质以及基础教育的要求所决定的:尽管文学艺术有多方面的功能(孔子早已认识到诗歌的"兴"、"观"、"群"、"怨"多种功能),但其本质是审美——文学艺术作品从本质上讲应是审美创造的结果及审美观照的对象,其他诸如认识、表达、宣传等功能是附属于审美这一本质的;同时,基础教育的根本目的是为培育完善的人打基础,而不是直接培养从事特定职业、具有特定专业技能的人才。这就决定了基础教育阶段的文学艺术课程应以审美为核心目标和主要内容,而不是脱离这个核心,搞专门的知识技能教授或者直接的思想道德情感灌输。然而,很多时候实际情况却是恰恰相反的。

(一)知识化、技能化取向

文学艺术教学的知识化、技能化取向,可以说由来已久、根深蒂固。修海林(1995:40)曾经指出,春秋战国时期的"私学中'艺'体系的音乐教育以师徒传授的教习方式为主,以单纯技艺学习为目的",从此,在我国逐渐形成

了艺术教育重视艺术知识技能传授的特点。而自20世纪初我国正式开始在中小学开设艺术课程到现在,由于一直受到国外相应艺术教育思想和教学法的影响,这一特点更是得到了保持和强化。比如,在美术教学方面,19世纪中期欧洲国家陆续开设图画、手工课,当时这些课程大多是作为一种实用技能教育来实施的,它强调视觉精确性和手的灵巧性的训练。半个世纪以后,我国开设图画和手工课,虽然此时,这种技能教学模式在欧美国家已开始受到非议,但它依然以一种崭新的面貌传播到我国。在其影响下,逐渐形成了以临摹为中心的技能教学模式。在音乐教学方面,我国同样受西方国家的影响,主要采用"唱歌为中心,学习读谱法"的教学模式,并且在别人早已弃而不用的情况下,依然坚持沿用下来。新中国成立后,艺术教育学苏联,实际上就是学其技艺教学模式。举例来说,在语文教学方面,比较突出的是20世纪50年代学习苏联经验而推行的汉语、文学分科教学改革。该改革一方面重视系统的语法知识的教学,一方面在文学作品的教学中强调阅读技能和文学知识的教授,而丢弃了我国注重涵咏、品味的文学教育传统,相对忽视了学生对作品整体性的、个性化的审美体验。

在当前教育功利化、应试教育盛行的大环境中,文学艺术教学这种片面强调知识技能传授的取向更是得到了进一步强化。对此,美术特级教师王竹指出:"有些同志,总把美术教育的成功标准定在学生获多少比赛奖,定在考上美术专业学校系科人数的多少上;有些教师把主要精力放在辅导少数苗子身上,不厌其烦地训练","专业化的教学内容,成人化的教学方法,美术课成为了少数尖子的成才园地"。(柳斌主编,1996:325)显然,这绝对不只是美术教学的问题,极度强调功利目的,使得整个文学艺术教学不在涵养美感、培育艺术感上下功夫,而是舍本逐末,片面强调外在的技能技巧的学习。熟语说,"皮之不存,毛将焉附",这种教学充其量只能培养出以艺术为职业的匠人,而不是有着深厚艺术修养和创造才能的大师。我国钢琴教育家周广仁教授曾一针见血地指出:"作为钢琴家,不但要有演奏钢琴的专业技能,而且要有广博的文化知识和丰富的艺术修养。很难想象,假若你对欧洲文化、历史一无所知,却能演奏好贝多芬、莫扎特。事实上,有的学生到了一定程度就再也上不去了。究其原因,并不是因为他们的手指僵硬了,而是文化空白了,头脑空了。"(王宏建主编,2000:283)周教授所说的"文化空白了,头脑空了"的直接后果就是演奏者无法真正融入贝多芬、莫扎特的情感世界之中,无法将情感灌注指间创造一个"情""境"合一的美的世界。可以说,匠人与大师的距离,不在技艺上,而在美的感受力和创造力上。20世纪初著名的音乐教育家达尔克罗兹之所以提出"体态律动"学说,针对的正是传统音乐教育中"音乐理论与实际音响、音乐感相分离,技术的练习与艺术的表现相割裂"的弊病。他看到音乐学院的学生们虽然有着高超的演奏技巧,但是普遍缺乏对音乐的情感反应,主要表现在两个方面:一是,学生的表演不是建立在理解和敏锐感受的基础上。二是,对正在聆听的音乐缺乏情感的共鸣,不能感受和体现音乐的美感。学习音乐的人本应当是内心感受更加敏锐,更具有外在表达的能力,但是一些学生对音乐中节奏的表现只是一种数字、数学式的机械反应,他们感受不到节奏的流动、美感。(转引戴定澄主编,2001:100)而这正是脱离审美、孤立地传授知识和技能所导致的后果。

文学艺术教学知识化、技能化取向的症结在于为了知识技能本身去传授知识技能,不能以审美活动为中心组织技能技巧的学习,不能使知识技能的学习为审美和创造服务。比如,不去着力引导学生感受、品味作品,与之发生情感共鸣,在此基础上体会艺术手法的高明,而是将艺术手法或技巧从作品中抽取出来孤立地加以分析、研究。下面的教学片断反映的正是教师离开对作品的审美鉴赏,抽象、空洞地讨论艺术手法的问题,具有一定的代表性。

[案例 8-1]
《警察与赞美诗》(高中《语文》)
1. 关于欧·亨利手法
老师:小说的故事情节写的都是非常"巧"的事情,所谓"无巧不成书"。苏比虽然费尽周折,最后还是实现了自己的理想,是在什么情况下实现的?这种结尾有什么特色?
学生:苏比在听赞美诗受到感动不再想入狱的时候反而被警察送进了监狱。小说的结尾既在情理之中,又在意料之外。
老师:对。如同莫泊桑的小说《项链》中的结尾,往往出其不意。这篇作品的结尾也非常巧妙。笔锋一转,让主人公的命运起一个一百八十度的变化。这样的结尾看似荒唐不合情理,却深刻地体现了人物的性格和情节发展的逻辑性,收到了幽默的效果。因为这种结尾的方式欧·亨利最擅长,因此人们经常把这种方式的结尾称为"欧·亨利手法"。(出示课件)
老师找一位同学介绍这一手法,简单了解它的特点。
2. 讨论本课的幽默特点

老师:苏比为入狱所做的几件事中,你认为哪一件最好笑?为什么?其他还有好笑的地方吗?请找出几处加以分析。(学生讨论四分钟左右,然后回答)

学生:第二件砸玻璃最好笑,越是主动承认警察越不相信。

老师:对,不合情理的往往令人感到好笑。

学生:警察去扶两条街之外的金发女郎最好笑。表现了警察肮脏的灵魂。

老师:这是夸张的手法,运用一定的修辞手法也可以起到令人发笑的效果。请根据刚才所讲的内容,自己总结"令人发笑的要素是什么"。

3. 构成幽默的几个要素

老师:在现实生活中这样幽默的令人发笑的小故事有很多。比如有一个内陆的朋友到青岛去看大海,站在海边,面对眼前波澜壮阔的大海,他忘情地大喊:"大海,我亲爱的母亲。"这时突然一股浪花涌了过来,打湿了他的衣襟。只听他小声说了一句:"原来是个后妈。"(教师在学生充分发言的基础上,并结合现实生活中的幽默小故事,引导学生自己总结)

第一,夸张、比喻、拟人等修辞手法的运用;

第二,看似毫无联系的事物组合在一起;

第三,欲扬先抑或欲抑先扬手法的运用;

第四,生动活泼或思维独特的对比:如大与小、高与低、尊与卑的对比,愿望与结果的对比等;

第五,鲜明的个性化色彩;

第六,幽默要有特定的环境、一定的文化积累和相当层次水平的听众。(吴冰沁,等,2008:140-142)

在小说结尾的教学处理上,教师不去引导学生体味"愿望"出乎意料地实现背后主人公的辛酸和无奈,以及作者的讽刺、同情等复杂情感,而是抽象地、概括性地介绍"欧·亨利手法""既在情理之中,又在意料之外"的特点。而在小说幽默手法的教学处理上,同样没有深入到审美的层面,教师没能引导学生感受苏比那"含泪的微笑",品味轻松诙谐背后的冷峻、沉重和辛辣,而仅仅突出一些表面化的、概念化的特征,如"好笑""不合情理""夸张"。随后,为了强化教学的知识技能传授的特征(似乎只有具有这一特征,才能保证教学的有效性),教师又总结出一套"幽默的构成要素",而这些看起来很正确的知识,对学生幽默细胞的培养实在毫无用处。

通过上面的教学案例,笔者要指出的是,在文学艺术课程的教学中,教师很可能在不经意间就偏离了审美的中心,滑入唯技能主义的泥淖——因为技能技巧是显在的,可以直接传递和考查的;而审美体验则往往是内隐的,难以直接传递和考查的。于是,教师往往倾向于舍难从易,倾向于急功近利,把鉴赏、创作的知识技能从审美活动中剥离下来孤立地传授给学生。这样的教学看起来是高效、科学的,但往往把文学艺术的学习弄得枯燥乏味,远离其审美的核心要旨。

(二)唯作品内容、唯道德人文教育的取向

除了知识化、技能化取向,文学艺术教学还可能滑向以作品内容为中心、唯道德人文教育的另一个误区,成为"形式生动的思想品德课或文化课"。应该说,大部分文学艺术作品都传达着一定的思想情感内容(只有极少数追求纯形式美的作品,如汉斯立克提倡的"绝对音乐"、瓦雷里提倡的"绝对的诗"、贝尔提倡的"绝对的画"例外),但这些思想情感内容是依托于作品由语言、音符、色彩、线条等构成的感知表象的。这些具体可感的表象是否具有"有意味的形式",决定了该作品能否成为审美的对象,也即真正的艺术品(如果一部文学艺术作品的思想情感内容是深刻、丰富、美好的,但表现的形式是粗糙、失当的,这也不能称得上一部真正的文学艺术作品)。文学艺术课程的教学应该以作品所创造的各种表象的形式鉴赏为核心(这才是以审美为核心),在这个过程中让学生潜移默化地受到作品思想情感内容的熏陶感染,从而间接地发挥文学艺术"辅德"的教育功能。而实际教学中,离开作品所创造的感知表象,离开对这些感知表象形式美的品味欣赏,在作品内容上大做文章,大搞思想道德教育、人文教育的情况非常常见。

下面的课堂实录则让我们看到,连音乐这种比较抽象、自由的艺术形式也被教师利用作为行为训练、品德教育的素材。

[案例8-2]

《中华人民共和国国歌》(小学《音乐》)

1. 学生描述国旗

师:老师想问一下同学们都见过中华人民共和国国旗吗?

生:见过。

师:那谁能描述一下国旗是什么样的?

生:国旗是红色的;国旗是长方形;国旗上有五颗金黄色的五角星。

2. 启发学生思考:在什么场合要升国旗、奏国歌?

师:同学们回答得真棒,那谁能说说,在什么样的场合要升国旗、奏国歌呢?

(给学生几分钟时间思考)

生1:每周一学校都会有升旗仪式,就会升中华人民共和国国旗、奏《中华人民共和国国歌》。

生2:天安门广场每天早晨都会升国旗、奏国歌。

生3:当香港、澳门回归的时候升国旗、奏国歌。

生4:在奥运会上,中国的体育健儿得冠军的时候,就会升中华人民共和国国旗、奏《中华人民共和国国歌》。

师:同学们说的都很好,在奥运会上,当中国的体育健儿获得比赛的冠军,就会升起鲜艳的五星红旗,奏响庄严的《中华人民共和国国歌》。其实在我们每一个黄皮肤、黑眼睛的中国人民心中,包括港澳同胞、海外华侨的心中,每天都会升起中华人民共和国国旗、奏响《中华人民共和国国歌》。因为国旗与国歌是一个国家、一个民族尊严与荣誉的象征,是我们每个人心目中的骄傲与自豪。

现在老师就要请同学们共同感受一下《中华人民共和国国歌》的神圣与庄严!请全体同学起立!

3. 聆听《中华人民共和国国歌》(乐曲)

4. 学生总结在国歌奏响时应如何去做。

师:全体同学请坐。老师刚才发现同学们在听国歌的时候,表情都特别严肃,有的同学还在小声跟着音乐演唱。老师想问问同学们,当国歌奏响的时候,我们每一位同学到底应该怎样去做呢?

生1:应该立正站好,表情应该严肃。

生2:眼睛应该看着国旗。

师:同学们说得很好,那如果我们的胸前都戴着红领巾,应该怎样?

生抢答:应该敬少先队员的队礼……

师:那让我们集体敬一个标准的少先队员队礼。敬礼!

(学生敬礼,老师走到学生中间,纠正个别学生不太标准的敬礼姿势)

师:请把手放下,我们刚才敬了少先队员的队礼,如果是一名军人应该怎样做?

生抢答:应该敬军礼……

师:那我们就都来当一回军人,一起敬一个非常神气的军礼。敬礼!

(学生敬军礼,老师与学生一起做动作,提示学生,注意看老师的动作并模仿)

师:请把手放下,看来同学们个个都可以当一名神气十足的军人了!刚才做得非常好。那如果是一名普通的小朋友在观看升旗,他又应该怎样做呢?

生答:立正站好,眼睛看国旗,行注目礼。

5. 再次聆听《中华人民共和国国歌》(乐曲),学生分别扮演不同的角色。

师:现在假设我们都来到了雄伟的天安门广场,当《中华人民共和国国歌》奏响时,我们就按照我们刚才所说的三种角色,分别是……

生答:少先队员(队礼)、军人(军礼),还有普通的小朋友(注目礼)。

(老师遵照学生自己的想法,分配好每名学生要扮演的角色)

师:我们各自扮演好自己应扮演的角色,在庄严的《中华人民共和国国歌》声中我们共同感受一下做军人、少先队员、普通的观众的那份神圣与自豪……请全体同学起立!

教师播放国歌录像带(录像中有天安门国旗班战士升旗、滚滚流动的长江与黄河,以及祖国秀丽的大好河山风景,还有校园里升旗仪式的情景),学生按照自己所扮演的角色要求,聆听乐曲。(郭声健,2004:246-248)

毫无疑问,国歌的教学必然与爱国主义教育紧密联系。但是音乐课的国歌教学如何进行爱国主义教育一定与品德课有所不同。而这节音乐课除了让孩子聆听了两遍国歌以外,几乎没有与音乐直接相关的内容——教师先是让学生描述国旗的样子,问学生哪些场合要升国旗、奏国歌,然后就把主要精力和时间放在讨论、表演升国旗、奏国歌时应该怎么做上。这里,音乐元素、审美元素何等稀缺;教师只是简单提示学生聆听音乐时感受国歌的神圣与庄严,而没有和学生在整体感受乐曲的基础上分析曲式结构、音乐表现要素及其与音乐情绪的关系;也没有引导学生在理解乐曲的创造背景、表现手段的基础上更好地感受音乐的情绪,获得更深刻的审美体验;更没有指导学生以哼唱、律动、表演、朗诵、绘画、影像剪接等方式创造性地表现自己的审美感受。而后者才是审美的艺术教学,才是艺术教学的应然面目——着力引导学生感受饱含爱国激情的雄壮的乐曲,获得充分的审美感受,并在此过程中潜移默化地受到爱国主义教育,而不是把音乐作为陪衬和摆设,直接进行爱国主义教育。

  当前,以作品内容为中心、唯道德人文教育的一个突出表现就是不把艺术作品当作独特的"这一个",引导学生获得对"这一个"的切身体验;而是把艺术作品当作某种价值符号进行概念化解读,然后围绕抽象出的概念作拓展延伸。对整部作品,教师们习惯贴上某一"主题"的标签;对人物形象,则喜欢贴上某些"性格特征"或某种"思想品质"之类的标签。然后就离开作品围绕"主题""性格""品质"等大做文章。而实际上,不仅这些概念化的标签相对于蕴藉丰富的感性形象而言,是非常苍白空洞的,而且这种所谓的"人文教育"也是相当肤浅和低效的。比如,一位教师在执教史铁生的《我与地坛》一课时,为了突出小说母爱的主题,先在教学前补充了若干表现伟大母爱的事例,又在讲完课文后让学生以"母亲,对不起"为话题,讲述自己母亲的一件令人感动的小事。对此,编者评论道:"同是有关'母爱'的话题,教师所补充的材料和学生们的自我叙述多把注意力集中到事件过程上,而史铁生却是将几个片段场景和深刻的语句升华到了生命的理解上。请把原文中'不知道儿子的不幸在母亲那儿总是要加倍的'这句话,和课堂上学生发言时所说的'很想发自肺腑地说声:妈,对不起,让您受苦了'作一个对比,你就会明白这里显示出的差异不单纯是精神境界的高低,语言表现的力度也是一个重要因素。"(柳斌主编,1996:133)这段述评提醒我们概念化解读的双重弊病:一是人文教育肤浅和低效——由于没有将学生引入审美的状态,没有让学生充分体味、领略作品蕴含的独特而深沉的情感,也就不能充分发挥作品情意熏陶、感染的作用;阅读作品以后,学生的精神境界没有得到真正提升,就是明证。二是学生的美感得不到有效培育——学生发言所显示的语言表现力低下,不能不归咎于教学偏离审美的中心,忽视引导学生品味作品本身的形式美,领悟形式美的表现技巧。总之,离开文学艺术形式美这一核心,片面强调作品的思想情感内容,孤立、直接地进行道德人文教育,必然导致两败俱伤的局面。针对实践中的这种流弊,难怪2011年新修订的语文课程标准在教学建议中要突出强调人文教育应根据语文学科的特点,"注重熏陶感染、潜移默化"。

二、审美对象的选择：远离主体的审美需要和审美能力

审美教学不但要引发学生的审美体验，更要引导学生的审美体验，使之获得层次的提升，比如说引导学生由仅仅喜爱听通俗流行音乐，逐渐发展到懂得欣赏古典交响乐、民族音乐，等等。这就是一个审美情趣丰富、审美修养提高的过程。这是审美教学应然的目标之一。然而，学生审美情趣的丰富、审美修养的提高是一个渐进的过程，并且遵循美感发展自身的规律——提供适应主体审美需要、审美能力的对象，以引起其审美体验，从而随着其审美经验的丰富逐渐使其美感得到发展。而所谓的适应审美需要、审美能力，是指在主体已有审美需要、审美能力的基础上，略有拔高，即处在其现实的审美需要、审美能力与潜在的、可能的审美需要和审美能力之间（美感的最近发展区）。如果超过主体潜在的、可能的审美需要和审美能力，再好的作品也不能引起主体的审美体验，因而不能发展主体的美感。卢梭在《爱弥儿》中曾谈到审美教学的一个普遍性困难：一个老师被自然的美景打动，心中激情洋溢，想把这种感受传达给孩子，他以为使孩子注意那些触动他本人情感的地方，就可以使孩子受到同样的感动。这完全是愚蠢的想法！因为自然景色的生命存在于人的心中，要理解它，就需要对它有所感受。孩子看到了各种景物，但是他不能看出联系那些景物的关系，他不能理解它们优美的谐和。这就是说，眼前的自然景色远远超过学生的审美需要、审美能力，不能成为学生审美观照的对象。这里，错的不是学生，而是老师，或者说是老师提供了不恰当的对象。

（一）不能从学生的情意出发选择恰当的文学艺术作品

如前所述，审美体验往往是由表象与主体情意的形式符合而产生的。而主体情意的形式会因其禀赋、年龄、经历、境遇、认识等有很大的不同。譬如，年轻时人的情感往往外露、强烈、易冲动，意志时而积极昂扬、时而消极低沉；而年龄大了以后情感则趋于稳定、深沉、细腻，意志也相应稳定、人格化——有人变得坚韧，也有人则变得脆弱。再如，多处顺境，人的情绪自然显得轻快、跳跃、明朗，意志也是平和、向上的；而多处逆境，则容易情绪低落、情感沉郁、意志消沉。以上只是粗略提及主体情意形式的变易性、差异性；实际上，人的情意形式无比丰富多样，它们彼此间的差异往往微妙得不可言传。人们之所以获得审美体验就在于观照对象的表象恰恰与自身独特的情意形式相契合。审美教学尽管不可能恰巧找到与学生情意形式完全吻

合的作品,但考虑他们所处的特定年龄阶段再加上对他们的观察了解,则可以大致揣摩出他们的情意状态,从而选择适合他们情意形式,能引起他们审美体验、情感共鸣的文艺作品。再有,由于情意总是内容与形式的统一,对作品内容的理解和认同,也会促进主体对形式的审美感受。因此,选择与学生生活经验有一定联系,或者以学生的生活阅历能够同情共感的作品,也显得很重要。

然而,实践中,我们提供审美对象时却常常忽视学生实际的情感意志状态,而主要根据作品在文艺史上的地位,根据它的艺术价值和思想价值来做出取舍。结果就容易出现以下三种情况。第一种情况是,我们确实选出了有很高艺术价值和思想价值的文艺作品。这些作品准确生动地反映了特定时代人们独特的情意状态,有着不可替代的艺术价值和思想价值。然而,世易时移,现代人的情意状态与那些特殊历史时期的社会心理已经相去甚远;因而,现代人可以理解甚至认同那种迥异的社会心理,但却很难与之产生情感共鸣、心意契合的感觉,即从理性上理解、认可作品,但却难以产生真正的审美体验和审美愉悦。举例来说,我们的高中语文教材给学生安排了一个单元的明清时期情爱题材的作品,包括《杜十娘怒沉八宝箱》《西厢记》《牡丹亭》,等等。这些作品显然在文学史上拥有崇高的地位,反映了礼教压抑人性而人心思动的特殊的时代心理,具有独特的艺术价值和思想价值。但是它们与现代社会涉世不深、缺少历史体验的高中生的心理距离相去何止千里:在现代社会个性自由之风熏染下长大的高中生,怎么也难以与主人公、与作者那种因极度压抑而痴迷、执著爱情的精神状态相契合。于是,在课堂上,教师们每每发现,无论自己怎样想方设法拉近作品与学生的距离,学生要么还是无动于衷,要么就采取猎奇甚至嘲讽态度。再比如,我们的语文课程标准推荐阅读的许多名著与学生的时空、心理距离过大,学生普遍反映不爱读、读不懂、阅读效果不佳。访谈中,有高一学生反映:"《茶花女》还有《钢铁是怎样炼成的》,我都看了好几次,都是看了一些就放下来了,看了很长时间,也不知道怎么,就没看下去,好像就是因为那些时代已经过去了,不是很能理解它的内涵。我觉得《读者》是不错的,虽然里面有些东西还是看不懂,但一些文章可以让你细细地去品味,让你感觉到有比较深刻的内涵在里面。"还有学生说:"名著反映的背景、主题不能吸引我们,我们也不理解,读名著只能了解那个时候发生的事情,跟现在很远,不是很能感受那意境,没什么感觉,不能给自己带来什么影响似的。"(转引区培民主编,2003:67)这些反馈具有一定的代表性和普遍性,它们提醒我们,不顾学生的接受状况,一味选择经典、名著的做法是行不通的。第二种情况是,按照正统的美学观念,选择迎合主流意识形态的"主旋律"作品。这样的作品尽管也反映了所处时代的心理特征,但往往不是人们本真的情意状态,而是被主流意识形态所强奸、歪曲的虚假情意状态。因而,它们尽管看上去很"美",但却不能真正引起人们的审美共鸣。历史上,诸如歌功颂德、粉饰太平,典雅平和、温柔敦厚的文艺作品,往往由于"政治正确"的原因而被选入教材。余杰曾批判新中国成立后长期选入语文课本的杨朔散文只知"歌颂和赞美","所抒的不过是矫揉造作之情罢了","这种产生于六七十年代的新八股,以单调的叙事方式和单调的思维模式,日复一日,年复一年地损害着刚刚拿起笔的孩子们鲜活的心灵"。(孔庆东等主编,1999:83-86)也许就语言学习、章法学习而言,杨朔的散文并非一无是处。但是,就文学欣赏而言,类似杨朔散文这样的"政治正确"的作品,确实由于主流意识形态的深刻影响而没有反映20世纪六七十年代(更没有反映八九十年代)的人们普遍的本真情意状态,因而难以成为人们审美观照的对象。因而,余杰的批判或许有过于严苛之嫌,但却正确指出了问题所在——一再选编杨朔散文一类的作品,确实对孩子的审美趣味、文学品味无益甚至有害。第三种情况是,选出的是符合成人情意状态的文艺作品,而不是适合处于特定年龄阶段的孩子的文艺作品。比如,现行的小学语文教材尽管也编入了不少童话、儿童诗歌、儿童故事,但却缺少真正称得上儿童本位的儿童文学作品。儿童本位的儿童文学作品是指成人或儿童自己创作的,站在儿童的立场、表达儿童本真的情意状态、充满童真童趣的,朴素自然的作品。其本质在于"从儿童自身的原初生命欲求出发去解放和发展儿童"(朱自强,2009:25),与以儿童文学的形式进行道德训诫或知识传递的非儿童本位的作品有着根本区别。它们适应儿童成长的心理需要,使儿童通过轻松的阅读能够观照、宣泄自身成长过程中或天真快乐或焦虑困惑的情绪体验,从而获得强烈的情感共鸣和审美感受。可惜,这样的作品却很少入编教材。而这正是语文课堂审美元素稀缺的重要原因之一。

(二)不能从学生感知的形式偏好出发选择恰当的文学艺术作品

表象与感知的形式偏好相符合时,主体也会产生审美体验。而感知的形式偏好也存在主体间的差异。主体所处的年龄阶段、拥有的艺术形式方面的知识,甚至趋同或求异的个性特征,都会影响到他的感知形式偏好。就年龄而言,儿童一般所能把握的是感知觉对象基本的形式要素及其关系,因而他们偏爱的往往是具有明显的、整体性、规则性结构的感知形式。比如,儿童往往喜欢有着鲜明节奏,特别是最简单的不断反复的固定节奏型的音乐;喜欢忽视细节,极其简化、抽象、夸张的绘画,喜欢有着鲜明节奏和韵律而内容浅近的儿歌,等等。而随着年龄增长,人们会更多偏爱那些结构在整体与局部之间、明显与隐晦之间、规则性与非规则性之间保持呼应、平衡或张力的感知形式。于是,结构复杂的交响乐、写实性的绘画、具有鲜明意象的文学作品,等等,才逐渐成为欣赏的对象。就艺术形式的知识水平而言,有关形式要素及其组合规则的知识,对于主体直觉性地把握审美对象复杂的结构以及结构的和谐,有着很大的帮助。比如有关诗歌平仄、押韵的知识,很可能有利于主体迅速把握眼前这首律诗的节奏和韵律。再如,有关曲式的知识,很可能有利于主体迅速把握眼前这首奏鸣曲的主题旋律及变奏,把握其中变化中的不变,多样中的统一。就个性特征而言,具有趋同的性格特征的人往往偏爱那种规整、对称、匀称、平衡的形式,比如强调同一、体系、总体、概念的古典音乐;而喜好标新立异的人则往往喜欢打破形式上严格的秩序和规则,而偏好不规则、不对称、冲突、失衡等形式。比如强调非同一、反体系、反总体、非概念的现代无调音乐。

感知形式偏好的主体差异提示我们,教学尽管可以适当发展学生的感知形式偏好,但应当充分考虑其原有的基础,从其独特的感知形式偏好出发选择适合的文艺作品。而实践中,这一点常常被我们的教材编写者和教师所忽略。以语文课程提供给学生的文学作品而言,就存在忽视学生感知形式偏好的年龄差异的问题。周作人曾经批评儿童文学的两种错误倾向说:"大抵在儿童文学上有两种方向不同的错误:一是太教育的,即偏于教训;一是太艺术的,即偏于玄美。教育家的主张多属于前者,诗人多属于后者;其实两者都是不对,因为他们都不承认儿童的世界。"(此语为周作人翻译《儿童的世界》一文后所作"附记"中的一段话,见钟叔河编,1998)以笔者的理论来阐释,就是说前一种倾向是不符合儿童本真的情意状态,而后一种倾向则是不符合儿童的感知形式偏好。就后者而言,我们的小学语文教学也多多少少有这样的问题——过于看重太艺术的、偏于玄美的文学作品,而忽视简单质朴的儿童文学作品。儿歌、儿童诗教学的缺乏就是一个突出的例子。"诗歌比理性作品更加具体和简朴,它与原始性的亲缘关系在儿童教育中留下缩影。"(弗莱;吴持哲,译,2004:53)布约克沃尔德在《本能的缪斯——激活潜在的艺术灵性》一书中提出,儿童是本能的缪斯,他们具有一种与生俱来的以韵律、节奏和运动为表征的生存性力量和创造性力量。这在日常的言语活动中就可以很容易地发现。一个孩子与另一个孩子生气时,自言自语地说出"小柱子,大坏蛋"这句话,他会一下子发现这句话所蕴含的节奏,并一边拍手一边用吟唱的语调反复喊着:"小柱子,/大坏蛋!/小柱子,/大坏蛋!/",从中体味、享受语言游戏的乐趣。(朱自强,2009:159)这种天赋就使得儿童较成人更能够感受诗歌语言的音乐美,更适合诗歌的欣赏。然而,我们的教材编写者和教师并没有提供足够的诗歌,特别是儿童诗歌给孩子。当前使用的各版本小学语文教材中韵文作品只占相当轻微的分量。同时,教师往往并不重视诗歌的教学:既没有充分利用教材原有的资源,更没有主动开发教材以外的诗歌教学资源。这样做是不利于儿童获得自主充分的审美体验的。以下试举小学语文特级教师薛瑞萍创造性地开展儿歌教育、儿童诗教育的例子作为反证。薛老师在课文教学之外,引导一年级的学生熟读《新编365夜儿歌》《儿童诗歌100首》中的儿歌、儿童诗,结果孩子们不但读得有滋有味、乐在其中,而且主动把这些自己喜爱的、有生命的文字全都(每天两首)背了下来,并逐渐学会和同学、老师交流自己的审美感受。在薛老师的班上,就连语文基础最差的学生,都在诵读这些语言朴实但充满音乐美、画面美以及儿童情趣的儿歌、儿童诗的过程中享受到了巨大的审美愉悦,进而他们的语言能力、文学趣味都得到自然而然的提升。而相反,在一般的课文教学中,我们却很难看到学生如此陶醉于文字的世界中,也很难真正实现学生语言能力的普遍提高。这就在反面启示我们:目前通行的文学教育选择作品时忽视学生感知偏好的做法——把学生不懂的、不喜爱的东西硬塞给学生,努力教懂学生,并希望学生从此喜爱这些东西,很可能费力不讨好,事与愿违,还不如顺其自然,让学生充分欣赏他们看得懂的、喜欢的文艺作品。

三、审美教学的技术:偏离自主的形式欣赏(或创造)这一关键

审美的关键是形式抽象,即对表象形式的欣赏或创造。只有通过这一环节,主体才可能因为形式符合(即表象与感知偏好的形式符合或与情意状态的形式符合)而产生审美体验。因此,审美教学的技术,从根本上说,就是要引导主体进入形式抽象的状态,同时创造条件促使主体强化对形式的欣赏、完成对形式的创造。然而,我们的审美教学实践强调的是理性分析,如概念化地标定情意的形式、分析感知形式的内部结构、深入阐释情意的内涵等等;结果,理性分析压倒了对形式的欣赏和创造(后者虽然不排斥理性,但却是以感性的、整体性的直觉为表现形式的),学生理解了作品,却并没有获得主客契合的审美体验。

（一）以概念化地标定情意的形式为中心

人的情感意志状态的形式是具体而不可化约的；语言，概念化的语言难以准确传达之，而只能粗略地加以标示。譬如，"梅子黄时雨"那种漫无边际的轻愁与"梧桐更兼细雨"那种深入骨髓的凄楚，虽然都可以被标定为"忧伤""痛苦"，但它们的程度、力度实在是非常不同的；它们是由各自表象的形、声、色所准确展现的，而不是由干巴巴的概念化标签所界定的。当然，概念化标签在审美过程中也不是一无用处。当我们感受具体、丰富、生动的情意形式并为之激荡时，我们愿意表达、交流自己体验到的东西，于是就借助概念化标签粗略地加以标示；换句话说，概念化标签只是我们表达、交流自己审美体验的一种辅助性、过渡性工具，它们不是我们审美体验的目的地。但我们的审美教学却常常本末倒置，以这种粗略、不充分的标识为目的：在学生欣赏了一遍作品以后，立刻追问"作品的情感基调是什么？""作者表现了什么情感？"并将这类问题的准确回答当作教学的终极目标。比如，对"醉里挑灯看剑"这样极富画面感同时情感极其深沉厚重的千古名句，教学要求就是学生能用一个词来形容辛弃疾"看剑"的心情。学生于是贴上"无奈""痛苦""落寞""悲愤"等概念化标签，宣告欣赏任务的完成。再如，对《我们在一起》的歌曲，在聆听后立即给它贴上"旋律优美、简洁，充满乐观、友爱情趣"的概念化标签，然后就是一段段地学习视唱，而缺少了学生听辨、听唱、表演等环节，不能让学生充分、具体地感受、表现歌曲的情感形式。

概念化标定不仅是粗略、不充分的，而且往往是分析性的；滥用概念化标定，容易导致对完整审美形象的分割、肢解，反而破坏形象的美感，妨碍审美体验。下面的教学片断极具代表性：经过师生对人物形象的分析、标定，一个极富个性、血肉丰满的少女形象已经荡然无存。

[案例8-3]

《哦，香雪》（高中《语文》）

师：请大家找出课文中对香雪的描写，想一想哪几处给你留下了深刻的印象，你心中的香雪应该是一个怎样的形象？请学生从课文中找出描写的段落，概括出香雪的形象特点。

生：第6段表现了她的胆小、怯懦；第34段表现了善良；第29段与44段则表现了纯真、朴实、美丽；第59段、67段表现的是自尊、自强、自爱；第45段、63段表现的是勇敢、坚强、执著。从课文中我们还了解到香雪与其他姑娘的追求有所不同。香雪追求的是书包、铅笔盒之类更能代表知识与文明之类的东西,这代表了她内在美与外在美的结合。(吴冰沁,等,2008:116)

在案例中,学生概括出香雪一系列的形象特点,包括胆小、怯懦、善良、纯真、朴实、美丽、自尊、自强、自爱、勇敢、坚强、执著等等。这些概念化的标签将一个完整的人物形象弄得支离破碎、面目模糊,使其完全失掉了那种生动感性、和谐统一的美感。由此可见,概念化的标定和分析有时不但不能帮助我们表达和交流审美感受,反而会破坏形象的美感,妨碍对形象整体性的审美体验。

(二) 以感知形式的结构分析为中心

直觉地把握感知形式的内部结构,感受到其中的对称、多样统一等和谐关系,是获得审美体验的关键。一般而言,掌握关于感知形式结构的理论知识,如音乐中关于节奏、旋律、曲式、织体等乐理知识,美术中关于构图、黄金律、明暗对比、色彩搭配、线条变化等知识,文学中关于音韵、修辞、结构章法、叙事节奏等知识,有利于主体更好地把握审美对象感知形式的结构。对于一些结构复杂的文艺作品,主体可能一下子难以尽览其美;但是如果主体先是运用理论知识进行结构分析,在理性把握审美对象独特而复杂的结构特点的基础上,再去反复感知、品味审美对象,就可以充分感受其形式美,获得审美体验。然而,在教学实践中,这些工具性、辅助性的理论知识、理性分析却往往取代对感知形式的感性品味,获得了中心地位。审美,即对审美对象美的形式的欣赏感受是丰富、丰润的,而对审美对象美的形式的理性认识则是干枯的。这种喧宾夺主的做法,不但使学生失去了在课堂上获得充分的审美体验的机会,而且极易败坏学生的审美趣味,使之形成对审美的错误印象——误以为审美就是对文艺作品感知形式的结构分析、理性分析。下面的案例虽然没有完全取消学生的审美欣赏和审美表现,但过于强调乐理知识的学习,歌曲结构的理性分析,没有将之与审美欣赏、审美表现有机结合起来,没有充分实现审美教学的目标。

[案例 8-4]
《美丽的夏牧场》(小学五年级《音乐》)
一、教师播放歌曲《美丽的夏牧场》(课件)

学生聆听音乐,说说这是哪个民族的歌曲。

第二遍听赏,同时出示歌词。

师:我们一起看看这首歌曲的歌词,唱到了什么山?什么河?哪些景色?你觉得这是哪个地方?

学生听赏并说说歌曲中唱到的景致。

师:结合这些景致,你觉得是我国的哪个民族?

师:(介绍新疆哈萨克族)哈萨克族生活在天山脚下,以游牧为生,是个能歌善舞的民族,民族乐器主要有冬不拉、手鼓(出示实物)。

教师边听音乐边打节奏,学生跟随教师的节奏打一打铃鼓。

二、师:我们今天就来学习歌曲《美丽的夏牧场》。请同学们一起来哼唱旋律,同时观察旋律中哪个音出现得最多?

学生哼唱旋律,总结出歌曲中"6"音出现最多,结束音也在"6"上。

师:是的,在歌曲中,以"6"音为主的旋律都给我们感觉比较优美,再加上中速的演唱速度,让歌曲更加抒情了。

师:我们一起来唱第一段歌词,找出你认为最难唱的地方。

学生初步学唱第一段歌词,并找出难点。

师:请大家跟着老师的琴声再把第一段歌词完整地唱一遍,你能找出你觉得最抒情的一句吗?(学生找出最能抒发感情的乐句。)为什么?讲述音乐知识"⌒"。

教师解释"阿肯"、相关音乐文化。总结旋律结构特点,出示图谱。

师:我们完整地把歌曲演唱一遍,找出歌曲中旋律相同的乐句,你能用自己的图谱来表示吗?

学生分小组设计(可以用颜色、数字等)。

教师出示图谱。

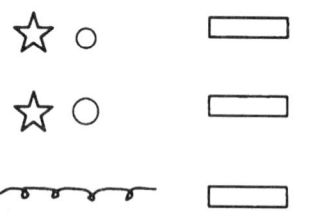

学生跟随图谱唱一唱。(领唱、齐唱;加入手鼓)

师:如果你是阿肯,你会怎样唱这首歌呢?

教师二度范唱。

学生听赏完后作两声部练习(轮唱)。

三、师：如果加快速度，又会带给我们怎样的感受呢？我们再来欣赏一首哈萨克民歌《玛依拉》，与《美丽的夏牧场》作一下比较。

教师播放歌曲《玛依拉》(课件)。

学生边听边从速度、情绪上比较《玛依拉》和《美丽的夏牧场》。

师：同学们，我们一起来回顾一下，今天这节课，我们学到了什么？

学生总结：第一，学习了一首新疆哈萨克民族的歌曲，了解到新疆哈萨克民歌的特色。第二，同一首歌曲速度变化了，情绪也会跟着发生变化。第三，以"6"音为主的小调歌曲。(http://www.pep.com.cn/yinyue/yyjs/yytbjx/5s/jxsj/201205/t20120509－1122046.htm)

这则案例中，教师是比较忽视学生对歌曲的审美欣赏和审美表现的。开始聆听歌曲时，教师要求学生关注的是歌曲创作的民族、歌词的内容。随后，在学唱歌曲阶段，教师引导学生学习歌曲的旋律结构特点，而没有将之与歌曲的审美欣赏和审美表现结合起来。这样，学生更多是为理性认识、为学会演唱而分析这首歌曲的形式结构。由于理性认识不能导向更深的审美感受，演唱歌曲缺少审美表现的灵魂，课堂教学实质上偏离了审美的核心。

(三) 以深入阐释情意的内涵为中心

如前所述，对表象所表现的情意内容的理解和认同，往往与审美愉悦有一种相辅相成、相互促进的关系。譬如孔子对韶乐伦理内涵和价值的认识，一定在很大程度上加深了他乐曲的审美体验，使他发出"尽善尽美"的赞叹，产生"三月而不知肉味"强烈而持久的审美愉悦。瓦伦汀(2000:15－16)说："即使由于时间的流逝，审美的态度间或会变为批评家的或学者的态度，但是，从整体上说，审美欣赏还是丰富了。起码有一条是应该肯定的，通过审美态度和纯粹理智兴趣的不断交替，人们会延长对艺术进行欣赏的期限，因为紧张的审美欣赏是不可能无期限地延续的。即使是审美快感因研究而削弱，但从整体上说，在对人生价值的理解判断中，理智的兴趣反而弥补了审美情感的缺失。……从总的方面来说，这种情况是符合于诗歌批评的，例如，如果有时候它导致了偏离正常的审美，那么，用 A.C. 布拉德雷的话来说，则更为经常的情况是促进了对诗的意义的理解。"显然，不仅是诗歌批评，其他形式的文艺作品批评、分析、研究加深了主体对作品内涵的理解，既是审美欣赏的有益补充，也能够促进主体的审美体验。

然而，这里对情意内容的理解和评价必须有一定的度，这个度就是不离情意的感性形式，即文艺作品的感性形象。如果丢掉感性形式，一味在理性内容上做文章，就偏离了审美的中心，犯了舍本逐末的错误，因而成为一种过度阐释。以《荷塘月色》一课的教学为例，通常的教学思路是从作品创作的时代背景出发，深入挖掘其背后的政治意蕴。教师往往先介绍该文写于1927年7月，正好是"四一二"大屠杀之后，作为一个小资产阶级知识分子，朱自清既反感于国民党，又对共产党心存疑惧，产生了不知"往哪里去"的"惶惶然"。然后教师就引导学生将文章的内容与这一政治现实联系起来：开头的"不宁静"正是作者不满于白色恐怖的严酷现实、精神上苦闷彷徨的表现；"我且暂时享用这无边的荷香月色好了"，表明作者将荷塘当作"精神的避难所"，寻求暂时的解脱；"这令我到底惦着江南了"则暗示作者对共产党领导的井冈山革命根据地的向往。殊不知井冈山根据地是1927年10月才初创的，作者的文章则写于1927年7月……除了政治化解读，有教师又依据90年代以来文学评论界兴起的观点，对文章进行伦理化解读。教师先大量介绍朱自清当时面临的家庭矛盾：父子不和、家庭负担沉重。然后联系作品分析：暑假中，朱自清想回扬州，但是又怕难以和父亲和解，犹豫不定，因而有"这几天心里颇不宁静"之语。朱自清在漫步荷塘时感到的自由，在性质上是一种伦理的"自由"，是摆脱了作为丈夫、父亲、儿子潜意识里的伦理负担，向往感情自由的流露。这两种对抒情主人公情感的阐释，已经与作品呈现的感性形象，或者说情意的形式，没有多少紧密的、必然的联系了；因而属于过度阐释，与审美并不相关。实际上，凡此种种考证、阐释，将学生的视线聚焦在抒情主人公情绪的内涵及背后的政治、伦理原因上，干扰了学生感受这篇作品画面的素淡朦胧之美、情绪的婉曲含蓄之美、语言的韵律和谐之美，实在无趣、无聊得很。

对作品情意内涵的理解和评价除了应当适度以外，还应该是开放多元的，而不应该是标准化、划一性的。哲学诠释学认为理解是读者与文本对话的过程，读者将自己先在的经验、观念带入对文本的理解中；理解达成的是读者与文本彼此视域的融合，而不是读者对文本所谓的客观意义的把握。对文学作品文本的欣赏和理解如此，对其他艺术作品的欣赏和理解也是如此。然而，实践中，教师往往为理解和评价预设特定框架或标准，学生的见解只有与框架或标准相符合，才能得到认可；否则，必须丢弃或修改。这样一种人为的限制无疑会极大地干扰学生自然、自由的审美活动。比如，在无标题交响音乐教学的例子中，教师预先给定对音乐内容的文字性提示，要求学生据此联想和想象。而实际上,无标题交响音乐并不企图描述或表现任何具体的人物、景物、事件,甚至情绪情感,它是抽象而开放的,容许各种可能的感受和理解。人为地给开放性的审美形象设定阐释的框架和标准,就在很大程度上剥夺了审美的自由和愉悦。有一位教师对此反思到:"这种模式从根本上扼杀了学生的创造性思维,我们老师在欣赏时给学生画了一个圈,使学生无法跳出这个圈去欣赏。记得自己做学生时,欣赏贝多芬《月光奏鸣曲》,在欣赏之前老师不作介绍,让我们自己去理解。有的说听了之后看到了波光粼粼的水面,有的说心里有些悲伤、凄凉。真正能和月光相联系的不过几个人,其实贝多芬也并没有把《♯c小调奏鸣曲》定名为《月光奏鸣曲》,而是后人根据自己的理解而命名的。"(郭声健,2004:221)

总之,理性分析运用得适度,可以辅助、促进审美的感性体验过程,但如果超过一定的限度,就会构成理性对感性的僭越,就会妨碍、损害审美体验过程。黑格尔说:"只要我们谈论艺术,它立即变成过去。"克罗齐也说,诗人死在批评家里面。这样的观点尽管偏激,但确有真理性。在审美教学过程中,教师尤其容易受到理性分析的"诱惑",企图通过理性的路径达到审美的目的地。而这种企图注定是要失败的。因为感性的充分张扬才是审美的根本所在;理性只能间接地发挥作用。对于审美而言,强化理性分析是非常危险的。别林斯基甚至认为对儿童而言,理性分析与感性的审美体验是截然对立的,强化理性分析往往抑制其感性的发展。"在儿童时期,感性和理性是处于根本对立的状态,二者是互不相容的,是一方要排除另一方的;优先发展儿童的感性能使他们了解生活的丰富、和谐及诗意;优先发展儿童的理性会使他们心灵中绚丽的感情花朵凋谢枯萎,使他们身上说教的杂草蔓延生长。儿童的智慧一旦陷入空洞的抽象之中,它在大自然和现实生活的生气勃勃的现象里所看到的只能是丧失掉精神和实质的僵死的形式和为它而下的逻辑定义,这是一个触之只能损坏牙齿的腐烂的胡桃壳。"因此,在对儿童的审美教学中,"你可以不必担心儿童领悟不了多少,你还应当竭力使孩子们尽量少领悟一些,但要多感受一些。让他们的耳朵习惯于俄罗斯语言的和谐音响,让他们的心灵充满美感;让诗歌像音乐一样不经过头脑,而径直通过他们的心灵来打动他们,因为头脑的启迪会自有其时,也自有其序"。(周忠和编译,1983)这样的建议,不仅对儿童的审美教学应该记取和遵从,对年龄更大的学生的审美教学也应当从中获得启示——它提醒我们,审美的本质所在,也提醒我们那种动辄进行分析、理解、阐释的所谓审美教学往往是毫无价值的。

当然，除了过度强调理性分析因而干扰、抑制学生的感性体验这种做法以外，也有教师走向了放任自流、无所作为的另一个极端。他们错误地认为审美完全是学生自己的事，是学生凭借自身素质自己感悟的事，教师对此无能为力。他们对学生的感受、理解不加引导、不置可否（或者一律赞同）；他们告诉学生"想读哪一段就读哪一段""想怎么读就怎么读""想怎么交流就怎么交流"，等等。而实际上，教师对学生的审美活动是可以有所作为的，只要这种作为尊重了学生审美的主体地位、遵循了审美活动的一般心理机制，是激发性、引导性的，而不是外部强加和灌输的。

第二节 审美教学的启发艺术

上一节我们讨论了实践中文学艺术类课程审美教学空悬的种种表现和原因。要解决这一问题，首要的是重新明确教学目标的定位——以激发审美体验、培养审美趣味和素养为核心目标，将知识技能学习与思想情感陶冶统一于该核心目标之下——为了更好地欣赏和创造美，在欣赏和创造美的过程去学习一些文学艺术欣赏、表现的知识和技巧；同时，在欣赏和创造美的过程中潜移默化地受到思想情感的熏陶感染。在思想上确立了审美这一核心目标之后，紧接着要做的就是遵循审美的心理机制，为学生提供适合的审美对象；采用有效的办法将学生带入审美的无功利状态，进而获得自由愉悦的审美体验。

一、选择审美对象的启发策略

为学生选择合适的审美对象，是审美启发教学的首要任务。而对象选择得是否合适，除了具备其作为审美的潜在对象所应该具备的一般条件以外，还应该切合学生特定的审美能力和审美需要，落在学生美感的最近发展区之内。以下是两条选择审美对象的基本策略。

（一）选择作品，其蕴含的情意应契合学生本真的欲求状况

一个人的本质力量往往集中体现为他本真的欲求状况，审美活动作为主体对自身本质力量的直观，往往要求在审美对象上直观到自身的欲求状况，也即直观到自身情感意志的抽象形式。譬如，一群山村的留守儿童很可能深感远离父母的孤单，企盼与父母团聚。于是，那种表达孤独心态，或者

对亲人思念之情、憧憬家庭温暖的文艺作品就特别容易打动他们的心。这就是因为作品蕴含的情意与他们本真的欲求状况相契合。在教学实践中，教师尽管很难准确把握每个学生独特的欲求状况，但对每个学生群体——拥有大致相同的生长环境、成长经历、志趣爱好等的学生群体的欲求状况应该有一个大致了解。然后，就可以据此为他们选择相应的文艺作品。事实表明，只要学生找到与自身情意形式相契合的作品，他会自主自由地进入审美的状态，获得巨大的审美愉悦，收获深刻的审美感悟。以下是一位学生记录下的她独特的审美偏好和审美体验。

[案例8-5]
动画观感：《一点感动》
　　不知从何时起，我开始偏爱带有战争气息的动画、漫画。从低调的情节中夹杂着一点悲愤、一点无奈、一点刺激、一点茫然——就是我喜欢的感觉。值得一提的是几乎很少有人相信拥有这种想法的人是个女孩。
　　在很多人的脑海中，战争是可憎的，那是当然！战争带给人的不仅是血腥，愈来愈多的是心灵上难以磨灭的伤痕。
　　但同时，人类经历无数的战争也顽强地生存到现在，为什么？就像《蓝宝石之谜》一样，兰莉娅的皇兄在巴贝尔塔爆炸后身体已经残缺不全到要用钢铁来支撑，甚至一度被加科依利用，而当他恢复自己的意识时，却把自己最后的力量给了妹妹，要知道他是用仅剩的属于自己的脑颅来操纵一堆快要成为废铁的身体做最后的努力——我想他生存的意义早已被磨灭了，但他愿为了妹妹和父皇而顽强地保持了自己的意志，远远超出了加科依的想象；而人类在战争这种特殊环境下所爆发的勇气和毅力也是远远超出想象的吧。GVNDAM中亦是这样，卡缪比丹为了击毙西罗克而过度New Type，精神崩溃；西市克为了塞苗莉不惜漂泊于茫茫宇宙；希罗等人似乎在为星球而战，事实上星球的统治者为了自身的利益而与他们背道而驰，最终他们选择了"当世界为之疯狂的时候，我只为自己而战"！
　　我想为了这悲愤、无奈、刺激、茫然的低调，有时真的值得去探究和摸索，而这一段段低调的背后隐藏着更值得好好感受的东西，是一种常人难以达到的精神境界。因为，每当你遥望布满繁星的夜空、感叹世间如此美好时，你是否感觉到那么多悲剧场面后的"精彩"呢？当一颗流星坠落的时候,你是否曾经向它许愿祈求生活在和平的夜空下呢？若是的话,我想你更会希望能为了身边重要的人去尝试那因境而异的精神境界吧!

有时战争给人的不一定是血腥的场面,而是更多的联想——这仅仅是 Luna 我的一点感动。(转引区培民主编,2003:65)

这一段欣赏战争题材动漫作品的感想尽管有些杂乱,但清晰地透露出欣赏者真正进入了审美体验的精神境界,而不是停留于感官刺激的层次(我们往往想当然地以为孩子看动漫作品只是寻求一种低层次的感官刺激)。欣赏者感动于动漫人物在绝境中为亲人迸发出来的巨大勇气和毅力,感动于动漫人物为明知不可实现的理想而自我牺牲的精神,进而与作品流露的情意——低调中的一点悲愤、一点无奈、一点刺激、一点茫然——达成了精神上的共契。欣赏者看似反常的审美取向实质上是非常正常的:感动她的动漫人物的情感意志,恰恰是她本人真实而深层的欲求状况的具体体现;而使她产生共鸣的那份悲愤、无奈、刺激、茫然的低调,同样是她在现实生活中怀抱朦胧的理想而又受到压抑的欲求状态的折射。由此可见,学生的精神世界也是丰富的;只有把握住他们的欲求状态,选择与之契合的文艺作品,才能使之进入自主自由的审美活动中。

要使选择的作品契合学生的欲求状况,还有一条捷径。那就是选择具有"创造习惯背叛能力"或"自由支配性"的作品。这两个概念是埃斯卡皮(Escarpit. R.)提出的。他认为:"一部具有'创造习惯背叛能力'的作品、一部带有'自由支配性'的作品是具有文学性的;这种自由支配性能在作品始终保持原来面目的情况下被人们利用,在另一种历史环境中说出与先前产生它的那个历史环境里振振有辞地说出的话的意思完全不一样的话。一部作品的自由支配性,当然也包括它的传播能力愈持久、愈广泛,它就愈具有文学性。"(埃斯卡皮;颜美婷,译,1988:279)这种自由支配性实际上要求作品塑造的形象、蕴含的情意,既是特殊的,又是普遍的;即在具体的、特殊的形象、情意中蕴含某种抽象的、普遍共同的人性和人情。这样,不同的读者都会在欣赏非常陌生的感性形象过程中产生一种共鸣,进行一种与己相关的"二度创作"。譬如《红楼梦》,塑造的人物既是生活于特定时代特定场域中一个个鲜活的个体,又具有人性中普遍的优越之处或者普遍的弱点;作品流露的情感既是现实的、具体的,同时又有一种存在论意义上的、普遍的,看透聚散生死的彻骨的悲凉和达观。正因此,《红楼梦》能够穿越漫长的时空距离直抵现代人的内心深处——依凭作品的普遍性,现代人可以进行创造性阅读,获得两相契合的审美体验。要之,教师可以向学生推荐这种融特殊与普遍为一体,具有"自由支配性"的作品。这不但适用于文学教育,也适用于音乐、绘画等艺术教育。

(二)选择作品,其形式美的特征应由鲜明逐渐过渡到潜隐

鉴于学生的审美能力是由低到高渐进发展的,教师为学生选择文艺作品时就应该适应学生实际的审美能力水平,引导学生的审美能力由低到高发展。而这就需要教师先选择那些形式美的特征比较鲜明的文艺作品,随后逐渐过渡到选择那些形式美的特征相对潜隐的文艺作品。这是因为鲜明的形式美的特征可以直抵学生的感官,使之在审美经验不丰富、分析形式美的理智能力不足的情况下,直接感受到感性形象的和谐,从而获得审美愉悦。比如,对于初入学的儿童而言,儿歌就是一种比较适合的文学体裁:儿歌极其讲究节奏、押韵,具有直接诉诸听觉系统的音乐美;儿歌以直白浅显的口语塑造简单生动的形象,具有直抵视觉系统的画面感。听赏、吟诵儿歌,可以让幼年儿童毫无负担、毫无障碍地感受其感性形象,获得审美愉悦。而随着主体审美能力的提高,他们会更加倾向于欣赏形式美的特征比较潜隐的文艺作品。而这就需要以思维为中介,需要主体敏锐地捕捉作品细微的形式特征或者隐蔽的形式结构,需要主体发挥联想、想象创造出作品所意指的感性形象。还以儿童文学韵语作品的选择为例。对于中高年级的小学生而言,仅仅是直白浅易的儿歌已经不再能够满足他们的审美需要了;他们还需要更为含蓄蕴藉的儿童诗。儿童诗的音乐性、画面感较之儿歌为弱,但艺术性并不见差——就是因为其形式美特征更为潜隐。学生需要调动经验,发挥想象,以构造画面,体验情感;需要品味词句,分析篇章,以感受作者微妙的情意变化或者含蓄内隐的情意状态。

当然,选择文艺作品,除了顺应学生审美能力由低到高的发展规律以外,还应遵循学生的一般认识能力发展的客观规律。因为文艺作品往往是反映一定社会生活内容的;而对作品内容的理解与对其形式的审美往往有着紧密联系——对作品内容的深刻理解往往会极大地促进主体的审美体验。因此,教师在选择作品时,还需要考虑作品内容对于学生而言的可接受性。一般而言,教师选择的作品的内容应由熟悉化逐渐过渡到陌生化。熟悉化的文艺作品内容,贴近学生的生活经验,容易被学生理解和接受;学生在轻松理解作品内容的情况下,可以更充分地感受作品的形式美。而随着

学生一般认识能力的提高,他们可以有意识地利用自身的知识经验,理解与自己有着较大时空距离的作品的内容。因而,教师就有随之拓展学生的欣赏范围,把反映距离久远的社会生活的经典作品介绍、推荐给学生。

二、形成和培养审美态度的启发策略

如前所述,超功利的审美态度是审美发生的前提条件。在选择合适的文学艺术作品的基础上,教师可以采取适当措施解放学生的心灵,促使他们形成对作品超功利的审美态度,并逐渐培养学生对待事物稳定、自觉的审美态度,即一种审美的人格。

(一)以体验式问题代替算计式问题

朱光潜(1982:448-449)曾在《我们对一棵古松的三种态度》中谈到:在木材商人眼中,古松就是价值多少钱的木材,这是物质功利的态度;植物学家所知觉的是一棵叶为针状、果为球状、四季常青的显花植物,这是科学研究的眼光;而一个画家则会聚精会神地观赏古松的苍翠的颜色,它的盘如龙的线纹以及它的昂然高举、不受屈挠的气概,这才是审美的态度。实际上,前两种态度都是主客两相对立的,是主体为自身某种目的对客体的算计;而后一种态度则是主客两相融合的,是主体对客体不带目的的体验。因此,想要学生产生针对特定对象的审美态度,教师可以提出体验式问题加以引导,如"欣赏作品时你有什么感受?""你喜欢作品中的某个人物吗?"等等;而不是提出传统的算计式问题,如"作品表现什么主题? 有什么启发意义?""人物有什么成败得失?"等等,将学生引到认识、研究、算计的思想轨道上。下面两个教学片断同是鉴赏讨论《鸿门宴》中的项羽形象,正是由于两位教师抛出不同性质的问题,将学生引入对待项羽截然不同的两种态度当中。

[案例 8-6]
《鸿门宴》(教学片断一)
教师组织学生讨论导致项羽兵败垓下的原因。
1. 学生默读课文,把握项羽的性格特点。
2. 学生分组讨论项羽的性格特点。
3. 学生谈对项羽性格特点的认识。
生1:项羽"为人不忍""自负""自傲"。
生2:项羽有点单纯,不善用人。

生3：项羽缺乏心计。

生4：项羽不善反思。

生5：项羽不能纵观大局，缺乏安民思想，不能赢得民心，不能招贤纳士。

生6：项羽太自负。

教师归纳并板书：妄自尊大，看不到潜伏的危机，自矜功伐——项羽兵败垓下之因——性格缺陷使然。所以，项羽的悲剧是"性格悲剧"。

《鸿门宴》（教学片断二）

教师引导学生再次研读文本，并要求结合材料探究项羽这一人物形象。

1. 教师提出问题：① 你心目中的项羽是怎样一个人？② 司马迁心目中的项羽是怎样一个人？③ 李清照称颂项羽为"人杰"和"鬼雄"，这种评价恰当吗？

2. 学生研读课文，勾画出文中描写项羽的语句并自主品读、咀嚼、揣摩。

3. 同桌的两个同学相互间交流研读成果。

4. 学生举手发言，谈感悟和认识。

生1：我认为项羽是一个胸无城府、单纯愚蠢的人。他听信了刘邦的谎言而失去了杀掉刘邦的大好时机，最后放虎归山，终至酿成自刎乌江的悲剧结局。

生2：我也赞成这个观点。项羽不仅丧失了杀掉刘邦的大好机会，还居然对项伯的拔剑起舞、翼护刘邦毫无反应，对大胆闯帐的樊哙赐酒赐肉，竟然允许刘邦借"更衣"之名而逃走。

师：既然项羽是这样一个人，那司马迁为什么要将他写入"本纪"呢？大家还有没有别的意见？

生3：我不赞成前面两位同学的意见，我认为项羽是一个重情重义、真挚坦诚、憨直耿介、作战英勇的英雄人物。正因为他重情重义，才被刘邦的谎言蒙蔽，才有他兵败垓下时面对虞姬的慷慨悲歌；正因为他真挚坦诚，才能无意中轻易说出了"曹无伤"的名字；正因为他憨直耿介，才产生了对大胆闯帐的樊哙的惊异，"英雄惜英雄"的爱慕之情和赐酒赐肉的异常之举，才有他面对江东的拔剑自刎。他征战沙场，身经百战，作战骁勇。所以，我认为他是一位顶天立地的武夫形象、军事统领。

生4：我认为项羽作为一介武夫，作为一名军事统领，性格上既有自然缺陷,比如"不善心计""城府不深"等,但更有着许多闪光点,正如第三位同学所言,他重情重义、大仁大义,真挚坦诚、憨直耿介,自信十足、英勇顽强。正因为有这么多闪光点他才成为"西楚霸王",才在推翻秦王朝残酷统治的征程中功勋卓著。他身上更多的是体现了一种"霸气"和"豪情",所以司马迁对项羽的评价应该是"三分批评,七分赞颂"。(掌声雷动)

生5:正因为如此,司马迁才塑造出了这样一位血肉丰满、栩栩如生的人物形象。这就是所谓的"史记笔法"。因此,我认为李清照称颂项羽为"人杰""鬼雄",一方面表达了她对天地间这一英雄男儿的追忆之情,另一方面表达了她希望在南宋历史天空中出现一位像项羽这样的大丈夫,带领千军万马收复中原的强烈愿望。

师:(十分激动)我十分赞同生3、生4、生5的观点。他们认识十分深刻、透彻、入情入理,出人意料,真不简单。对于项羽,毛泽东同志说"宜将剩勇追穷寇,不可沽名学霸王",请同学们课后思考:从项羽身上,我们应该学习什么,舍弃什么?

在案例一中,教师要求学生讨论导致项羽兵败垓下的原因。这显然是一种算计式问题,它引导的是从成败的角度对项羽行为、个性加以功利性分析、评价。于是,我们看到学生敏锐地捕捉到项羽身上一个个致命的性格弱点。而在案例二中,教师提出的问题则是体验性的:第一个问题"你心目中的项羽是怎样一个人",鼓励学生充分表达自己对项羽完整而真切的感受;第二、三两个问题"司马迁心目中的项羽是怎样一个人","李清照对项羽的称颂恰当吗",则巧妙地以司马迁、李清照的评价激发、引导学生对项羽形象的超功利观照。于是,我们看到学生没有停留于对项羽性格弱点的功利分析,而是以欣赏的眼光、同情共感的方式看到他身上的"霸气"和"豪情",感受到他作为"悲剧英雄"的人格魅力,而这正是司马迁、李清照在项羽身上所发现的美学特征所在。总之,这两种不同的教学处理导致了截然不同的教学效果。它们提示我们,教师提出算计式问题或体验式问题,确实在很大程度上影响学生是形成物质功利的态度,还是科学研究的态度,抑或是审美的态度。

(二)直观地展示"我"的审美活动

审美,特别是对特定事物的审美态度是有熏陶性和感染性的。当一个人投入地欣赏和体验某一自然景象或文艺作品时,即当他直观地展示"我怎么感受"以及"我感受到什么"时,与他亲近的人会自然地受到他的影响,容易超乎现实的功利的状态,而进入审美静观或审美迷狂的状态。这里,不仅"我感受到什么"具有启发性,更重要的是,"我怎么感受"之类审美的态度和方式会极大地影响到"我"身边的人。有学者将这种现象解释为人们寻求"共通感"的天性。康德认为,审美判断虽然是单称判断,但也具有量的普遍性,即它对每一个人都是有效的。这种"共同的有效性"就是由于人们天生具有审美的"共通感"。从这个意义上说,审美可以使人们获得心灵共通的感觉。而审美态度之所以具有熏陶性和感染性,就是因为亲近的人们之间期望获得更多、更深的心灵沟通。"当他们一起作一项和平游行,一起参与一次摇滚音乐晚会,一起听一段音乐或观看一次日落或风景时,都能获得一种强烈的'在一起'的感受。他们追求'在一起',为的是发展一种'共通的'经验:当人们以同样的方式经验到同样的事情时,他们便感到'在一起'了。"(聂振斌等,1997:438)正因为如此,一位教师如果真诚自由地欣赏自然景观或文艺作品并将之直观地展现于学生面前时,具有向师性的学生必然会受到启发、熏陶和感染,学着和自己的老师一起,像自己的老师一样,去感受对象的形式,体悟其意味。

《人民教育》上记载的一则真实的教学故事较好地说明了这种审美态度的熏陶性和感染性。刘老师要求学生写校园里盛开的樱花,而学生观察后"只知道花朵是粉红色的,开了许多花,别的却说不上来"。老师失望之余,动笔写了一篇散文《樱花》,写她的美丽灿烂、生命短暂;并由此联想到人生,想到那些美好而短促的生命,想到指间流走的一个个美好而短暂的日子。当老师动情地朗读自己的作品时,"孩子们听得似懂非懂,但个个都那么入神"。"以后的课间,常看到我班的学生,三五成群,徜徉在樱花树下,不时指点着"。在一场樱花雨中,"孩子们有的忘情地伸出小手接住飘落的花瓣,有的则凝神伫立,还发出几声轻轻的叹息"。(刘嫣红,2007)在这个案例中,刘老师向学生直观地展示了她对樱花雨的审美体验。其间,孩子虽然不能完全理解老师从樱花雨中感悟到的情味,但他们能够感受到老师融入樱花雨之中那种物我契合的审美态度,而这对他们产生了很强烈的熏陶感染作用;而且老师的审美感受也或多或少引发了孩子潜在的生命意识,启发了他们对于樱花雨的审美情感。于是,孩子们由开始客观、"无情"地看待樱花雨,发展到后来"有的忘情地伸出小手接住飘落的花瓣,有的则凝神伫立,还发出几声轻轻的叹息"。这就是教师直观地展示自身的审美活动所起到的熏陶感染作用。

由此可见,审美虽然不可以被教会,但却可以被引领。教师真诚地投入审美活动中并直观地展示给学生,可以在潜移默化中引领孩子自主自由的审美活动。这里的条件是重在展现审美体验的过程,如在身体律动中聆听音乐,全情投入地诵读诗歌,而不仅仅是呈现审美体验过后理性反思的结论。这样,教师的审美活动才可能起到的是启发、感染、熏陶作用,而不会抑制学生自主自由的审美体验,也不会将学生带入纯粹理性分析、客观认识的误区之中。

三、强化形式欣赏和创造的启发策略

对形式的欣赏和创造是审美的核心。在很多时候,人们不能停驻于事物感性形式的层面对之予以充分的关注,而是很快滑到内容的层面对事物加以概念化地考虑。这样,对感性形式的感知就往往处于平常那种浮光掠影、粗略大致的状态;对感性形式的创造就更是简略而粗糙。针对这种状况,教师有必要采取有效的辅助策略,促使学生强化对形式的欣赏和创造,进而获得审美体验。

(一)创设情境,形成形式欣赏和创造的心理定势

创设情境是指教师以具体直观的方式制造某种情意氛围,使学生形成与即将感受或即将表现的情意状态相近的心理定势,从而促进学生更好地欣赏作品传达该情意的感性形式,或者更好地创造表现自身情意的感性形式。这是通过激发学生心中情思来引导他们更好地欣赏或创造情思之感性形式的过程,是由"意"到"象"的欣赏或创作过程。画家陈丹青曾讲述自己留学美国看到的印象极深的一幕:在博物馆里,一位小学的女教师带领着一群孩子看展览,教师手执长笛轻轻地吹奏着,大家席地而坐,静静地观看着莫奈的名画《睡莲》。这里,教师实质上就是以音乐烘托静谧、柔美的氛围,使孩子们自然产生温柔、娴静的情思,进而进入绘画作品的意境,更好地感受、欣赏睡莲那朦胧柔美、情致生动的美态。创设情境的策略可以用于美术、音乐、语文等文学艺术各科教学。其中,著名特级教师李吉林通过语文教学改革实验归纳、总结的语文情境教学模式是比较系统、全面、成熟的。其要点是利用图画、音乐、表演、语言描绘、实物、生活画面等手段创设情境,促使学生产生一定的情思;而这种情思实质上就构成学生下面阅读或习作的心理定势,引领着学生将抽象的语言符号转化为头脑中生动可感的形象,获得对形象的充分感受;或者将内心感受的情思转化为头脑中、笔头上生动

可感的形象,完成对形象由无到有的创造、生成。下面的教学片断比较集中地反映了这种教学模式是如何通过创设情境来促使学生将抽象的文字符号转化为生动的形象,以充分感知、感受作品所描绘的形象。

[案例 8-7]
《荷花》(小学《语文》)
师:现在就请小朋友久久地、凝神地、深情地来看这图上的荷花(教师呈现彩色荷花图),现在你们的眼中这荷花就是真的。
(播放富有儿童幻想的音乐,学生随着欢快变幻的乐曲,深情地凝视着图画展开想象。而教师呢,也似乎看到了一池真的荷花,轻轻地提示:……荷花翩翩起舞了……学生的脸上漾起甜美的微笑。)
师:你们仿佛看到了些什么?
生:我觉得荷花变活了。
生:我仿佛觉得荷花突然长高了。
生:我好像也摇摆起来。
生:我觉得自己也变成了一朵荷花,心里美滋滋的。
师:课文中的"我"爱荷花,因为荷花非常之美。现在就让我们深情地读课文,请同学们把这一节再读一遍。
(这时,教师在"想着"下面板书了"爱"字。)
(学生读课文第四节,读后老师再指导。)
师:刚才你们读得不够深情,"自己仿佛"要读得慢一些,好像看出了神似的。"风吹来""风过了"感情没读出来。
我再请一个同学读一下。
(教师在"想着""爱"下面又加上板书"风吹来了""风过了"。)
(一名女同学读,读得很有感情。)
师:请同学们再看看图,看看课文,想想,你怎样变成一朵荷花,和满池的荷花一起舞蹈,后来又和小鱼、蜻蜓怎么对话的?
(分小组准备。)
师:表演时要有次序,先说什么,再说什么,要想好。
(这时一名女同学走到黑板前,戴上荷花头饰,开始带表情复述。接着又有同学扮小鱼、蜻蜓复述,都很好。)
(最后教师指着图,全班同学一起复述课文。)(教育部师范司组编,2006:159-160)

在这一案例中,李老师综合运用了图画、音乐、语言描绘等方式创设情境,促使学生将文字符号转化为心中生动可感的形象及其中蕴含的情味,进而以表情朗读、表情复述等方式将感受到的形象和情味表现出来。这既是一个促进语言学习的过程,更是促使学生充分感受形象及其蕴含情味,进入物我融合的审美体验的过程。而教师通过呈现彩色荷花图、播放欢快变幻的乐曲、富有感情的语言提示所创设的情境,对学生的语言解码活动、审美体验活动都起到了很好的触发作用。不过要加以澄清的是,不应该把语文教学中的创设情境策略理解为直观教学——直观教学把抽象的文字符号直接解码为直观的实物、图片、视频等呈现给学生,有时会抑制学生根据文字符号进行的再造想象活动,不利于学生的语文学习。创设情境策略是要制造与作品情意状态相接近的氛围,而不是复制、代替作品创造的感性形象;这种与作品情意状态相接近的氛围相当于媒介、桥梁,在打动学生、触动学生情思的同时,将学生引向对作品情意形式的更好感受和品味。

(二) 引导全身心参与,将形式感受与形式表现结合起来

当人们真正投入地欣赏、感受文艺作品时,往往调动多种感官,全身心参与;并且不仅是被动地欣赏、感受,还有能动地表现和创造。比如,对于音乐,在听以外,加上律动、声势、舞蹈、打击乐器演奏等,不仅可以更好地感受音乐的节奏、韵律,还给了欣赏者能动地表现音乐的机会。再如,对于文学作品,在看以外,加上朗读、吟唱等方式,不仅可以更好地感受语言之美和塑造形象之美,也给了读者能动地表现作品所蕴含情意的机会。因此,要强化学生对文艺作品的形式感受,教师可以采用操作体验法(音乐)、朗读法(文学)等教学方法,引导学生全身心参与,将形式感受与形式表现结合起来——既感受又表现,在感受中表现,在表现中感受,从而达到最充分的审美体验的效果。

1. 操作体验法

即在音乐教学中,通过具体的伴随性表演活动,如律动、声势、舞蹈、打击乐器演奏等,参与到音乐作品音响中,一边聆听,一边表演,在直接参与中体验音乐。这种全身心投入的欣赏方式,会让学生进入某种兴奋或沉醉的情感状态,产生"音乐就是我,我就是音乐"物我两忘的审美体验。德国著名音乐教育家奥尔夫提倡的元素性音乐,其实就是这种全身心参与的音乐,"元素性音乐永远不单是音乐本身,它是同动作、舞蹈和语言联系在一起,由人们自己参与的音乐"。(转引尹红编著,2002:49)这种音乐使学生能以最自然的方式参与音乐教学之中,充分地感受音乐、表现音乐和创造音乐。

[案例 8-8]

《复调性音乐的欣赏》

教师播放大提琴家马友友和歌唱家麦克捷恩运用乐器和人声做复调音乐即兴表演的实况录音。人声用哼唱模拟乐器,还配合有另一个低音提琴的拨弦做伴奏声部,采用巴洛克音乐风格。教师启发学生讨论从作品中听到了什么?人声和大提琴声部是什么关系?学生们通过听觉判断认为人声和大提琴都有旋律,它们有时像两个人的"对话",一问一答;有时又像是两个人在同时"讲话"。教师请学生两人一组,听着音乐,一个人扮演人声的声部,另一个人扮演大提琴的声部,跟着音乐的运动做自由即兴表演,用身体表现出对音乐的理解。

学生在律动中,紧紧跟随着音乐的表现。当一个声部单独出现时,另一个声部的学生的动作就停止、等待;声部之间是模仿的关系时,学生的动作也是模仿的;两个声部交织在一起时,两个学生的动作也互相关照、协调配合。他们始终跟随着旋律线的起伏、力度的变化、旋律音型的特点,等等,不断地调整着自己的律动,努力做出更符合音乐的表现。(戴定澄主编,2001:113-114)

这里主要是引导学生通过体态律动来感受和表现音乐。著名音乐教育家达尔克罗兹认为,通过体态律动可以增强学生对音响运动和情感的体验;作为刺激大脑的物理手段、身体手段,体态律动可以激活学生的神经系统,使学生进一步对心理刺激做出反应,在身体和精神之间建立更密切的关系。在这一教学片断,我们看到学生一改过去被动地坐着听音乐的状况,在那种状况下,学生往往不知道在听音乐时可以做什么,可以想什么,或者只听到乐曲中显现的部分,听不到更多的东西。而通过身体律动,学生可以全身心地参与音乐欣赏,真正把音乐听进去;他们会尽可能地听到和想到音乐的各个方面,并且随机思考、反应如何表演。归根结底,体态律动是为了更好地感受音乐——充分感知音乐的速度、力量、节奏、旋律,以及音乐的内在层次和结构,同时充分体验与形式融合无间的情绪、情感。

[案例 8-9]

《玩具兵进行曲》(小学《音乐》)

(一)导入

听《玩具兵进行曲》A 段的第一部分,学生回答教师提出的问题:

这段音乐表现了什么情绪,是快乐的、悲伤的?……听着音乐是想安静地休息,还是想跳舞或行进?……

(二)教师讲胡桃夹子的故事

点出曲名,引起学生进一步倾听的愿望(圣诞节夜晚,小玛丽亚得到的礼物中有一件是胡桃夹子洋娃娃,这娃娃被几个男孩抢去并弄坏。玛丽亚抱着洋娃娃哭着睡着了,梦中发生了许多奇怪的事情……娃娃变成了王子,他带玛丽亚去童话王国,糖果仙人率领许多饼干和糖果为她跳了六支舞,《玩具兵进行曲》就是其中的一首)。

(三)欣赏音乐 A 段的第一部分

1. 按节奏读说白:

4/4 X0 X X X X0 X0 | X0 X0 X — |
　　 来,朋友们 一 起　玩 游 戏。

2. 将上面的说白再加上"声势"动作:

4/4 X0 X X X X0 X0 | X0 X0 X — |
　　(捻指)(拍手)(拍 腿)(拍 腿)(跺脚)

3. 听 A 段第一部分音乐。当听到音乐中出现上述节奏的乐句时,全体学生随之边说白边做"声势"动作,同时注意该节奏的乐句在这段音乐中出现了几次。

4. 再听 A 段第一部分音乐,除了在上述节奏句部分说白和做声势,用自己设计的动作表现音乐的变化部分。体会这段音乐的重复与变化。

(四)完整地倾听 A 段音乐

1=G 4/4　　　A 段主题

P　　　　　　mf

5 0　5 5 5　6 0　6 0 | 7 0　5 0　6 — |

1. 听音乐,思考所熟悉的音乐出现了几次?不熟悉的音乐与所熟悉的音乐有哪些相同的地方?

2. 再听音乐,边听边用熟悉的方式表现音乐,听后要求用图画方式表现这段音乐的曲式结构(如□○□、○□□等)。

(五)欣赏 B 段音乐

=G 4/4　　　B 段主题

0 0 0 0 6 | 4 0 5　4 0 3　2 0 1　7 0 5 | 3 0 4　3 0 2　1 0　7 6 1 | 7 0 6……

1. 听音乐后回答旋律是上行还是下行?这段音乐可以分成几个

大致相同的句子?

2. 要求自己设计身体动作来表现这段音乐。要突出旋律进行方向和乐句的起止。

(六)完整欣赏乐曲

1. 从节奏说白及"声势"动作过渡到用打击乐器演奏音乐主题:

教师用钢琴或竖笛演奏A段主题。

学生第一次配以说白。

第二次配以声势。

第三次配以打击乐器(三角铁、木鱼、串铃、鼓)。

2. 配合音乐进行简单的队形和舞蹈动作表演练习。

3. 欣赏全曲,伴之以上述打击乐器演奏和表演。(转引蔡觉民编著,2003:122-124)

在这个案例中,教师指导学生综合运用朗诵、声势、律动、队列行进、舞蹈、打击乐器演奏等方式,充分感受音乐、表现音乐,使学生真正达到与音乐合而为一的审美境界。

2. 朗读法

即在文学欣赏教学中,通过有感情朗读、表演朗读以充分地感受和表现作品语言的音乐美,同时更好地感受和表现作品蕴含的情调和意味。在实践中,教师可根据作品的特点,灵活选用示范朗读或指导朗读,以实现朗读促进审美感受以及提供审美表现渠道的功能。一般来说,示范朗读对引导学生感受作品蕴含的情调和意味,效果较好;而指导朗读则更有利于学生切身感受作品的音乐美,同时创造性地表现作品蕴含的情调和意味。在下面的教学案例中,教师的指导是非常巧妙的,它切合了作品的特点,使学生在别开生面的朗读中充分感知作品创造的艺术形象,感受作品的艺术特色。

[案例8-10]

《安塞腰鼓》

师:你能用朗读表现安塞腰鼓豪迈与震撼的气势吗?请大家朗读自己喜欢的段落。

(生朗读课文片断,教师点拨)

师:通过朗读我们不难发现,个人朗读已很难表现出安塞腰鼓表演时的雄壮场面,我们来变换朗读的形式。请同学按要求朗读课文:

CAI课件显示一段精彩的朗读设计:

(男领)看!——

(女领)黄土高原上,爆出一场多么壮阔、多么豪放、多么火烈的舞蹈哇!

(众合)好一个安塞腰鼓!(男女领)百十个斜背响鼓的后生,如百十块被强震不断击起的石头,狂舞在你的面前。(男合)骤雨一样,是急促的鼓点;(女合)火花一样,是闪射的瞳仁;(众合)斗虎一样,是强健的风姿。(男领)百十个腰鼓发出的沉重响声,碰撞在四野长着酸枣树的山崖上,(众合)只听见隆隆,隆隆,隆隆。(女领)百十个腰鼓发出的沉重响声,碰撞在遗落了一切冗杂的观众的心上,观众的心也蓦然变成了牛皮鼓面了,(众合)也是隆隆,隆隆,隆隆……(下略)(廖贤枢,2008)

这段文字场面描写热烈,情感抒发酣畅,画面雄浑激荡,语言节奏铿锵,气势磅礴。为了让学生充分感受这些特点,教师用朗读这条主线贯串整个教学过程:从朗读入手,通过人的视觉、听觉等感觉器官,让课文中语句的音韵、节奏、语调及所附色彩的变化,直接刺激大脑;在朗读中,学生将一个个语言符号化为具体可感的形象,从而不自觉地进入作品所创造的艺术境界中,进而感受它的情感、意境,体味作品的音乐美、绘画美。

(三)激发联想和想象,拓展形式欣赏,引发形式创造

如果说操作体验法、朗读法等旨在调动学生的多种感官,强化学生对文艺作品感性形象的即时性感受和表现,那么还应该有一类方法旨在激发学生的联想和想象,从而拓展学生对作品的形式欣赏,进而引发学生自由的形式创造。如前所述,审美往往还依赖于主体的联想和想象,即通过联想和想象,形成不在目前、不在耳前的表象。如音乐欣赏时由听觉形象进行联想和想象,在头脑中产生相应的视觉形象、视觉画面,从而获得听觉和视觉的双重审美享受;或者不仅在头脑中形成画面,更以绘画、戏剧表演等方式进行真正意义上的形式创造,从而进入审美创作的境界。再如,文学欣赏时通过想象补充作品的空白点、未定点,往往可以更深地沉浸于作品美的意境、情境之中;而如果以绘画、音乐、戏剧表演等手段对作品加以改造,实质上就是在进行真正意义上的艺术创造了。在教学中,激发联想和想象的策略有强化和拓展形式欣赏,以及引发真正意义上的形式创造这两种层次不同的目的。而目的不同,相应的教学要求和教学指导就应该有所不同。下面将以

案例分别说明这两种层次不同的"激发联想和想象"教学。

1. 激发联想和想象,拓展形式欣赏

[案例 8-11]
《大象与小象》(小学《音乐》)
(一)森林里有一种动物……

1. 教师有表情地讲故事:"在我国西南边疆,有一个十分美丽、迷人的地方——西双版纳,那里有一片古老的原始森林,森林里面住着许多许多珍奇动物,有一种动物,在这片森林里生活了很久很久,(声调降低,神秘地)呦! 它们来了。你们听,这是什么动物?"

播放音乐《大象》,学生争先回答……

2. 教师问其中回答为"大象"的学生:"你们怎么听出来是大象呢?"

学生回答:……

教师:"小朋友们说得很对,低沉的声音,缓慢的节奏,好像大象在走路。大象长得什么样子呢?"

学生回答:长鼻子、大耳朵……

(二)感受与表演管弦乐《大象》

1. 教师和学生一起继续讲故事:"大象甩着长长的……(学生:鼻子),吊着两只像芭蕉树叶样的……(学生:大耳朵),四条粗壮的象腿托着沉重的身体,在森林里走来走去,走来走去……小朋友们猜猜看,它们在干什么呢?"学生自由发挥……

2. 根据学生的回答,请同学上前跟随音乐表演(播放音乐)。

(三)感受管弦乐《小象》

1. 教师继续讲故事:"这一对大象在森林里走着、走着,忽然发现自己的几个孩子不见了,这下可把象爸爸、象妈妈急坏了。它们找啊,找啊……突然,远处传来了活泼、有趣的音乐,象爸爸、象妈妈都一下子开心地笑了,为什么呢? 因为它们一听就知道是自家的几只小象在那里淘气地玩耍。小朋友们,我们也来听一听,小象在干什么呢?"

演示几只小象玩耍的图片,播放音乐(或演示教材附带多媒体课件):管弦乐《小象》

教师启发学生想象音乐中的情景,不断鼓励学生发言。

学生回答:小象在玩耍,小象把鼻子甩得高高的,小象在扇大耳朵,小象在跳舞,小象学大象走路,小象在吼叫,小象想妈妈了……

2. 教师:"我们再来听一听,看看谁的音乐耳朵最灵,听完后,能回答出下面的问题。"

问题Ⅰ:音乐中有一段非常有趣、好听的旋律,它一共出现了几次?

问题Ⅱ:小象活泼又淘气,旋律很有趣,可音乐始终伴随着低沉的节奏音响,这是为什么?

播放音乐《小象》,同时演示音乐图谱——代表相同旋律、不同旋律的小象形象,象征着四个音乐段落,同时衬以贯穿到底的同一图形,象征低音层次。

3. 引导学生回答上述问题。结合音乐图谱与学生的回答,概括:

全曲四个段落(三个相似的段落,一个不同的段落)。

低沉的节奏音响表现了象的笨重,如果取消它,就听不出来是小象了,就可能是其他小动物。

(四)即兴表演《小象》

1. 启发学生为三个相似的段落创编相同的动作(另一个不同的段落做即兴表演)。

教师与学生共同熟悉动作。

2. 播放音乐。全体学生原地起立,跟随音乐表演。教师带领学生表演相同段落的动作,激励学生在不同段落自由发挥。

3. 播放音乐,各小组分别上台表演。每组表演后,由学生评价。教师鼓励学生大胆而富有想象地在"不同段落"中做即兴表演,要努力做到与别人表演的不同。(蔡觉民编著,2003:101-103)

在这个案例中,教师由讲故事导入新课,并在播放《大象》和《小象》两首管弦乐的过程中,引导学生在故事框架中进一步发挥想象,在头脑中形成大象、小象如何活动的画面。这种想象有利于学生把握乐曲不同段落的特点,更拓展了学生对乐曲审美感受的空间——在听觉享受的基础上增加了视觉享受。同时,有了这样的想象,也为学生下面的创编动作、即兴表演做好了准备。

2. 激发联想和想象,引发形式创造

[案例8-12]

欣赏歌曲《春晓》

(一)听赏《春晓》(略)

(二)师:通过反复欣赏和哼唱,同学们对《春晓》有了比较深刻的理解。现在请大家思考能否用其他的自己喜爱的方式来创作、表现《春晓》的意境?大家分组讨论,人人参与,要注意同音乐有机结合。

老师提供一些物品(纸、彩笔、塑料袋、矿泉水空瓶、米、水、玻璃杯、红色皱纹纸、剪刀、小录音机,有关春天的音乐磁带等),大家可根据需要来选择。

(三)学生分组讨论并展示表演

朗诵组:配乐诗朗诵

第一段:男女分别领诵原诗。

第二段:学生有分有合朗诵自己创作的片断。

女领:是谁,带来莺啼燕语?

男领:是谁,吹绿岸边杨柳?

男女领:是谁,吹落满树花朵?

合:春风啊,是你是你;

女合:飘洒成美丽的旋律,

男合:绽放出瑰丽的生命,

女领:春雨啊,是你是你,

男领:滋润我干渴的心地,

合:引我走进芬芳的花季。

第三段:全组学生朗诵原诗。

师生点评:他们在原诗的意境上作了延伸,自己进行创作,尽管还不是十分完美,但是这种创新、拓展的意识非常好。如果能与原诗结合得更严密些,就更好了。音乐的选择很得当。

歌舞组:两个同学跳舞,其余同学唱,并且将旋律作了改编。用红色皱纹纸剪成花瓣,当唱到"花落知多少"时,配以洒落花瓣的动作。

师生点评:他们采用了歌舞相结合的方式,歌唱有领有合,舞跳得虽然不是太好,也没有什么基本功,但反映了诗的意境。舞蹈是流动的诗,运动的画,跳动的音乐。"洒落花瓣"这个设计很形象直观,使诗的意境生动起来了。

自然音乐组:同学们有蹲有站,利用教室里现有的音源,选择老师提供的物品,惟妙惟肖地塑造了诗的意境,教室里响起了鸡叫、鸟鸣、鼾声、风声、泉水的流动声等,他们借揉塑料袋、纸张,抖动书包表现风声,用矿泉水的空瓶子装上米,发出"沙沙"的雨声,水桶里撩起水声,玻璃杯倒水,加上钥匙的抖动声,模拟营造诗的意境。

师生点评:这组同学用自己的想象力与创造力为我们描画出一个生机勃勃的春天的早晨,而且是一个农村的早晨,因为我们听到了公鸡叫声。他们的表演非常和谐、生动。音乐的范畴除了乐音、噪音,也可以是中介音,还可以是生活中的自然音响,他们运用的是生活中物品的自然音响,我们常说生活是音乐的源泉,这个音源、声源是可以无穷无尽地探索,去开启的,只要我们开阔思路,运用得当,就会收到意想不到的效果,他们的表演真棒!

图谱组:投影仪示图谱(图略),学生代表作讲解。

生:枝头绿了,春天到了,诗人睡觉不知道黎明的到来(双手交叠做睡眠状)。醒来到处是鸟儿欢快的叫声,夜里起了一场风雨,花儿不知道又落了多少。

师生点评:这组同学群策群力,设计的图谱形象生动,用图谱的办法既是最原始的,也是最现代的,现在世界上一些先进音乐教学法中也常常用到它。

图画组:投影仪出示画面(图略)。一位学生上前讲解图画。

生:春天的早晨,觉,总是睡得那么香,瞧,太阳都老高了,诗人却还在酣睡,这时窗外清脆的鸟鸣声惊醒了他,他睁开朦胧睡眼,抬头望着窗外,突然,一串雨滴沿着屋檐滑了下来,他这才猛然想起原来昨夜这里所有的一切都经历过一场风雨,望着池塘中的片片落红,诗人不由地感叹道:"一场风雨打落了多少花儿,真是可惜呀!"

师生点评:这组同学画的画构图合理,线条简练流畅,色彩富有想象力,反映出"春晓"的意境,画得很有新意,真可谓画是有形诗,诗是无形画。

(四)师:刚才同学用各种方式展示了讨论的结果,丰富多彩,都非常有个性,有创造性。请大家考虑如何把我们的创作表演跟我们欣赏的艺术歌曲《春晓》有机结合,融为一体。

学生讨论:自然音乐组表现鸡鸣鸟叫、鼾声、流水声。朗诵组前奏中朗诵原诗。紧接着全体一起轻声唱前段歌词,歌舞组歌舞律动。至"啊"处,学生朗诵创作的一段,最后两句诗,配上"洒落花瓣"、"风声雨声"、在"鸟鸣"中结束。学生图画在大屏幕上出示,作为背景。

完整欣赏《春晓》,加入学生的创造表演。

师:一个作品可以用多种演唱形式,请大家欣赏女领、童声合唱

《春晓》。

(五)小结及布置作业(略)。(尹红编著,2002:66-69)

在这个教学案例中,教师引导学生展开想象,以自己喜爱的方式创造性地表现诗歌的意境。这里,学生已经不是单纯地诠释《春晓》这首诗、这首歌,而是以其他艺术样式进行独立的艺术创作。不管是朗诵改编的诗歌、创编自然音乐,还是歌舞、绘画,或者最后综合性的舞台表演,都必须遵循各自艺术样式的形式法则,都是全新的形式创造。可以说,《春晓》诗歌的意境只是点燃学生创造火花的引线;教师巧妙地利用这一引线,引导学生发挥想象,从而极大地激发了学生巨大的创造潜能。值得注意的是,随后的师生点评环节不仅必不可少,甚至是有待进一步加强的。因为教师不仅要激发学生的创作热情,更要对学生的艺术创造加以具体指导,使之遵循各自的形式法则,从而更自觉地创造出真正美的形象。

四、以理解促感受的启发策略

如前所述,对事物或情意内容的理解可以促进主体对事物形式或情意形式的美的感受,促进主体的审美活动;而对形式及形式美的理性认识,如清楚地认识到眼前的感性形象在形式上的特点,认识到其合乎黄金分割律、多样统一等形式美法则,也有利于主体深刻感受审美对象的形式美,获得审美体验。从这种意义上说,教学过程中可以适当引导学生通过理性分析,加深对作品内容和形式的理解,从而促进学生的审美感受和审美体验。这里重要的是理性分析必须为感性体验服务,不能有僭越之误;同时,理性分析必须与感性体验紧密结合,不能有相互隔离之误。为此,除了在教学过程的安排中体现以感性体验为中心的原则,以"感受"——"分析"——"感受"的流程来组织教学以外,教师还可以采用融理性分析与感性体验为一体的教学方法来实施教学。如引导学生通过联想法来唤起相关经验,产生体验式理解;引导学生通过比较法来分析和感受形式美。

(一)通过联想法产生体验式理解

通过联想法产生体验式理解,就是主体联系自己的相关经验,对作品感性形象所蕴含的情意产生感同身受式的理解。这种理解方式不同于纯粹以概念为中介的读解或批评活动。后者实质上是旁观式的、主客对立的理性认识,带来的往往是对感性形象的概念化标定和脱离感性形象的过度阐释,因而,是偏离审美体验活动的。与之相反,体验式理解并不一定要诉诸概念,它不脱离感性形象,是主体以"我"的相关经验去体验感性形象所蕴含的情意。体验式理解使主体如同亲身拥有这样的意志品质或经历这样的情感过程;而如果这样的意志品质或情感过程恰恰是主体本质力量之所在,那么他就会感到情意形式上的符合,产生真正意义上的审美愉悦或审美震撼。

在欣赏活动中,人们通常是不自觉地调动自己的相关经验来理解作品的,比如读到辛弃疾的"醉里挑灯看剑",人们会不自觉地动用自己酒醉后追忆往昔、痛感理想破灭的经验,从而深切地理解作者这一举动背后的沉痛之情。在教学中,为了促进学生的理解,教师可以指导、引导学生有意识地联想相关经验,成为主动的理解者、审美者。以《再别康桥》为例,为了让学生深入理解、充分感受作品的情感基调,特别是诗歌最后一节"悄悄地我走了,正如我悄悄地来,我挥一挥衣袖,不带走一片云彩"的抒情主人公的形象,有一位教师设置了这样的问题:"想一想,当我们和留下自己快乐足迹的地方,比如母校告别时是怎样一种情绪";"回想一下,当你以'轻轻地''悄悄地''挥挥手''挥挥衣袖'的方式离开某人或某地时,你是一种什么样的心情"。这样的问题唤起了学生与作品情境类似的经验,使学生联系自己的经验反复感知作品的艺术形象,从而领悟到抒情主人公珍惜、留恋而又洒脱、轻松的复杂而微妙的心绪。这样,学生由艺术形象联想到自己的经验,同情式地体验到其中蕴含的情意,为获得物我契合的审美体验铺平了道路。

(二)通过比较法分析、感受形式美

文艺作品所创造的感性形象的本质在于它们都是独特的"这一个",而通过彼此间的比较,它们各自的独特性会愈加得到突显。因而,教学中教师可以引导学生将相似的感性形象加以比较,从而分析它们彼此不同的形式质素,进而更细致地感受它们的形式美。

[案例8-13]

《弦乐吟唱》

(一)《二泉映月》

1. 教师启发:下面,我们就来聆听这些弦乐器组合起来演奏的乐曲,你能从乐曲的音乐语言中联想作者的生活,并感受乐曲的风格特点吗?请拿起手中的笔将你听到的、想到的记录下来。(播放全曲)

2. 学生听赏并将感受记录下来。

3. 师生交流。

4. 教师讲解此曲原作者阿炳的一生坎坷以及曲名《二泉映月》的来历(介绍时用背景音乐的形式播放二胡独奏曲《二泉映月》),并介绍改编者吴祖强先生。

5. 唱音乐和诵音乐。(略)

(二)《G大调弦乐小夜曲》

1. 旋律的对比

师:刚才我们听到的旋律是我国家喻户晓的民间音乐作品,接下来我们将欣赏的也是弦乐器为你演奏的另外一支乐曲……同样用手中的笔记录下你所感受到的。(这个清新欢畅、具有进行曲风格的乐曲,一下子把学生从那个沉静而漆黑的环境里带了出来,让他们去体味一种截然不同的情绪和风格的乐曲。)

生:填出对本乐曲感受的表格,从而与第一首《二泉映月》的旋律相对比。

(情绪　速度　旋律特点　乐器)

师:(1)第一首乐曲沉思忧伤、悲愤凄凉的情绪与第二首乐曲那清新欢畅、饱满乐观的情绪形成了鲜明的对比。

(2)在演奏乐器上第一首乐曲的弦乐合奏显得气势大,力度的对比性强,而第二首乐曲是由第一小提琴、第二小提琴、中提琴、大提琴以及倍大提琴这五件乐器演奏的,它是一种小型的室内演奏的乐队,我们把这种演奏形式叫室内乐。(然后对《G大调小夜曲》的作者及小夜曲这种音乐体裁形式进行介绍)

2. 旋律的分析(略)(蔡觉民编著,2003:106-107)

在这个案例中,教师引导学生分析、比较《二泉映月》与《G大调小夜曲》两首弦乐作品在音乐情绪、速度、旋律、乐器等方面的差异,显然有利于学生更好地感受两首作品创造的感性形象的特点,从而强化了学生对作品的审美体验。这样,在艺术形象的比较中,理性分析与感性体验相互促进,使得审美活动得以不断深入和拓展。

[案例8-14]

《荷花淀》(高中《语文》)

老师:孙犁的这篇小说开头是非常有名的,它没有什么华丽的辞藻,纯粹是白描,像铅笔画的素描,但有内在的诗情和韵味,要慢慢地品味,要多读才能体会,所以我就不讲它,你们多读它。有人说,前面这些景物描写没有必要,我认为是不能不要的。这三段里集中写的什么东西呢?我认为写的是两个大的问题。(板书:人与环境)写的什么呢?一个是人——水生嫂,再一个是自然风光,写得很美。那么写这种美的用意何在?抗日战争这么残酷,有这么恬静优美的环境吗?作家这么写是不是违反现实的呢?如果不是违反现实的,他的用意何在?哪位同学说一下?你们可以相互交流一下,不想交流就思考,各人自愿。

学生:我觉得作者把景色写得这么美好,突然让我联想起艾青的一首诗,其中有一句是:"为什么我眼里常含着泪水?"

老师:(充满激情地衔接)"因为我爱这土地爱得深沉"。嘿,很好!

学生:(深受鼓舞)我觉得孙犁把这个土地写得这么美好,就会让人觉得这么美好的土地会有谁不爱?生长在这片土地上的人们,理所当然会对她有很深的感情。(老师插话:地灵人杰)我觉得这应该是所有抗日战士的动力所在。

老师:嗨!说得好,非常好!(充满感情地)我们的山河如此多娇,岂容日寇践踏蹂躏?就是这个用意嘛!她说得太好了,所以作家一点都不是违反现实,所以这几段不能不要!那么,我再提个问题,这里写到这么美丽的环境,其中有水生嫂,这里人和环境之间是什么关系?你用一个词概括一下,人和自然的关系?(学生议论纷纷)好,你说。

生甲:和谐。

生乙:融洽。

生丙:我觉得好像有很多种,有一种就是互相渗透。好像那种环境,很甜美,然后在里面也很平静的感觉;有时候我觉得这个女人很有中国情调。还有,她可能已经深深地嵌在这个环境中,拔也拔不出来了。感觉环境应该是渗透吧,不只是人影响环境,这个环境会给人一种很特别的气氛。

老师:这个同学太优秀了!(笑声)我觉得一般的中学生是答不出来。她说这几段写人和环境之间是渗透关系,渗透关系在中国古典哲学里面叫什么呢?(板书:天人合一)"天"是自然,"合一"就是她刚才说的渗透关系。她没有说到这个词,但意思出来了。人和自然之间呢,有很复杂的关系,按大体上有两种,一种是刚才大家讲的融合、渗透的关系,一种是对抗的关系。高尔基的《海燕》哪位同学记得?来,给我背几句。(学生杂言背诵)海燕是俄国革命者的象征,它是写人的。那个海燕和乌云是一种什么关系?对抗对立关系。"让暴风雨来得更猛烈些吧"——这在孙犁的小说中是喊不出来的。他写的是月亮升起来,月白风清。我随便改一改,这么改:"乌云翻滚,伴随电闪,忽然一声炸雷,女人慌慌张张跑到屋子里",(笑声)或者这样,写女人很坚强也可以:"一声炸雷,几个雨点敲打在女人的脖子上,女人仍然在屋檐下编着她的席子,席子在闪电的照耀下反射出像刀一样的寒光。"(哄堂大笑)孙犁的小说民族色彩浓郁,他不喜欢写那种和大自然急剧对立的意境,他所有的作品基本上都是这种风格。所以我们用一个词来概括,人和大自然间是什么关系呢?就是同学们讲的和谐。(板书:和谐)这是中国文化的一个基本特点。现在西方还在学中国这个特点,包括成立环保局。人是自然的一部分,人是大自然的产儿,所以,污染糟蹋了大自然,就是污染糟蹋了人自己,这里,我穿插一下,芦苇是中国古代文学作品中很典型的一个意象。大家知道,写杨柳,代表什么?

学生:送别。

老师:杨柳依依,随风起舞,好像缠绕着你,不让你走!写水的时候,那种水的柔情,是一种意象;另外,水也载舟、也覆舟,势不可当,也是一种意象。中国古典文学当中,有许多基本定型的意象。芦苇在古代叫蒹葭,《诗经》中有一首《蒹葭》——

生甲:(主动站起)蒹葭苍苍,白露为霜,所谓伊人,在水一方。

老师:哎呀,太好了!后来琼瑶写了本小说《在水一方》。《在水一方》的电视主题歌是琼瑶根据《蒹葭》这个意境来改编的,有两句,我会唱,唱给你们听听。"绿草苍苍,白雾茫茫……"(学生鼓掌、欢呼),从《诗经》到琼瑶,芦花在中国文化当中象征着爱情。芦花的圣洁,芦花的凄幽,在芦苇荡,发生了多少动人心弦的爱情故事。在这篇小说中,孙犁写了芦花荡、荷花淀,通过跳动在女人怀中的洁白的苇眉子,飘落在发际之间的芦花,我们可以看见,它凝聚了多少当时中华民族的妇女们对丈夫的思念之情。(吴冰沁等编著,2008:66-68)

在这个语文教学的案例中,教师同样引导学生通过比较法分析、感受作品的形式美。首先,教师在学生反复朗读小说开头几段写景文字的基础上,通过提问引导学生关注其较之一般战争小说的独特之处——作为战争小说,何以着力描写那么美的风景。通过有意识地比较、分析、品味,学生不难发现美好的景物描写中蕴含的深意,寄托的审美理想,从而更深地把握住这篇作品独特的形式美。其后,教师又引导学生关注作品中出现的一个具有典型性的意象——蒹葭,介绍这一意象在我国长期的文学创作实践中所逐渐固化下来的独特的情意内涵。这样,学生得以进一步领悟艺术形象的象征意味,从而更好地感受到作品所呈现的独特的情意形式——跳动在女人怀中的洁白的苇眉子,飘落在发际之间的芦花,那是战争中善良、美丽的女人们对丈夫的一片柔情,最终获得深刻的审美体验。需要特别指出的是,这里教师介绍的蒹葭的普遍性象征意味,同样是基于比较的——寻求异中之同的比较。这类普遍性的形象与情意之间的对应关系,在各个艺术门类中都是存在的;引导学生把握住这类普遍性对应关系,对于促进学生更为专业地感受各个艺术门类中独特的形式美,对于提高学生的审美修养都是十分必要的。

第九章 启发的纲领及创造性展开

第一节 启发的纲领

启发艺术是丰富、具体、个性化的,学生、教师、学习目的、学习内容、学习环境中任何一个因素的变化,都可能让它呈现出完全不同的样态。以上各章对科学、道德、审美教学中启发艺术的案例呈现及阐释,是力求在保持它原初样态的情况下揭示和突显其实质。而为了对启发艺术有一个更为整体、一般的把握,我们需要对各种形态的启发艺术实践加以概括、抽象,得出启发教学一般性、形式化的行动纲领。

一、确定合适的探索对象

启发教学首先要求教师确定(或帮助学生确定)适合的探索对象,包括问题或问题情境、主题或知识领域、文艺作品,等等,以激发学生的探索兴趣,同时保证学生的探索顺利进行、有所收获。这就需要:第一,探索对象本身能够导向对真、善、美的认识。比如,引导学生探索的科学问题,最好是科学界已经对此形成比较权威的、经过严格检验的结论,最好是教学能够为此提供必备的科学探究条件;那种暂时还没有权威结论、不具备必要研究条件的问题,即使学生再感兴趣,由于它们往往导致学生认识上的混乱和无能为力,也不太适合作为教学的主要内容。同样,那种只涉及个人好恶而非伦理善恶的行动决策情境,那种形式上有所欠缺、不足以引起审美体验的文艺作品,也不适合作为道德启发教学、审美启发教学的探索对象。第二,探索的对象与学生的现实生活有着某种内在联系,以激发学生强烈的探索、求知的兴趣。比如,引导学生探索的科学问题恰好是学生生活中深感困惑现象的提炼和概括;引导学生探索的道德现象恰恰是学生生活中经常遭遇而又无所适从的;引导学生探索的文艺作品正好表达、宣泄着学生日常生活中压抑或深藏的情绪、情感。这些探索对象与学生现实生活中的经验、需要、体验紧密相连，能够迅速抓住学生的注意力，激发学生巨大的探索热情。第三，探索对象对学生而言有适度的新异性和挑战性，有较高的探索成功的可能性，从而调动学生的探索兴趣和潜能。这就是说，引导学生探索的问题、知识领域、文艺作品既不是完全陌生、没有一点相关知识经验基础的，也不是原来已经解决的问题、掌握的知识领域、欣赏的文艺作品的翻版——只需照搬原来的知识经验就可以完成"探索"任务。这样，学生的成就动机、探索欲望才能被激起，潜能也才能得到发挥。通俗地说，让学生觉得对该问题、知识领域或文艺作品的探索是"跳一跳能够摘到的果子"，是最有利于激发学生兴趣和潜能的。

二、组织学生自主的探索活动

启发教学最为重要的组成部分就是对学生自主探索活动的组织。面对探索对象，缺乏足够经验和能力的学生往往不知该做什么，不知该从何处下手、接着再做什么。而教师的首要责任就是提示学生面对特定的探索对象可以做些什么。比如，对影响摩擦力大小的因素的问题，教师可以提醒学生先联系生活中增大或减少摩擦力的例子，做出假设；随后再设计对比实验来检验自己的假设。再如，对诚实这一道德规范，教师可以组织学生讨论其对于维系良好人际交往的价值，也可以提示学生思考现实生活中违反这一规范的合理性。又如，对于《玩具兵进行曲》的欣赏，教师可以先指导学生边欣赏边加说白、再加"声势"动作，再要求学生分析曲式结构、旋律特点，最后要求学生给全曲配上打击乐器和舞蹈动作。教师组织的这些子活动统摄于整个探索活动之下，是逐步趋向探索的最终目标达成的，并且是符合各种探索活动的一般规律的。更为重要的是，尽管它们都是探索活动的子活动，但它们都有自身的目标和创造空间，因而不是纯粹程序化、机械化的简单操作。教师对学生提出这些子活动的要求或指导，实质上就给学生留下了自主创造、探索的空间。

三、提供或提示必要的知识工具

有时候学生的探索、求知活动之所以陷入困境，无法推进，就在于学生缺少必要的知识工具。包括概念、原理、定律、规则、法则等在内的知识往往是解释现象、解决问题的有力工具。由于学生可能根本就没有接触、学习过这些知识，也可能只盯着眼前的探索任务而忽略了过去学过的有着隐秘联系的知识点,教师就需要提供或提示这些知识,使学生能够掌握这些知识工具并利用它们来探索未知、解决问题。一般而言,教师是在学生探索过程中,特别是在探索遇到困难时才提供或提示这些必要的知识工具的。因为这样,不仅有助于学生更好地理解这些知识及其工具意义,甚至可以对这些知识工具发明、发现的过程有所领悟,而且可以在很大程度上避免学生未真正理解问题、未形成解决问题思路而简单照搬套用现成知识的情况发生。

四、适时适度地点拨探索思路和方法

学生自主的探索活动陷入困境的另外一个重要原因,是思维不畅、思路受阻、束手无策。而思路、方法往往是创造性解决问题的核心所在。对探索思路、方法的谋划是最能培养一个人的思维能力、解决问题能力的。因而,教师千万不能越俎代庖,让学生失去宝贵的锻炼机会。为此,教师首先要坚持让学生自己先思考探索的思路和方法,并给以充足的独立思考时间;在此基础上,如果学生还是一筹莫展或者明显步入歧路,教师再予以点拨。这就是所谓"适时"点拨。其次,即使在学生自主思考遇到困难时再点拨探索思路和方法,也不应该和盘托出,无所保留,而应该点到即止或者旁敲侧击,以尽量发挥学生思维的能动性和创造性,让学生自己找到探索的思路和方法。这就是所谓"适度"点拨。比如,在前面探究月相成因的教学案例中,教师在学生面对一大堆月相的观察数据束手无策时,提示他们构建月一地一日的空间模型,并以一个极其粗略的模型启发学生构建精确、完善的模型来解释这些观察数据。教学效果表明,正是教师适时适度的点拨,既引导学生的探索顺利有效进行,又给学生留下了充足的创造空间。

五、给予探索活动恰当反馈

根据学生及其探索活动的不同特点,教师可以采取不同类型的反馈。当学生相对特定探索活动而言还是一个经验、能力非常欠缺的新手时,当教学旨在使学生掌握特定的探究方法、技术时,教师可以多采用过程性反馈,即在学生探索过程中对探索过程加以即时性反馈。而对有一定自主探索求知经验和能力的学生而言,则可以放手让他自主活动,只在最后给予终结性反馈。而终结性反馈又有对探索结果"对或错"的结论性反馈,以及对探索过程的分析性反馈。一般而言,教师应该更注重后者,以引导学生更多关注自己探索思路、方法、过程的合理性,找到探索成败的根本原因。不过,对于自我反思能力很强的学生而言,只给以针对探索结果的结论性反馈也是可以的。

六、指导学生反思探索活动

如前所述,学生探索的对象、探索的子活动基本是由教师确定和组织的;并且学生的探索工具、探索思路和方法也往往有赖于教师提供或点拨。在这一过程中,学生的主要精力都放在克服探索中遇到的重重障碍,使探索活动顺利推进上,而很少反躬自省——想想自己为什么要这样做,是否合理,是否有其他选择,这样做是否可以迁移到其他地方,等等。而缺少自我反思将极大地限制学生探索能力的发展。为此,教师需要着力指导学生对自己探索活动加以反思——让学生有意识地回顾自己的探索过程,并多问自己几个"为什么"的问题,从中找到规律。总之,只有教师在这方面多加指导和训练,才能逐渐培养学生自觉反思的意识,提高学生自我反思的能力。

第二节 启发的创造性展开

启发的一般纲领需要教师在教学实践中创造性地展开,而不是简单机械地照搬照用。而创造性展开包含两个相互联系的基本环节:一是教师对学生具体、个性化的自主探索的心理过程的深刻理解和创造性构想;二是教师以这种理解和构想为依据开展探索性、反思性的教学行动,并在其间检验、调整、实现对学生自主探索心理过程的理解和构想。

一、理解及构想

理解一般是指以语言、行为、表情等人的精神客观化物为中介,实现人与人之间的心灵沟通、精神交流。在启发教学的情境中,理解主要是指教师借助学生外在的语言、行为、表情等把握其内在的探索、求知的心理活动。由于教师的教学行为不但是针对学生已发出语言、行为、表情的反应,在大多数情况下更是为引出学生未发的语言、行为、表情,因而教师不但要理解,更要在未发之前预测、构想学生可能的探索求知的心理活动。

(一)理解和构想依据探索活动一般的心理机制

理解和构想他人内在的探索过程何以可能?这种理解和构想的合理性何在?即我们怎么就由他人外在的言行举止合理地、令人信服地推断出他一定就是或将是这样感知、思考和体验的？这里的答案就是人们探索求知的心理过程总是有一定共性的，即尽管它们千变万化、各不相同，但总能归结为一些基本类型，而每种基本类型又都具有各自心理活动的条件、性质、环节、结构等规律性特征。比如笔者上面各章分析概括的科学认识、道德认识、审美认识及其下属的各个亚类的心理机制，就是一般性、普遍性、规律性的。掌握了这些探索的一般机制，教师就可以借此理解学生缘何面露困惑之色，缘何答非所问，又缘何束手无策、误入歧途——是由于缺乏必备知识而不能理解问题实质，或是由于没有足够的感性经验而无法做出合理假设，或是由于思维定势而看不到问题解决的有效路径，等等；进而教师还可以合理地推测、构想当学生在具备特定的知识经验、受到特定的思维或情感刺激的情况下，所可能经历的思考、体验过程。由于探索活动的复杂性，我们所把握的一般机制只是其中各变量之间粗略的、或然性的、非线性的关系，由之对学生探索活动做出的具体理解和构想，就必然是简化的、可错的。这与由精确、必然的自然科学规律推演出的结论是不同的。因而，教师需要在教学过程中根据具体学情随时准备丰富、调整自己原先的理解和构想。

综上所述，把握探索一般的心理机制，就是教师比较好地理解和构想学生具体的探索活动，自觉有效地实施启发教学的前提条件。于是，下面的问题就是对于一般的中小学教师而言，如何才能把握自己所教学科探索活动的一般机制。应该说，这在我国是一个比较严峻的现实问题。如有针对科学课教师的科学观的调查发现，许多教师认为科学知识是对客观、普遍自然规律的反映，科学发现的过程是由个别到一般的归纳过程，科学知识是得到证实的客观知识。这种科学观的偏差集中反映了我国中小学教师素质结构的一个严重缺陷，即他们的学科基础知识、基本技能掌握情况一般较好，但相对而言，他们对本学科探索、创造活动的了解、理解很不够。

要解决这一问题，笔者认为，教师们除了要学习相关的理论知识，特别是认识论、心理学知识以外，更需要亲身经历学科内知识探索的过程，并自觉深刻地对这种过程加以反思。一般而言，认识论、心理学的相关理论知识学习固然有一定助益，但更为根本的是教师拥有自主探索求知的学习经验以及对该类经验的深入反思（理论学习从根本上说是为了促进教师对自身经验的反思）。教师只有拥有自主探索求知的学习经验以及对该类经验的深入反思，他才能深刻地、一般地理解人们在探索求知活动中需要哪些条件、经历怎样的过程、产生什么结果，也才能理解、构想学生具体的探索活动。比如，据美国为落实科学探究课程标准而培训科学课程教师的经验，为中小学教师提供亲身从事科学探究的经验,并引导他们进行探究过程的反思,能够极大地促进他们的科学探究教学——他们会更自觉地从学生探究的角度设计课程,会更有效地开发出激发学生探究兴趣、引导学生自主探究的科学课程。对照而言,我国的中小学教师主要是以接受的方式获得学科基础知识的,极少本学科内的探索求知活动的直接经验,更少相关经验的自我反思,因而不理解,甚至片面、错误地理解本学科的探索、创造活动,就往往是必然的了。因此,这就需要教师教育课程做出相应改革,需要教师对自身专业学习模式做出根本性调整。

(二) 理解和构想依赖于敏锐深刻的观察

由于理解和构想是由他人外在的言行举止推想其内在的感知、思考、体验过程,因而作为收集学生课堂上言行举止之类信息的课堂观察是否客观有效,就是教师能否及时把握学生探索的心理状况、进行有针对性启发的前提。实际上,孔子提出"启发"之初就把教师的察言观色作为启发教学的前提了:"不愤不启,不悱不发"中的"愤"指"心求通而未得之意","悱"指"口欲言而未能之貌";这些心理状态显然是教师通过敏锐观察捕捉学生神色、言行的细微之处,而后加以推测所掌握的。在下面的案例中,教师就是通过察言观色准确把握学生学习的心理状况,而后因势利导将学生积极主动的求知活动不断引向深入的。

[案例9-1]

今天,我给学生上"新生命的诞生"这一课,在讲到有关"受精"的知识时,我要求学生带着书本上的有关问题观看受精的录像。当录像放完后,虽然学生已大致了解了受精过程,可我发现好多学生脸上表现出的是一种意犹未尽的神态,眼睛里充满了好奇和异样的迷惑。从他们的表情中我读出了学生的不解和渴望。于是,我微笑着问道:"还有什么问题吗?我们可以一起解决。"

生:老师,接近卵细胞的精子有许多个,为什么只有一个精子进入卵细胞?

师:绝大多数情况下,最有活力的精子先钻入卵细胞。这个精子头部的核与卵的核相融合,形成了受精卵。因此,新个体遗传了父母亲双方的某些性状,这就是一个孩子的外貌或性状在某些方面像父亲,而另一些方面像母亲的原因。

我本以为这个解释可以消除刚才那位学生和其他学生的疑问了。可另一个学生又提出了一个新问题。

生：那双胞胎是怎么回事的呢？为什么有些双胞胎长得很像，而有些又长得不怎么像？

看来，学生对这节课的内容充满了好奇心和强烈的求知欲，毕竟每个人都想知道自己到底是怎样来到这个世界的，同时这也是学生进行拓展性学习的良好前提和时机。于是，我先肯定了他的这个问题提得好，很有探讨价值，然后把问题抛给其他同学："谁能帮他解答这个问题呢？"话音一落，坐在最前面的一位男生，绰号叫"霍金"的学生把手举得高高的，我示意他回答。

生：如果是由一个受精卵分裂而成的，那是同卵双胞胎，个子和外貌会长得很像；如果是由不同的卵细胞和不同的精子受精形成不同的受精卵发育而成的两个异卵双胞胎，长得就不是很像了。

他的话音一落，教室里就响起了一片掌声。显然，同学们都赞成他的说法。好在我备课时已经估计到学生可能会提出这类问题，所以事先也在网上找了有关双胞胎的资料。我将资料展示给学生，其中还同时出现了两张照片，让学生猜猜他们到底是同卵双胞胎还是异卵双胞胎。在这种轻松活跃的课堂环境下，一个学生又迸出了一个思想火花："那连体婴儿是怎么形成的？"顿时，学生们一下子愣住了。对此，我启发学生：连体婴儿有些部位还连在一起，而有些部位已经分开，你认为他是哪种双胞胎的畸形变化来的？

学生豁然开朗，异口同声地回答："是由单独的一个受精卵分裂而成的，但又没有完全分开来。"在学生回答的基础上，我补充道："受精卵在最初两星期内没能完全分离，局部分离的受精卵继续成熟，结果便形成了一个连体的婴儿。"（郑青岳主编，2007：230－231）

在这个案例中，教师尽管已经教完了课本上的内容，但他看到"好多学生脸上表现出的是一种意犹未尽的神态，眼睛里充满了好奇和异样的迷惑"，从中"读出了学生的不解和渴望"；于是他因势利导，引导学生提出心中的疑问加以进一步探究。不仅如此，这位教师在学生探究过程中也特别注意及时捕捉学生神色变化，以之揣摩学生的思维进程再做出相应的教学应对。如在有学生提出"那连体婴儿是怎么形成的"问题后，教师注意到"学生们一下子愣住了"，就针对这种反应，机智地启发学生，引导学生联系已知做出了合理解释。

课堂观察不仅仅是关注学生探索的进程,还需拓展范围将学生与探索无关的种种表现纳入"视域",以全面把握学生的心理状况,进而采取巧妙措施将学生由日常的非探索、非学习状态引入积极探索的学习状态。

[案例 9-2]

周末,我读了莱克的诗《豹》的一种引人深思的译文。今天是星期一的早晨。我走进十二年级的教室,一心想着准备好的这首诗的教案。如果我是一位没有经验的教师或天真的教师的话,我就会以为我可以走进教室来"教莱克的诗"。只要我掌握了这首诗并且把它表达清楚,任务就完成了。任务完成的好坏程度应该要看我对我将要说的或要做的考虑的程度以及学生对我试图要做的事情有多大的兴趣。但是,现在我知道仅仅走进教室就期望学生已经准备好了学莱克的诗是不够的,即使运用一个恰当的引子也还不够。是的,我个人对莱克的诗的这个译文感到很有趣,并为之兴奋。

但是,当我走进教室时,我直觉地觉察到这些学生刚从哪儿回来。我知道有些学生在周末做兼职打工,还有一些孩子周六和周日玩得很愉快或很不开心,有些孩子晚上睡得晚,不一定期盼下一个星期的学习生活。尽管如此,这些孩子都还是乘巴士或以其他方式来到了学校,并在早晨8点在座位上坐好了。此刻,他们并不关心莱克或什么诗。刚才,当我走进教室,我对这群孩子的活力和气氛有些敏感(尽管我没有真正发觉到自己的这种意识),我碰巧注意到了达里尔。他的叫叫嚷嚷和笑声好像有点适合全班的情绪。他看到了我的眼光,我朝他微笑了一下。他把这理解成让他对失去了半决赛的那个冰球队作个点评。冰球我实在不感兴趣,但我还是同情地点了点头,还说了个冰球的笑话。一些孩子也即兴发表看法。其他的孩子也参与进来了。全班同学都凑了过来。这是一个极为表面的闲聊。但是,在我们正式开始做事之前,我们需要以某种方式把大家联接起来。

星期一早晨的课常常很难调动起来,因为学生们确实还没有完全醒过来。正如我们星期一早晨从床上爬起来,摇摇晃晃地刷牙、洗脸,开始新的一周生活一样,我们通过激发我们的兴趣和反思来打发周一早晨的课程。在一周的其他的工作日里,学生也可能会表现得不大愿意上学习连接词、比喻,或者小说,或者诗歌的语言课。我本来计划一开始先在黑板上写出一个问题,让同学们反思回答,然后再开始对莱克的诗的主题智慧进行小组谈论。可是,我发现现在还不合适。于是,我用唤起注意的方式开始,"我想给大家读一首由雷纳·玛丽娅·莱克写的诗,题目叫《豹》"。(我在说话时,已经感觉到学生们的情绪还不适合这类东西,于是,我不由自主地说了句听起来像道歉似的话)"我知道今天早晨诗歌可能不是你们最想听的……"(有几个孩子不以为然地看着我,玛莎眼珠往上翻,好像在说:"你可以再说一遍!"……这时,我感到我应该相信自己。我不想显得像道歉似的,于是我带着更多的热情说)"有时候,很难做我想要做的事。《豹》这首诗讲述了一个故事,就说明了这一点。"

莱克这位诗人生活充满激情。他的诗反映了一种探索生活的令人难以置信的执著。为了挣钱,莱克做了法国著名雕塑家罗丹的秘书。但是,在巴黎工作的时候,莱克由于不能创作感到气馁。有一天,他向罗丹诉说,他已经好几个月不能写诗了。罗丹给他提了个建议,这改变了莱克诗歌的创作道路。罗丹建议他上动物园去,挑选一个动物,观察笼中的这个动物,直到他真正地看清了它为止。"去坐在兽笼前。几个星期不嫌太长。"罗丹说。想一想这样耐心地注意地观察一个动物!莱克挑选了一只豹,最后以这个动物的名字创作了这首诗。继这首诗之后,莱克以这样的观察为基础创作了更多的诗篇。这些诗后来被人们称作"看的诗"。在每一首这样的"看"的诗里,显然,莱克看到了比我们一般情况下看动物看到的要多得多。在这首以《豹》为题的诗中,莱克似乎捕捉到了它狂野的灵魂。

我在向学生讲述这个故事的时候,我不断地注意到谁在听我讲,谁在躁动不安,或心不在焉。这是一种与单个的学生和一群学生接触的教师的知觉。但是,随着故事的深入,全班同学似乎都在仔细听了。学生们的聚精会神促使我将莱克有关的故事讲得更加有声有色。我问大家是否看过罗丹的雕塑。接着我们又谈论了富有创造力的艺术家是如何"看"事物的。他们能够看到我们看不到的东西吗?我告诉学生们《豹》这首诗给我留下了很深的印象。"这首诗是用德文写的,我想给大家朗读这首诗的三种译文。之后,我们来看看哪一种译文最有召唤力,最有诗意。"(马克斯·范梅南,2001:146-149)

在这个案例中,这位加拿大教师敏锐地注意到学生们还停留在周末的日常生活状态中,还没有准备好探索非日常的、学术的世界。于是,他放弃了直接、生硬地推行自己原先的教学方案,而是开始讲述作者莱克的有关故事。这些故事将诗人如何执著地探索生活与如何写出异乎寻常的"看"的诗联系起来,也将学生的日常生活兴趣与对作品探索的学术兴趣联系起来。当教师看到全班学生都逐渐变得专注起来时,他再水到渠成地提出学习要求——朗读诗歌的三种译文并比较三种译文的表达效果,从而自然地将学生引入学术探索的状态。由此可见,全面观察学生,把握他们真实的心理状态,对于教学时因势利导地激发他们的探索兴趣,顺利地将其引入积极主动的探索学习状态,是非常重要的。

当然,除了通过课堂观察及时把握学生的现实表现以外,教师还需要在平时进行持续深入的观察,以把握学生的知识经验储备、思维特征、情感倾向等。因为这些因素是学生探索的重要影响因素,教师对这些基本学情的准确掌握,是教学时合理推测学生具体的探索过程的基础。

(三) 理解和构想需要师生的双重视角

教师对学生探索活动的理解和构想需要师生的双重视角,即一方面要像学生那样去感知、思考、体验;另一方面,又要以更超越的眼光去把握这些感知、思考、体验过程的实质和来龙去脉。

就前者而言,教师要充分了解学生的知识储备、经验积累、思维和感受模式等,以这些现实状态为起点,推想学生面对具体的探索任务时所经历的探索过程。于是,这种推想就应当尽量像学生实际的所思、所想、所感那样。从这一点上说,教师越接近自己学生的心理状态越好。小学语文特级教师李吉林所获得的巨大成功,很大程度上就得益于她一直"像儿童",是一个"长大的儿童"。正如她自己在文章中所说:"我总感到世界还是那样的美好,一切都是那么新鲜,仿佛是第一次看到。我常常就是这样,像孩子般怀着一颗好奇心去设计教学,童心帮助我想出许多好办法,那是最受孩子欢迎的好办法,他让我不止一次地获得成功,享受到当语文老师、从事小学教育的快乐。儿童的眼睛,儿童的情感,儿童的心理,构筑了我的内心世界,是的,正是儿童,是童心,给了我智慧。"(李吉林,2003)确实,李吉林在课堂上和孩子一起哼唱《萤火虫》,一起闭起眼睛想象自己是一茎亭亭玉立的荷花,一起叠纸船、画大海……正是以一颗纯净的童心去感受、去想象、去体验,而这正是引领学生进入审美状态的最自然、最有效的方式。相反,有些教师始终难以从自己的现象世界中暂时抽离,不能从学生的视角看世界,不能感受学生的现象世界。笔者注意到一些教师始终以成人的眼光阅读和评判童话作品,如觉得情节荒诞、不合情理,又如深入挖掘背后的隐喻意义,而难以像一个理性思维欠缺,而感性发达、富于幻想的孩子那样享受童话简单、纯净的美。而缺少这样的儿童视角,就决定了她们很难成为儿童审美体验好的对话者和引导者。

就后者而言,要求教师对推想的学生的探索活动加以合理解释和恰当评价。从这种意义上说,教师应该比学生自己更了解他们。而要做到这一点,既需要教师深谙本学科探索活动的一般机制,又需要教师对学生所要从事的探索活动亲自加以探索并最终获得成功——只有通过亲身的成功探索,教师才能具体把握这其中所需要的诸多条件、所需要克服的思维阻碍、所可能经历的思考和体验过程、所可能获得的程序性知识和策略性知识;只有这样,教师也才能将之与学生的探索过程加以对照,对学生的探索活动做出具体解释和评价。这一点归根结底是要求教师成为一个身体力行的探索者和对自己探索活动的反思者。这样的教师可以感同身受地理解学生探索中所遭遇的各种困难和曲折,从而给予学生真正需要的恰当辅助;而这些对于没有亲身经历探索过程,只是通过教参大致了解探索过程,甚至只知道探索结论而对探索过程一无所知的教师而言,几乎是不可能做到的。

二、探索性、反思性行动

从操作的层面看,启发教学采取的应是探索性、反思性行动。首先,教师对学生探索活动的理解和构想从根本上说是或然性、假设性的,因而,以之为依据设计、实施的教学行动必然带有假设性和探索性。这就要求教师应当根据教学的实际情况及时调整自己原先的教学设计,同时,注意保持教学的灵活性,根据教室里的具体情况审慎、试探性地开展教学。比如,在上一则教学案例中,那位加拿大教师根据星期一早晨学生特殊的心理状态及时改变自己原先的教学方案,试探性地先从讲述莱克写诗的相关故事开始;当发现学生已经产生浓厚兴趣时再适时提出富于挑战性的学术探究任务。从这个意义上讲,教师开展启发教学尤其需要一种教学机智,即以随机应变的方式开展教学的能力。拥有了这样的能力,教师才敢于交还学生自主探索的机会,才能够与学生展开开放、坦诚的对话和交流,才能够真正准确把握学生动态、个性化的探索历程,也才能够真正适时适度地提供相应的必要的帮助。举例来说,一个机智的教师在学生探索陷入困境时,往往不是一下子把他能够提供的所有帮助全面给予学生,而是试探性地先给予一点指导或暗示,然后耐心等待学生进一步的思考和努力;接着,他会细心观察学生的表现,再据此决定是否提供进一步的帮助。这里,原先的教学计划只是一个行动的粗略方案,它被放到一边作为参考、指南之用;真正决定教师每一步行动的,是学生实时的表现和真实的反应。而这种审慎、探索性的教学行动就可以实现与学生的探索活动"无缝对接",从而最大限度地发挥了学生探索的自主性和创造性。

再者,由于启发教学中教师采取的是假设性、探索性的教学行动,而假设性、探索性的东西必须经受检验,进而修正,因而启发教学中的行动都需要根据教学的实际效果加以检验和反思,有的还要根据检验和反思结果进一步加以改进和调整。具体而言,这里面包括三个重要步骤:

第一,收集有关教学效果的信息,对教学行动的合理性加以检验。

假设性、探索性的教学行动是否合理,是否需要进一步改进,要看它实际的教学效果。启发教学的效果主要有两个方面,一是学生是否顺利推进探索求知活动,二是学生通过探索活动是否真正掌握相关的结论性知识及程序性、策略性知识。一般而言,教师通过课堂观察就可以掌握第一方面的情况,而对第二方面的情况则往往需要设计该探索活动以外的学习任务,才能全面准确地掌握。在下面的案例中,教师忽视了对学生策略性知识掌握情况的检查,直到课后访谈和检测才了解到真实的教学效果。而实际上,在这堂课的教学过程中,教师就可以设计一些当堂练习以摸清学生的学习缺漏并予以及时补救。

[案例9-3]

在学生交流的过程中,教师边板书边反复用"还有不同意见吗?""真行!"的课堂语言组织交流;用"你怎么想的?""为什么"引导发言者表述自己的思维过程。整个交流过程教师流露出满意的神态,最后老师说:"小朋友,你们的方法真多!以后大家就用自己喜欢的办法来进行口算。"……

我们教研组的所有老师观课后,一起坐了下来。对于这堂课,老师们感到很兴奋。有老师说:沈老师让学生独立地尝试、探索,这样就可以使不同的学生有不同的口算方法,交流尤其充分!也有教师认为沈老师让学生在小组内、向全班交流自己的口算方法,这样可以使全体学生共享智慧。还有教师觉得沈老师的"自主尝试—小组交流—全班反馈"的教学策略起到了很好的作用。不过,也有教师提出质疑:学生交流得似乎很热闹,老师也理解了每个学生的发言,问题是学生之间是否相互也都听懂了呢?要不要引导学生比较各种口算方法的合理性,培养学生的优化意识呢?

我们马上对学生进行了访谈,并对教学效果进行了检测。结果出乎意料:85%的学生表示只知道自己的口算办法,而不明白其他同学的;在对"27+14=?"的测试中仅有2%的学生会用两种或三种口算方法。(王洁,2005)

在课堂教学过程中,执教者只关注了学生讨论的过程,而忽视了对讨论效果,即学生是否掌握其他口算方法的检查,结果,通过课后进一步的访谈和检测,才真正摸清了教学的实际效果,也才为以后的教学反思和教学行为改进奠定了坚实的事实基础。这就提示我们:实际的自主探索学习有时过程热闹,效果并不见佳;这与学生只注意体验探索的过程,不注意其间知识的学习和提炼有关;教师一定要全面检查教学的效果,特别是检查学生自主探索学习中知识学习的有效性。

第二,通过解释教学效果,对教学行动加以反思。

全面掌握教学效果以后,就需要对之加以解释,即解释为什么特定教学行为会引起学生如此反应,使学生有如此收获和/或不足,进而解释学生如此的学习状况和表现对他们素质的发展有怎样的影响。前者是把教师的教学行动与学生的内在学习过程以及外在的学习效果联系起来;后者则是把学生一时的学习过程与他们长期累积性的素质发展联系起来。这其间,推想学生内在的探索学习的心理过程依然是不可或缺的关键一环。下面是一则深入反思启发教学行动的案例。

[案例9-4]

这是小学品德与社会课上教师自创的一个"由养狗想到的……"主题学习课题,在学习过程中,全班学生至始至终围绕主题积极主动地收集资料、准备辩论、参与辩论、布置展板,其活动的质量也非常高。

对此,教师反思写道:确定的辩题("养狗给我们带来的是快乐多还是烦恼多")贴近学生生活,从他们感兴趣的问题入手,调动他们已有的认知,更好地激活他们的思维,促使学生对问题进行自主地分析、判断和选择。本辩题考虑生活在城市中的孩子,对"养狗"这个话题并不陌生,生活中以及媒体中也有相关的报道,可以说每个人都有自己的想法,有着直接或间接的经历。因此,这些经历以及学生从多种渠道(如:互联网、媒体、杂志等)获得的感受可以成为学生在辩论中的有力证据。而这种不同感受就使辩题本身"仁者见仁,智者见智",具有可辩性。

而研究者则做出进一步反思:就本辩题的选择来看,养狗的问题已经不是一个个人喜好的问题,已然成为了一个社会问题,对那些流浪猫、流浪狗命运的关注可以唤起学生对于生命的珍视与敬畏,对宠物的这种"小爱",可以唤起学生对于人类命运、自己身边那些需要帮助的人的"大爱",而宠物主人的自律行为和责任可以反衬出人们的社会公德意识和文明素养,这样的辩题其意义就远远大于辩论这种形式本身。(冯新瑞等主编,2007:171-173)

前一段教师的反思重在解释学生的实际表现,以证明辩题选择的恰当性。应该说,他的解释是深入学生内在的认知过程的:辩题"调动他们已有的认知,更好地激活他们的思维,促使学生对问题进行自主地分析、判断和选择";对辩题"每个人都有自己的想法",拥有相关的"有力证据"和"不同感受"。而后一段研究者的反思则重在解释辩题对于促进学生道德素质、文化素养的发展价值,从而对教学行动做出反思和评价。

第三,做出改进或补救教学行动的决定。

如果教学效果并不如预期那样好,并且也通过深入解释,发现了教学行动效果不理想的原因,那么下面就要做出改进教学或者实施补救教学的决定。前者是为了提升以后同类教学行动的有效性;后者则是及时针对前面教学行动的不足,调整教学思路,对学生的探索学习给予更好、更恰当的辅助。像在上面的教学案例中,由于教师的教学已经完成,当研究者揭示辩题对于促进学生道德素质、文化素养的发展价值,反思到教学在这方面做得还不够充分到位时,就只能提出改进教学的建议,而无法实施补救教学了。

[案例9-4续]

在辩论这种形式下,我们始终不要忘记社会课的独特使命:促进学生的社会性发展。如果能以这样一种要求来看待本课,还可以在辩论后继续升华其社会意义。如在辩题结束后,教师可以及时提出这样的问题:"怎样减少养狗的烦恼?"以更高层次的问题来激发学生的认知水平,将辩题导向人怎样与动物和谐相处、怎样的养狗行为才是与社会的整体利益相协调等角度,更深刻地剖析由于人们只贪图个人享受而缺乏社会公德的行为已给当今社会带来怎样的危害,给动物带来怎样的伤害,直面现实存在的社会问题,让学生明白自己在社会中应承担的具体责任,激发学生的忧患意识,进而能积极付诸于行动。(冯新瑞等主编,2007:173-175)

可以说,正是由于研究者能够从学生素质发展的高度来反思教学,才能进一步提出"怎样减少养狗的烦恼?"这样一个更高层次的问题。而促进学生素质发展正是启发教学的最终旨趣,这一改进建议显然有利于更好地实现启发的旨趣。

以上分别从思和行两个方面阐述启发教学在实践中是如何创造性展开的:无论是对学生探索心理的理解、构想,还是采取探索性、反思性的教学行动,都仅仅是以探索的一般心理机制作为参照,而主要针对具体的教学情境做出的一种创造性应对。与前面归纳的启发教学抽象、凝固的纲领,具体的启发教学显然是一种无比生动丰富、动态生成的存在,是教师艺术创造的成果。从这种意义上说,启发教学对每位教师而言,永远是一个全新的挑战。

参考文献

冯契.1996.人的自由和真善美[M].华东师范大学出版社.
[苏]阿·尼·列昂捷夫.1977.活动意识个性[M].李沂,译.1980.上海译文出版社.
林崇德.1995.发展心理学[M].人民教育出版社.
[美]詹姆斯·O.卢格.1990[1974].人生发展心理学[M].陈德民,等,译.1996.学林出版社.
彭聃龄,张必隐.2004.认知心理学[M].浙江教育出版社.
王极盛.1986.科学创造心理学[M].科学出版社.
朱宝荣.2005.心理哲学[M].复旦大学出版社.
车文博.2003.人本主义心理学[M].浙江教育出版社.
[德]卡尔·雅斯贝斯.1933[1931].时代的精神状况[M].王德峰,译.2005.上海世纪出版集团.
[德]E.策勒尔.古希腊哲学史纲[M].翁绍军,译.1996.山东人民出版社.
[德]舍勒.舍勒选集(上、下)[M].刘小枫选编.1999.上海三联书店.
[德]加达默尔.真理与方法[M].洪汉鼎,译.1999.上海译文出版社.
洪汉鼎主编.2001.理解与解释——诠释学经典文选[M].东方出版社.
叶朗.1985.中国美学史大纲[M].上海人民出版社.
牛宏宝.2002.西方现代美学[M].上海人民出版社.
[美]阿·恩海姆.艺术与视知觉[M].滕守尧,朱疆源,译.1984.中国社会科学出版社.
朱光潜.1987.朱光潜全集[M].第一卷.安徽教育出版社.
朱光潜.1980.朱光潜美学文学论文选集[M].湖南人民出版社.
宗白华.1987.美学与意境[M].人民出版社.
[德]康德.判断力批判[M].第一卷.宗白华,译.1995.商务印书馆.
[德]康德.康德文集·实践理性批判[M].郑保华,等,译.1997.改革出

版社.

[古希腊]柏拉图.柏拉图"对话"七篇[M].戴子钦,译.1998.辽宁教育.

[德]黑格尔.哲学史讲演录[M].第二卷.贺麟,王太庆,译.1960.商务印书馆.

[德]叔本华.作为意志和表象的世界[M].石冲白,译.1982.商务印书馆.

马克思.1844年经济学哲学手稿[M].刘丕坤,译.2000.人民出版社.

[德]康德.康德三大批判精粹[M].杨祖陶,邓晓芒编译.2001.人民出版社.

[德]黑格尔.1955.美学[M].朱光潜,译.1995.商务印书馆.

[德]席勒.审美教育书简[M].冯至,范大灿,译.2003.上海人民出版社.

[德]尼采.悲剧的诞生——尼采美学文选[M].周国平,译.1986.生活·读书·新知三联书店.

[美]苏珊·朗格.艺术问题[M].滕守尧,等,译.1983.中国社会科学出版社.

[美]苏珊·朗格.情感与形式[M].刘大基,等,译.1986.中国社会科学出版社.

吴风.2002.艺术符号美学[M].北京广播学院出版社.

易健.2000.现代美育研究[M].南方出版社.

汪振城.2000.中小学立美教育论纲[M].浙江大学出版社.

李天道.2006.美育与美育心理[M].社会科学出版社.

马志云.2003.审美教育导论[M].河海大学出版社.

蒋国忠.2005.审美艺术教程[M].复旦大学出版社.

丁枫主编.1992.西方审美观源流[M].辽宁人民出版社.

王宏建主编.2000.艺术概论[M].文化艺术出版社.

聂振斌,滕守尧,章建刚.1997.艺术化生存[M].四川人民出版社.

邓晓芒,易中天.1995.黄与蓝的交响——中西美学比较论[M].人民文学出版社.

蒋孔阳.2007.美学新论[M].安徽教育出版社.

陈望衡.2007.当代美学原理[M].武汉大学出版社.

[古希腊]亚里士多德.尼各马可伦理学[M].廖申白,译注.2003.商务印书馆.

［美］拉瑞·P.纳希.道德领域中的教育［M］.刘春琼,解光夫,译.2003.黑龙江人民出版社.

［英］彼得斯.道德发展与道德教育［M］.邬冬星,译.2003.浙江教育出版社.

［美］霍尔,［美］戴维斯.道德教育的理论与实践［M］.陆有铨,魏贤超,译.2003.浙江教育出版社.

［美］路易斯·拉思斯.价值与教学［M］.谭松贤,译.2003.浙江教育出版社.

包利民,斯戴克豪思.2000.现代性价值辩证论［M］.学林出版社.

罗尔斯.正义论［M］.何怀宏,等,译.1988.中国社会科学出版社.

杨韶刚.2007.西方道德心理学的新发展［M］.上海教育出版社.

［美］科尔伯格.道德发展心理学［M］.郭本禹,等,译.2004.华东师范大学出版社.

赵汀阳.2005.论可能生活［M］.中国人民大学出版社.

［法］彭加勒.科学与方法［M］.李醒民,译.2001.辽宁教育出版社.

张巨青.1988.科学研究的艺术——科学方法导论［M］.湖北人民出版社.

［美］卡尔纳普.哲学和逻辑句法［M］.傅季重,译.1962.上海人民出版社.

孙世雄.1989.科学方法论的理论和历史［M］.科学出版社.

［美］亨普尔.自然科学的哲学［M］.陈维杭,译.1986.上海科学技术出版社.

［德］爱因斯坦.爱因斯坦文集［M］.第一卷.范岱年,等,编译.1976.商务印书馆.

［德］爱因斯坦,［波］英费尔德.物理学的进化［M］.周肇威,译.1999.湖南教育出版社.

沈铭贤,王淼洋主编.1991.科学哲学导论［M］.上海教育出版社.

祝怀新,等.2005.科学教育导论［M］.中国环境科学出版社.

张宪魁.2000.物理科学方法教育［M］.青岛海洋大学出版社.

［英］R.G.柯林伍德.精神镜像:或知识地图［M］.赵志义,朱宁嘉,译.2006.广西师范大学出版社.

［美］伯恩斯坦.超越客观主义和相对主义［M］.郭小平,等,译.1992.光明日报出版社.

杨启亮.1995.困惑与抉择——20世纪的新教学论[M].山东教育出版社.

田慧生,李如密.1996.教学论[M].河北教育出版社.

张广君.2002.教学本体论[M].甘肃教育出版社.

李定仁,徐继存主编.2004.教学论研究二十年[M].人民教育出版社.

潘洪建.2004.教学知识论[M].甘肃教育出版社.

杨小微主编.2004.现代教学论[M].山西教育出版社.

[日]佐藤学.课程与教师[M].钟启泉,译.2003.华东师范大学出版社.

[加]马克斯·范梅南.教学机智——教育智慧的意蕴[M].李树英,译.2001.教育科学出版社.

[美]布鲁纳.布鲁纳教育论著选[M].邵瑞珍,张渭城,译.1989.人民教育出版社.

丁证霖等编译.1991.当代西方教学模式[M].山西教育出版社.

瞿葆奎主编.1988.教育学文集:教学[M].人民教育出版社.

王策三.1985.教学论稿[M].人民教育出版社.

靳玉乐主编.2001.探究教学论[M].西南师范大学出版社.

束炳如,倪汉彬.1996.启发式综合教学理论与实践[M].教育科学出版社.

熊梅.1998.启发式教学原理研究[M].高等教育出版社.

靳乃铮.1984.启发式教学[M].陕西人民出版社.

余文森,吴刚平,刘良华主编.2005.解读教与学的意义[M].华东师范大学出版社.

教育部基础教育司组织编写.2002.走进新课程——与课程实施者对话[M].北京师范大学出版社.

韦钰,[加]P. Rowell.2005.探究式科学教育教学指导[M].教育科学出版社.

鲁玉星主编.2006.初中教学典型课示例·物理[M].光明日报出版社.

南冲.1993.中学物理教学研究[M].海潮出版社.

郑青岳主编.2007.科学课程100个教学案例[M].浙江教育出版社.

Joel J. Mintzes等.促进理解之科学教学:人本建构取向观点[M].黄台珠,等,译.2002.心理出版社.

中国物理学会教育委员会中学分会编.1995.名师授课录·高中物理[M].上海教育出版社.

高文,徐斌艳,吴刚主编.2008.建构主义教育研究[M].教育科学出版社.

P.斯特弗,杰里·盖尔主编,教育中的建构主义[M].高文,等,译.2002.华东师范大学出版社.

美国温特贝尔特大学认知与技术小组.2002.美国课程与教学案例透视——贾斯珀系列[M].华东师范大学出版社.

柳斌主编.1996.中国著名特级教师教学思想录.中小学美术卷[M].江苏教育出版社.

吴冰沁,张志刚,孟祥英编.2008.走进高中语文教学现场[M].首都师范出版社.

郭声健.2004.音乐教育论[M].湖南文艺出版社.

孔庆东,摩罗,余杰主编.1999.审视中学语文教育[M].汕头大学出版社.

王丽主编.1998.中国语文教育忧思录[M].教育科学出版社.

教育部师范司组编.2006.李吉林与情境教育[M].北京师范大学出版社.

冯新瑞,杨莉娟主编.2007.聚焦小学课堂:反思与评价[M].北京师范大学出版社.

贾静,宋薇.2007.当代美育与建构和谐人格[J].江淮论坛,(3).

贺志朴.2006.审美教育与人类精神家园的建设[J].河北大学学报(哲学社会科学版),(3).

张小秀.2005.体验——审美教育的本体[J].教育理论与实践,(11).

陈佑清.2002.体验及其生成[J].教育研究与实验,(2).

杨启亮.2002.体验语文:一种教学方法论的解释[J].语文教学通讯,(10).

周庆元,胡绪阳.2006.走向美育的完整[J].教育研究,(3).

高靖生.2007.论科学理解的形成机制[J].自然辩证法研究,(1).

刘少杰.1994.科学理解论的源流、框架与导向[J].社会科学战线,(3).

袁航,曾国屏.2006.关注科学理解——"科学理解的哲学透视"国际会议述评[J].哲学动态,(7).

曾国屏,袁航.2006.科学说明为何离不开理解——从对科学说明模型的分析展开[J].自然辩证法研究,(10).

李金辉.2006.科学解释学的三重维度[J].北方论丛,(1).

李时明.1992.试论启发是整个教学方法体系的指导思想[J].上海教育学院学报,(2).

彭宁源.1991.启发式是原则,不是方法[J].四川师范大学学报(社科版),(4).

何志汉.1984.启发式教学新议[J].西南师范大学学报,(Z).

刘伏海.1993.启发式教学方法的认识论根据[J].长沙水电师院社会科学学报,(1).

关正兴.2006.让学生动起来[J].思想政治课教学,(2).

石鸥.1994.德育困境中的病理性说服教育及其诊治原则[J].湖南师范大学学报,(6).

刘芳.2006.由郑和下西洋想到的——高三历史热点问题课堂教学设计[J].中学历史教学参考,(7).

赵爱香.2006.《消费之我见》教学实录[J].思想政治课教学,(8).

管俊玲.2006.《见义勇为,同违法犯罪作斗争》案例教学[J].思想政治课教学,(1).

廖贤枢.2008.如何品味语言[J].中学语文教学,(1).

刘嫣红.2007.一起去看樱花雨[J].人民教育,(6).

王洁.2005.教师怎样做课例研究[J].江西教育,(9).

A. Hardy. 1978. *The Spiritual Nature of Man* [M]. Oxford: Clarendon Press.

Brownhill, R. J. 1983. *Education and the Nature of Knowledge* [M]. London & Canberra: Croom Helin.

后　记

　　这本教学理论书籍的写作是由教学的实践困惑、实践问题而起。曾经,作为一名高中教师,我痛感学生知识技能学习的外在性。具体而言,就是纯粹为外在的目的:如迫于考试、教师的压力而学习;学习的过程中没有充分调动自己的知识经验和才能,也没有充分发挥自己的主动性和创造性;所学知识是"惰性的"——没有得到深刻理解,不能运用于实际问题的解决,不能转化为自身的能力、素质。这种外在性的学习让我倍觉教学工作的无趣、无味、无意义。于是,乘着国家基础教育课程改革的东风,基于一些先进的理论知识,我对课堂教学作了一些小的改革尝试,力图更好地调动学生学习的主动性、发挥其学习的创造性。然而,事与愿违,不但大部分学生被动接受学习的状态没有实质性改观,还影响了班级考试的平均成绩,引起一些学生的不满。这一挫败,不但使我再次深刻意识到应试教育的不合理性(如考试往往不能很好地反映学生真实的水平)以及强大影响力;更加深了我的困惑——如何才能真正有效地转变学生学习的方式,引导学生进行有效的内在性学习。内在性学习是与外在性学习截然相反的:除了外在的目的,学生更多是为理解、体验、解决问题而学习,是为了理智的需要、道德的需要、审美的需要而学习;学习的过程就是学生自奋其力、自主探索求知的过程,是不断挑战自我、努力创造和发现新的东西的过程;学生获得的不但有结果性知识,更有过程性知识(包括程序性知识、策略性知识)、体验性知识,因而意味着能力的提高、情感的丰富、价值观的澄清,等等。要激发、引导学生进行这样的学习,教师应该怎么做呢?带着这一问题,我再次开始求学生涯。攻读博士学位的三年,我读了一些书、作了一些思考和探索,写成了我的学位论文《精神成长与启发式教学》。然而,惜乎采用形而上的运思方式,加之对科学、道德、审美认识的心理机制理解还不够到位,随之,启发式教学的策略也推演、提炼得不尽如人意,对上述问题的回答不是很成功。于是,又是将近三年的上下求索……

　　现在,对这一问题,我可以做出比较清晰、准确的回答。我理想中的内在性学习其实就是学生自主探索求知的学习;与之对应的学习其实就是我们古已有之的启发教学,只是古代的启发教学思想多属直觉性、经验总结性的,而缺少真正彻底的理论研究。要研究启发教学,要尽量多地说出启发的实质、尽量切实地指导教学实践,就必须揭示出学生自主探索求知的心理机制(或过程)。于是,借助认识论的相关研究成果,尽量准确全面地厘清学生探求科学之知、道德之知、审美之知的心理机制(或过程),就成为本书的重要内容。同一种类型的求知活动在心理过程上是有着许多本质上的共通之处的;教师理解、把握这种共通之处,就能够比较好地理解和构想具体教学情境中学生求知的心理过程了。而这就是自觉地实施启发教学的不可或缺的条件。当然,教学,尤其是启发教学本来就是一种向未来的筹划和对未来的创造。这就是说,理解了学生此时此刻的心理状态,并不决定教师必须怎么去做。教师依然有巨大的教学创造的空间。本书所提供的一些启发教学的策略既以学生特定的求知心理作为依据,同时又都是教师实践中的创造,即由教学的实践案例提炼而来。可以说,离开这些案例,策略就会变得苍白、干瘪,难以理解了。当然,策略也好,案例也好,都不是必然的、普遍的,它们的呈示更多是为了启发——启发教师们根据自己的实践情况创造自己的启发教学策略和教学案例。

当然,对如何实现启发教学这个大问题的回答,这本书还有如下空白或不足。一是没有研究探讨主体如何探求数学之知、如何主动习得言语技能,因而不能回答针对数学学习、言语学习如何有效启发的子问题。二是没有深入到各学科的教学实际,讨论如何采择特定类型求知活动的视点,开展对应的启发教学。比如,历史学科可以采用科学探究的视点,引导学生开展有关历史事实的探索活动;也可以采取道德探究的视点,引导学生针对特定历史事件进行道德判断和道德推理活动。这一空白需要教师在实践中创造性地加以填补。三是本书没有具体讨论个体的探索求知活动与班集体的探索求知活动如何协调的问题。毫无疑问,因材施教是启发教学的必然要求;然而,在班级授课制的背景下,要照顾每个学生的学习需要是非常困难的。为了将学生个体的求知活动与班集体的求知活动协调起来,教师可以创造性地设计弹性化的教学目标、开放的学习主题,同时将学生个体的自学、教师的个别指导与小组学习、班级教授和指导灵活有机地结合起来。无疑,这又是一个有赖教师在实践中创造性解决的子问题。

最后,要强调的是,这本教学理论书籍写作的落脚点,并不只是我个人实践困惑、实践问题的解除,而是召唤、启发教师们去认真思考、应对教学实践的这一普遍性的、根本性的困惑和问题,去践行启发教学,去探索启发教学的艺术。而这需要一个前提,就是我们的教师虽然处于应试教育的洪流之中,却能够始终怀抱并追求素质教育的理想。毕竟,应试教育或素质教育并不是全有或全无的;如果在应试教育以外,加一些、再多加一些素质教育的成分,即采用渐进式改革的方式,就应该是一种既负责任又比较明智的做法了。

刘 华
2012 年 12 月 12 日初稿
2014 年 5 月 12 日定稿